杭州电子科技大学信息工程学院资助出版

GUOJI FENGONG XIA DE JIAZHILIAN
YU ZHONGGUO CHANYE JINGZHENGLI:
YANJIU DONGTAI YU XIANSHI PINGGU

国际分工下的价值链与中国产业竞争力：研究动态与现实评估

姚美琴　著

中国财经出版传媒集团
经济科学出版社
Economic Science Press

图书在版编目（CIP）数据

国际分工下的价值链与中国产业竞争力：研究动态
与现实评估／姚美琴著 . -- 北京：经济科学出版社，
2022.8

ISBN 978 - 7 - 5218 - 3911 - 1

Ⅰ. ①国…　Ⅱ. ①姚…　Ⅲ. ①产业 - 国际竞争力 - 研
究 - 中国　Ⅳ. ①F269.24

中国版本图书馆 CIP 数据核字（2022）第 138691 号

责任编辑：张　燕
责任校对：刘　昕
责任印制：邱　天

国际分工下的价值链与中国产业竞争力：研究动态与现实评估

姚美琴　著

经济科学出版社出版、发行　新华书店经销

社址：北京市海淀区阜成路甲 28 号　邮编：100142

总编部电话：010 - 88191217　发行部电话：010 - 88191522

网址：www.esp.com.cn

电子邮箱：esp@esp.com.cn

天猫网店：经济科学出版社旗舰店

网址：http://jjkxcbs.tmall.com

固安华明印业有限公司印装

710×1000　16 开　15.75 印张　250000 字

2022 年 11 月第 1 版　2022 年 11 月第 1 次印刷

ISBN 978 - 7 - 5218 - 3911 - 1　定价：78.00 元

前　言

　　在过去的几十年里，国际贸易和投资的逐步自由化和放松管制，加上信息和通信技术（ICT）的快速发展与普及，从根本上改变了跨国企业在全球化背景下的经营和竞争方式。一种清晰但复杂的组织分散和空间分散的国际商业活动模式已经出现。在这种模式中，位于低成本发展中国家的离岸生产基地与来自北美和欧洲主要消费市场的主要企业客户和跨国公司密切联系（Coe and Yeung，2015）。发展中经济体，尤其是东亚和东南亚的新兴跨国企业也涌现出来，成为发达工业化经济体传统跨国企业的主要战略合作伙伴和生产性服务供应商（Yeung，2016）。这种模式标志着全球范围内产业组织的新分野——从传统上专注于管理内部化海外投资的具有多层级组织结构的跨国公司转变为作为国际领先企业的跨国公司。这些公司与其地理位置分散的战略合作伙伴、专业供应商和客户群进行合作并将其整合到复杂的结构中，这些结构被称为全球商品链（GCC）、全球价值链（GVC）、全球生产网络（GPN）或全球工厂。

　　改革开放以来，我国发挥劳动力成本、市场需求等优势，深度融入世界经济，建成了门类完整、规模最大、竞争力强的工业体系，成为全球第一制造业大国和全球产业链供应链的重要一环。随着新工业革命对制造范式及国际生产体系所产生的复杂影响，再叠加贸易保护主义"抬头"和新冠肺炎疫情冲击，使得全球化进程及全球产业链和供应链充满不确定性。《中共中央关于制定国民经济和社会发展第十四个五年规划和二〇三五年远景目标的建议》对"提升产业链供应链现代化水平"进行了全面部署，要求"坚持自主可控、安全高效，分行业做好供应链战略设计和精准施策，推动全产业链优化升级"。"十四五"时期经济社会发展的主要目标之一是"经济发展取得新成效"，其中包括"产业基础高级化、产业链现代化水平明显提高"。因此，从产业部门分工及其治理的视角，分析全球分工下中国产业链与供应链动态，是把握当前经济结构转型、实现产业升级的有效途径。

从产业角度分析全球分工下中国价值链供应链问题，至少具有如下应用价值和社会意义。

（1）有利于理解全球国际分工，推动国际产业合作，优化产业资源配置。顺应全球化背景下科技创新、组织创新和商业模式创新的新趋势，鼓励企业在新兴领域布局全球产业生态体系，以更加开放的姿态，积极融入全球产业分工合作，更好地利用全球资源和市场，加强产业全球布局和国际交流合作；支持企业积极融入全球创新网络，参与全球创新资源配置，开展跨领域跨行业协同创新，提高自主创新能力，为提高全球价值链地位奠定基础。

（2）有利于形成跨领域、跨产业和跨区域的高质量产业体系。通过推动产业合作由加工制造环节为主向合作研发、联合设计、市场营销、品牌培育等高端环节延伸，打造我国占据主动地位、优势互补、互利共赢的全球产业链、供应链、价值链。顺应互联网等信息技术发展带来的新机遇，鼓励企业加快制造与服务协同发展，通过创新商业模式实现价值链攀升。

（3）有利于形成实现中国在全球价值链有效攀升的具体措施和产业政策。新冠肺炎疫情影响和"逆全球化"冲击凸显了在中国重点行业领域形成必要的产业备份的必要性。中国需要主动布局价值链高端环节，推动产业链和供应链的变革，推动制造业迈向价值链高端环节。需要对如何引导产业结构调整升级，建立国家科技创新体系，掌握关键核心技术，实现重要领域的自主可控，推动我国产品由"以价取胜"转为"以质取胜"，强化产业链核心环节管控和外资安全审查等降低中国产业链风险等问题进行系统研究，进而提出具体有效的措施和可落地的产业政策。

（4）有利于形成全球化背景下产业治理和国际分工的中国方案。顺应全球价值链中制造业服务化趋势日益明显的新态势，通过发展研发、创意、设计、信息、咨询等新兴服务贸易，鼓励企业以服务或者服务链接制造方式，创新智能服务和共享服务模式，提升出口产品的国内增加值含量。积极推进商贸、物流、建筑设计等服务业领域开放，引进国际优质服务资源，促进竞争合作。支持企业发展以知识为基础的人力资本，积极承接产品技术研发、工业设计等高端服务业外包，提升我国国际分工地位，带动和发展全球价值链合作，并在此基础上，形成产业治理和国际经济分工的中国方案。

姚美琴

2022 年 8 月

目　　录

第1章 全球价值链动态与治理研究动态

1.1 全球价值链及其治理因素研究进展

1.1.1 全球价值链与全球生产网络[①]

自20世纪90年代初格瑞菲和科泽涅维奇（Gereffi and Korzeniewicz，1994）的论文集《商品链与全球资本主义》出版以来，这种组织上分散的国际生产现象已受到多学科的广泛研究，包括经济社会学、国际经济学、区域和发展研究、经济地理学、国际政治经济、供应链管理、运营管理和国际商务（Coe and Yeung，2015，2019；Gereffi，1994）。在经济社会学和发展学研究中，最早的工作涉及全球商品贸易以及此类商品链在劳动密集型和高科技产业中的治理结构（Gereffi and Korzeniewicz，1994）。根据买方（零售商和品牌公司）或生产商（原始设备制造商（OEM））在管理其国际供应商和服务提供商时所施加的权力和控制，这些文献构建了买方驱动和生产商驱动的全球商品链的简单拓扑结构。

2000年，洛克菲勒基金会资助了一场大规模的全球价值链大会，标志着全球价值链研究快速发展的开始（Gereffi et al.，2001）。到21世纪初——接近本综述的起点，全球商品链的研究文献从其早期对商品（如服装、鞋类、汽车）的关注转移到研究连接空间分散生产活动的价值链。在他们对 IDS Bulletin 关于全球化、价值链和发展的特刊的介绍中，格瑞菲等（Gereffi et al.，

---

① 本部分主要参考 Kano et al.（2020）。

2001）确定了价值链研究面临的几个紧迫挑战，并推动将全球价值链用作通用术语。从那时起，全球价值链成为社会科学以及最近的国际政策界研究和分析关注的主要焦点。全球价值链的经济社会学视角仍然主要关注经济交换的社会后果，以及绘制全球价值链的治理结构/发展类型（development typologies）及其对地方升级（local upgrading）的影响（Humphrey and Schmitz，2002）。国际经济学文献中对全球价值链的研究侧重于全球价值链中合同组织和经济交换的效率，以及国际贸易流动和价值创造的地理分布映射。国际商务领域的研究人员主要对公司如何通过全球价值链中的跨国企业活动加强盈利能力、发挥其公司特定优势以创造价值感兴趣（Kano，2018）。

与全球价值链概念密切相关的是全球生产网络。全球生产网络概念是由经济地理学研究人员在20世纪90年代后期提出的，当时人们对已有经济发展理论日益不满，这些理论未能解释跨越国界的生产活动日益复杂、网络化并导致不同地区和国家的发展不平衡的性质（Yeung，2009，2018）。

全球生产网络的概念超越了贸易和外包的简单概念，并突出了公司特定的用以构建、管理和维持这种关系网络的协调和合作策略。全球生产网络的概念还突出了其在特定地区的地理范围，如次区域国家和产业集群。全球生产网络的概念还考虑了全球生产网络内其他公司和非公司参与者（如国家和商业协会）的战略反应。这种对经济参与者（如跨国公司及其战略合作伙伴）和疆域化机构（territorialized institutions）（如国家机构和商业协会）的核心关注，也将全球生产网络思维与全球商品链研究对特定商品的关注或全球价值链研究对将不同价值链整合到产业的关注进行区分。

虽然全球生产网络这一术语准确地反映了所涉及的公司通常形成复杂的内部和公司间网络（而不是线性链），但我们在本综述中以包容的方式使用全球价值链这一术语，反映这样一个事实，即目前价值链的各个部分都发生了分解和地理分散，并包含主要贸易活动和支持性活动，越来越复杂的知识密集型流程被离岸外包。因此，"全球价值链"一词不仅涵盖了制造企业，而且还表征了各种现代跨国公司，包括服务跨国公司和所谓的"数字跨国公司"（即使用先进技术从分散的外国生产地点创造收入，而无需进行传统意义上的生产投资的公司）（Coviello，Kano and Liesch，2017）。自2010年以来，全球价值链的概念和术语也与许多国际和区域组织的发展实践以及决策层产生了良好共鸣。例如，世界银行 2010 年关于 2008 年后世界经济的报告称："鉴于许多行业的生产过程已经分散并在全球范围内流动，全球价值链已成为世界经济的支柱和中枢神经系统"（Cattaneo，Gereffi and Staritz，2010）。对于这些国际组织的大多数学者来说，全球价值链被认为是全球经济的新的长期结构特征。

穆丹比（Mudambi，2007）和巴克利（Buckley，2009）将全球价值链定义为一种治理安排，其在单一结构内利用多种治理模式来处理价值链中异质的、地理上分散且细分的部分。换言之，全球价值链是相互关联的功能和运营机制的纽带，基于这些功能和运营机制，商品和服务在全球范围内生产、分配和消费（Coe and Yeung，2015）。全球价值链的迅速崛起是当今经济最显著的特征之一（Turkina and Van Assche，2018），并且主流国际商务研究文献在理解全球价值链方面取得了长足的进步（Gereffi，2019）。

1.1.2　价值链治理与全球生产网络 2.0

在 20 世纪 90 年代初期，格瑞菲（Gereffi，1994）开创性地构建了第一个分析框架，并基于大型买家（例如，最大的零售商、超市和名牌经销商）和生产商（例如，汽车和其他高科技行业的原始设备制造商）在推动这些商品链方面的经济力量，来解释国际生产网络的组织结构。为了超越当时以国家为中心的全球经济分析模式，格瑞菲和科泽涅维（Gereffi and Korzeniewicz，1994）将商品链定义为"全球商品链是以一种商品将世界经济中的家庭、企业和国家联系起来的组织间网络的集合。这些网络是基于特定情境由社会构建和地方整合的，强调了经济组织的社会嵌入性"。他们试图构建一种中观层面的分析，这种分析可以在"高于和低于国家的层面"探索并揭示"离散地包含在全球、国家和地方分析单元中的生产贸易过程之间的宏观—微观联系"。

为了将这些概念性思想和特定商品链的整体"驱动力"（买方或生产者驱动）理论化，格瑞菲扩展了商品链和商品网络的三个主要维度：（1）投入—产出结构，指的是一系列产品和服务连接在一起的一系列增值经济活动；（2）地域性，是指所涉及的各种参与者的空间配置，例如生产和分销网络的空间分散或集中；（3）反映商品链内权威和权力关系的治理结构，决定了商品链内物质、资金、技术和知识的配置和流动。尽管有这种早期的理论发展，但随后的许多实证研究都存在"理论缺陷"。正如杜塞尔·彼得斯（Dussel Peters，2008）所指出的，"大多数关于全球商品链的研究都将 GCC 框架作为一种'方法论'而不是'理论'"。其结果是，"对特定链以及链中的公司和地区的特定经验进行了大量实证工作，而试图以系统和综合的方式解释这些发现的理论工作相对较少"。

尽管如此，自格瑞菲研究后的十年的大部分全球价值链理论工作都集中在商品链的第三个维度——企业间治理，通过将全球价值链治理结构映射为独立变量并构建这些治理结构的类型，以在企业和地方/区域发展层面分析治理结构对产业升级作为因变量的影响（Coe and Yeung，2015，2019）。借鉴格瑞菲（1999）有重大影响的对东亚的服装产业升级轨迹的实证研究，以及卡普林斯基和莫里斯（Kaplinsky and Morris，2001）高引用的价值链研究指南，汉弗莱和施密茨（Humphrey and Schmitz，2002）在他们重要的理论模型中，将与全球价值链相关的四种产业集群升级概念化：流程升级，即（也许是通过卓越的技术）促进生产系统效率提高；产品升级，即企业转向更复杂的产品线；功能升级，即获得新功能以增加附加值；链升级或跨部门升级，企业由此完全进入新的生产类别。彼得罗贝利和拉贝洛蒂（Pietrobelli and Rabellotti，2011）进一步理论化了这些升级的可能性与地方和区域创新系统中的不同学习机制之间的关系。

全球价值链治理作为塑造地方和区域升级的一个独立变量，关于其最重要的理论是格瑞菲等（2005，2018）的概念类型学（conceptual typology），它是在格瑞菲（1994）的研究的十年之后提出的。在这项被引用最多的全球价值链概念性研究中，格瑞菲等（2005）借鉴了早期关于国际商业和贸易经济学中的生产碎片化、交易成本经济学（TCE）中的协调问题以及经济地理学和经济社会学中的网络理论。对他们来说，当时地理学家（如 Dicken, Kelly, Olds and Yeung, 2001）的工作，强调了全球经济中公司间关系的复杂性。关键的见解是，尽管全球规模生产系统的协调和控制很复杂，但可以在没有直接所有权的情况下实现（Gereffi et al.，2005）。为了将公司间关系的这种复杂性理论化，格瑞菲等（2005）通过将交易的复杂性、交易的可编码性和供应基地的生产能力这三个供应链变量相交，构建了价值链治理的类型学。通过将这三个变量进行（高或低）简单赋值，他们确定了全球价值链中的五重治理类型。除了市场和等级制度的纯粹形式之外，他们还区分了依赖于中间级别的协调和控制的模块化式、关系式和俘虏式（captive）的治理形式。虽然影响力很大，但这种概念类型学仍然可以说是有一定的局限性，并且低估了治理在多大程度上受到地方特定制度条件以及公司内部和外部动态的影响（Coe and Yeung，2015）。进一步的理论工作利用惯例理论（convention theory）来研究全球价值链内治理结构的不同模式和水平，将整体驱动力、不同形式的协调（上述五种治理类型）以及价值链中更广泛的规范化和标准制定过程进行区分（Gibbon and Ponte，2008）。

庞特和斯特金（Ponte and Sturgeon，2014）提出"模块化"理论的构建工作。作为这些努力的一部分，亨德森等（Henderson et al.，2002）的全球生产网络框架1.0模式强调了任何经济活动中涉及的复杂的企业内、企业间和企业外部网络，并详细阐述了这些网络是如何在组织和地理上构建的。这一分析全球经济的理论框架旨在界定企业和企业外机构的相互关联的功能和运营的全球组织关系，以及商品和服务如何通过这些关系生产、分配和消费。因此，任何全球生产网络分析的核心关注点不应简单地以网络本身的方式考虑网络，而应揭示对通过这些网络互连的国家和地区的动态发展的影响。因此，全球生产网络1.0通过以下方式扩展了上述全球价值链治理方法：（1）将额外的参与者（例如国家机构、非政府组织和消费者团体）引入全球生产网络；（2）考虑从地方、次国家到宏观区域和全球的多个空间尺度上的企业—国家相互作用；（3）检查生产系统中交叉的纵向（企业内部）和横向（企业间）联系；（4）对更广泛的监管和制度背景如何塑造全球价值链治理采取更复杂和更具条件性的观点。

科和杨（Coe and Yeung，2015）的著作旨在考察将早期的价值、权力和嵌入性概念类别与全球生产网络的动态配置及其不均衡发展的后果明确联系起来的因果机制，并基于这种因果机制进一步发展全球生产网络的动态理论。在这个全球生产网络2.0框架中，目的是在概念上将促进全球生产网络形成/

运营的结构资本主义动态与地方和区域经济的实际发展成果联系起来。潜在的资本主义动态包含的关键维度包括有助于降低成本—产量比的驱动因素、市场发展、金融化及其对公司的约束作用以及风险管理；这些维度共同提炼出当代全球资本主义的内在要求。这些动态是经济参与者在（重新）配置其全球生产网络以及随之而来的不同行业、地区和国家的价值获取轨迹和发展成果时所采用的策略的驱动因素。有趣的是，这些竞争动态在现有的全球价值链文献中没有很好地理论化，这些文献更关注这些价值链和网络形成后的运营治理。科和杨考虑了这些驱动因素如何影响全球生产网络中不同类型公司的战略。这些公司通过公司内部、企业间和外部网络关系的不同配置来组织他们的活动。从概念上讲，这些网络的结构是由底层动态的不同相互作用形成的。然后，他们研究了这些因果机制（包括不同的动态和策略）对全球生产网络中的公司的影响。富勒和菲尔普斯（Fuller and Phelps，2018）进一步解释了跨国公司中的母公司—子公司关系如何显著影响这些竞争动态塑造其在特定区域经济体的网络嵌入（network embeddedness）和战略耦合（strategiccoupling）的方式（Yeung，2009，2016）。与通常采用单向升级路径（从流程升级到价值链升级）的产业升级文献（Humphrey and Schmitz，2002）不同，科和杨（Coe and Yeung，2015）以动态方式构建框架，将"价值捕获轨迹"（value capture trajectories）的概念进一步发展为公司是否能够从全球生产网络的战略耦合中获取收益。最终，这项全球生产网络2.0工作旨在通过探索特定于公司的价值获取轨迹如何在特定地点合并为在区域和国民经济中具有不同的价值获取潜力的主要模式和战略耦合类型，来考察其对地域发展（territorial development）的影响。与社会科学中的其他理论类似，前面讨论的全球价值链/全球生产网络框架本质上主要是解释性的，而不是预测性的。预测的有效性取决于其他条件不变，这些条件不适用于社会现象发生的开放系统。因此，"即使理论是正确的，假设所有相关数据都与理论一致也是不现实的"（Lieberson，1997）。

1.1.3 微观基础假设

微观基础是指影响公司层面（以及在全球价值链的情况下的网络层面）

绩效的一般人类行为条件（Kano and Verbeke，2019）。学者们认为，就交易的组织和编排方式而言，个人层面的特征，例如有限理性、有限可靠性、认知偏差和创业导向，会影响全球价值链治理（Kano，2018）。因此，系统地关注微观基础对于切实推进全球价值链研究议程是必要的。然而，很少有实证研究直接观察或测量个体层面的变量。此外，虽然经常隐含某些行为假设，例如，个人层面的知识和能力是学习和升级所必需的；跨个体知识共享的需要意味着个体参与者的有限理性和相关的信息不对称；权力平衡的概念和知识产权（IP）保护的必要性意味着相关参与者只有一定程度的有限可靠性，这些假设在大多数情况下既没有明确表达也没有经过实证检验。

阿克曼斯、博格德和沃斯（Akkermans，Bogerd and Vos，1999）讨论了有限理性（如表现为供应链合作伙伴之间的不同信念和目标）如何导致功能孤岛并阻碍了最有效的价值链管理。利帕里尼、洛伦佐尼和费里亚尼（Lipparini，Lorenzoni and Ferriani，2014）认为，从合作伙伴之间的知识转移中受益最大的全球价值链网络是那些合作伙伴具有共同身份和语言的网络。这些共同特征可以防止机会主义的潜在威胁，允许参与公司向合作伙伴学习并降低专有知识溢出到核心网络（immediate network）之外的风险。埃里克森、努梅拉和萨伦克托（Eriksson，Nummella and Saarenketo，2014）认为，领先企业管理者个人层面的认知和管理能力，如文化意识、创业导向、全球思维、界面能力和分析能力，是企业层面成功协调全球价值链中跨境交易能力的关键组成部分。卡诺（Kano，2018）认为，参与公司决策者的有限理性和可靠性会影响全球价值链的效率，因此，领先企业管理者的作用是通过混合关系机制来控制有限理性和可靠性，从而提高全球价值链长期可持续的可能性。特雷布尔迈尔（Treiblmaier，2018）通过分析主要经济理论的四个行为假设——有限理性、机会主义、目标冲突和信任，从理论上预测了区块链技术引入将会对全球价值链的结构和管理造成什么样的变化。最后，辛科维奇、乔克西和穆丹比（Sinkovics，Choksy and Mudambi，2019）探讨了全球价值链中三个变量——信息复杂性、信息可编纂性和供应商能力，与知识连通性之间的关系，并得出结论，领先企业经理的个人特征，具体来说，他们的风险认知和相关的"舒适区"调和了这种关系。

1.1.4　全球价值链治理的组成

"治理"一词是指发生经济交换及相关过程的组织框架（Zaheer and Venkatraman，1995）。在全球价值链的背景下，治理（governance）包括指导网络功能"制衡"（checks and balance）的总体原则、结构和决策过程，以确保整个网络（以及更广泛的社会/环境）的利益服务超出了参与公司和这些公司内个人决策者的局部利益。这些原则、结构和流程包括与网络边界及其地理构成、全球价值链内执行的经济活动的控制和协调机制、价值分配、关系管理和知识流动方向等相关的考虑因素。成功治理的结果包括实现个体参与者的绩效目标，以及最终实现全球价值链作为一个整体的长期可持续性。

1.1.4.1　控制

控制决策建立了全球价值链的治理结构，即每个价值链活动是否应该内部化、外包或通过合资企业（joint ventures）等混合形式进行控制（Buckley，2019）。有人认为，在全球价值链中，对关键知识和无形资产（例如品牌名称和技术平台）的控制优先于对有形资产的所有权（Buckley，2014），并且可以在没有内部化运营的情况下利用所有权优势（Strange and Newton，2006）。希勒曼和盖斯特林（Hilleman and Gestrin，2016）对经济合作与发展组织（OECD）外国直接投资（FDI）和跨境并购（M&A）数据的分析支持了这一全球价值链的核心前提，这表明相对于与有形资产相关的跨境资金流动而言，与无形资产相关的跨境资金流动仍在继续增加。对大约 25000 家意大利公司的分析还表明，与所有权相比，对全球价值链活动的控制会带来更大的创新倾向、提高生产力和更快的销售增长（Brancati，Brancati and Maresca，2017）。通过增加数字连通性实现了对无所有权控制的偏好，这使得领先公司可以影响全球价值链中的各个部门，而无须直接管理它们（Foster，Graham，Mann，Waema and Friederici，2018）。

在某种程度上，控制决策会受到接包国监管环境的影响，特别是当国家政治机构对试图进入新兴经济体大型下游市场的跨国企业施加本地内容压力时（Lund-Thomsen and Coe，2015）。中国汽车跨国企业的"义务嵌入"（Liu and Dicken，2006）就是这种情况，政府的产业政策规定外商直接投资应采取合资形式。此外，控制决策与部门和功能因素相关，例如，在高科技和中型技术部门运营和/或将知识密集型职能（例如创新）定位在接包国市场的领先跨国公司更有可能在司法管辖区寻求所有权提供较弱的 IP 保护（Ascani，Crescenzi and Iammarino，2016）。所有权让跨国企业可以更好地控制专有知识的创造、转移和泄漏，因此是一种先发制人的知识保护措施。

然而，在相同地理区域和行业部门运营的领先企业之间存在相当大的控制决策异质性，这表明企业层面的战略考虑，而不仅仅是宏观层面的力量，是全球价值链中控制模式的强大驱动力（Sako and Zylberberg，2019）。这些考虑因素包括领先公司的专业化水平、它们与合作伙伴关系的性质、离岸业务对灵活性与稳定性的需求，以及业务对领先公司的价值（Amendolagine，Presbitero，Rabellotti and Sanfilippo，2019）。控制决策也可以由所需的本地适应水平驱动，因此领先的跨国公司可能需要寻求外部专业知识，以执行所需的定制程度。在这里，精心设计的内部化和外部化且在管理或技术上有联系的活动被认为可以让领先公司在整合和响应之间实现最终平衡（Buckley，2014）。

1.1.4.2　位置

位置决策决定了全球价值链最有利的地理配置，即活动应位于何处，以及活动应如何分布，以最大限度地在全球价值链中创造和捕获价值。选址决策包括区域效应（Rugman and Verbeke，2004）、产业集群的性质（Turkina and VanAssche，2018）以及全球价值链与当地集群之间的联系等考虑因素。位置决策与前面讨论的控制决策紧密相关。例如，外国直接投资（与市场承包相反）使跨国企业能够在其控制下构建一个区域甚至全球网络，以灵活的方式供应范围广泛、差异化和低成本的产品。陈（Chen，2003）对中国台湾电子公司的研究表明，外国直接投资通常从靠近本土的地方开始，在那里可以从国内网络中获取资源，然后在领先公司发展了区域性之后转移到更远的地方子网络以支持其进一步扩展。区位的考虑与接包国和母国的宏观特征相关，包括经济发展水平和劳动力成本、技术环境和制度质量等相应因素。在这些因素中，有利的商业法规、知识产权保护和大量的教育支出通常会吸引技术和功能复杂的活动（Amendolagine et al.，2019；Pipkin and Fuentes，2017）。全球价值链的控制权掌握在技术和/或市场领导者手中，这些领导者通常（尽管并非总是）位于发达经济体，并通过全球协调能力从其全球价值链中提取价值（Buckley and Tian，2017）。拥有更先进生产技术的国家自然会更多地参与全球价值链的上游环节，成为该地区其他国家的主要供应商，从而支持区域生产一体化（Amendolagine et al.，2019）。

大多数实证研究都针对生产活动的地点，其中劳动力成本成为发达经济体跨国公司和新兴经济体跨国企业领导的全球价值链的核心决定因素之一。例如，跨国公司和原始设备制造商的亚洲一级供应商通过将生产转移到该地区成本较低的地点，凭借自身的力量成为全球价值链领先企业（Chen，Wei，Hu and Muralidharan，2016）。然而，寻求效率的离岸外包可能会产生战略问题，尤其是当低效的当地机构未能防止不必要的知识消散时。由于大型跨国公司价值链中的可持续性和道德违规，需求方也可能出现问题，最近多起公众强烈反对南亚和东南亚制造工厂的恶劣工作条件就证明了这一点（Malesky and Mosley，2018）。随着消费者运动浪潮蔓延到欠发达国家，在做出 FDI 决策时仔细评估潜在接包国的不良属性符合主导公司的最佳利益（Amendolagine et al.，2019）。

进入大型和快速增长的消费市场的愿望推动了靠近终端市场的生产活动，例如，当新兴市场的接包国政府向跨国公司施压以进行本地运营时（Sturgeon et al.，2008）。制造和销售的协同定位还使领先企业能够更快速地响应客户需求，并通过减少对运输和物流的投资来抵销全球分散活动的成本（Lampel and Giachetti，2013）。领先企业和供应商的战略资产寻求解释了全球价值链的大部分地理配置，跨国企业由此将价值链活动定位在全球专业个体中，以利用国际劳动力分工的优势（Asmussen，Pedersen and Petersen，2007）。这在知识密集型行业尤为明显，在这些行业中，龙头企业通常在创新中心和全球城市开展业务（Taylor，Derudder，Faulconbridge，Hoyler and Ni，2014）。图尔基纳和范阿舍（Turkina and VanAssche，2018）在对航空航天、生物制药与信息和通信技术（ICT）行业集群的分析中表明，知识密集型集群的创新受益于与全球热点地区的横向连接，劳动密集型集群的创新受益于垂直全球价值链连接。

虽然关于全球价值链中价值链活动的细化和碎片化的文章很多（Buckley，2009），但很少有实证研究衡量价值链同阶段内部运营地域多元化的成本和收益。兰佩尔和贾凯蒂（Lampel and Giachetti，2013）在全球汽车行业的背景下解决了国际制造业多元化与财务绩效之间的关系，并发现了一种倒"U"形关系，即多元化制造的优势（即更大的灵活性和获得国际分散的机会）战略资源最终会被组织复杂性增加和管理效率低下所抵消。此外，选址决策与公司除降低成本之外的战略重点相关，例如，增加对客户响应能力和/或加强质量控制的需求。专注于这些优先事项可能会促进回流（Ancarani，DiMauro and Mascali，2019）。然而，地域多样化可能有助于知识产权保护等战略目的。古里斯和彼得斯（Gooris and Peeters，2016）对离岸服务生产单位的调查表明，领先公司可能会选择将其全球业务流程分散到多个服务生产单位，而不是协同定位流程，其明确目的是降低知识盗用的风险。

最后，技术进步继续塑造全球价值链的地理构成（MacCarthy，Blome，Olhager，Srai and Zhao，2016）。在我们的样本中，很少有研究衡量数字技术对位置选择的影响，但有几项研究间接和/或从概念上解决了技术当前和潜在的影响。安卡拉尼等（Ancarani et al.，2019）表明，当领先公司在质量而非成本上竞争时，采用节省劳动力的技术会导致回流。虽然数字连接能够利用地理上分散的流程之间的互补性（Gooris and Peeters，2016），但它可能会限制位于技术欠发达地区的供应商的参与（Foster et al.，2018）。此外，3D 打印等最新技术可能会影响相关行业的全球价值链，使其更短、更分散、更本地化并更接近最终用户（Laplume et al.，2016；Rehnberg and Ponte，2018）。

1.1.4.3　网络结构

网络结构是指全球价值链的结构组成，并且在一些最常被引用的全球价值链概念框架中得到了很好的理论解释（Coe and Yeung，2015；Gereffi et al.，2005）。虽然全球价值链通常可以被概念化为一个以领先公司为中心的不对称或高中心性网络（Kano，2018），但这些网络在深度、密度、开放性和结构性的存在等特征方面也可以是异质的（Capaldo，2007）。这些特征影响全球价值链中的权力关系、对领先企业的控制水平以及创新和业务绩效。毫不奇怪，我们回顾中的大量实证研究涉及网络结构在全球价值链治理和绩效结果中的性质和/或作用的各个方面。典型全球价值链中的网络结构本质上可以是二元的或多参与者的，并且会影响知识流（Lipparini et al.，2014）、新企业的形成（Carnovale and Yeniyurt，2014）和运营绩效（Golini，Deflorin and Scherrer，2016）。具有高度中心性的公司（即网络中的大多数连接）对二元或多参与者网络中的其他公司拥有更大的权力，从而领先公司可以超越其合法边界对独立但受约束的供应商施加控制（Yamin，2011）。在供应链管理方面，卡尔诺瓦莱和叶尼尤特（Carnovale and Yeniyurt，2014）对汽车原始设备制造商和汽车零部件供应商的研究表明，领先企业和潜在合作伙伴之间的制造合资企业可以通过领先企业或潜在合作伙伴更高的网络中心性来加强。这种网络中心性被视为网络内更高合法性和可信度的代表。然而，该研究发现与网络密度相关的结果喜忧参半。由于结构同质性的"锁定"效应，高网络密度不一定有利于新合资企业的形成。这种网络结构反过来限制了领先公司接触各种潜在合作伙伴的机会，并阻碍了学习和创新。同样，戈利尼等（Golini et al.，2016）对各国制造工厂的研究以及戈利尼和瓜兰德里斯（Golini and Gualandris，2018）研究表明，更高水平的外部供应链整合（例如，通过全球价值链活动）可以通过信息共享、学习和供应链合作伙伴进行创新。然而，随着新技术和平台的出现，全球价值链中的网络结构密度可能会随着时间的推移而发生变化，其中一些可能有利于局部网络的更高密度。在他们关于3D打印和全球价值链的观点文章中，拉普鲁姆等（Laplume et al.，2016）质疑技术进步是否会影响全球分散和本地化生产网络的相对密度。随着越来越多的本地公司可以通过3D打印参与高价值组件的生产，他们对通过全球价值链中的领先跨国公司进行技术收购和/或专业组件的需求可能会减少，从而导致伦伯格和庞特所说的将全球价值链活动"分拆"和"重新捆绑"到区域化甚至本地化的全球价值链。在这种去中心化GVC网络结构的场景中，本地生产者可以相互进行更多的交易，因此本地化的生产网络可能会随着时间的推移变得更加密集。

　　除了中心性和密度之外，全球价值链中的网络结构还可以通过联系异质性来区分——横向联系（具有相似价值链专业化的公司之间）和纵向跨国公司—供应商联系（具有不同的价值链专业化）的混合。这种结构组合对不同行业企业的创新绩效有重大影响（Amendolagine et al.，2019；Brancati et al.，2017）。图尔基纳和范阿舍（Turkina and VanAssche，2018）利用社交网络方法对产业集群的研究表明，以本地企业之间密集的横向联系为支撑的网络结构往往会提高知识密集型行业的创新绩效，而本地企业与跨国公司之间的纵向联系紧密可以促进劳动密集型集群的创新。前者的网络结构倾向于通过横向联系的企业之间的任务内知识能力发展来促进创新。对于劳动密集型行业的本地供应商的后一种情况，通过与全球领先公司的垂直和国际联系可以更好地服务于任务间能力的发展。

　　最后，全球价值链参与者之间的权力关系在不同的网络结构中表现得非常不同（Dallas，Ponte and Sturgeon，2019）。汉弗莱和施密茨（Humphrey and Schmitz，2002）在对通过全球价值链参与进行产业升级的最早研究之一中观察到，以有利于通常是全球领先企业或全球买家的准等级权力关系为特征的网络结构通常不利于本土企业的升级。斯特金等（Sturgeon et al.，2008）通过考察主要的美国和日本汽车领先公司以及北美的 150 多家供应商来跟进这一研究。他们发现，如果全球价值链网络结构转向权力动态的关系形式，本地供应商更有可能得到升级。这种网络结构的关系形式往往有利于公司间的合作和可信的承诺（例如，宜家及其供应商（Ivarsson and Alvstam，2011）和金枪鱼罐头公司（Havice and Campling，2017））。同样，可汗、刘和辛科维奇（Khan，Lew and Sinkovics，2015）对巴基斯坦汽车行业的研究表明，本地公司更有可能通过参与地理分散而非面向本地的网络来获取技术知识和开发新能力。通过与全球领先公司的国际合资企业（IJV），本地公司可以访问这些国际网络中的不同知识库和专有技术。

　　如前所述，网络结构嵌入于不同的国家和制度环境中。皮普金和富恩特斯（Pipkin and Fuentes，2017）发现，国内制度环境，如国家政策和商业协会的支持，在塑造发展中国家网络动态方面比龙头企业的影响更重要。霍纳和墨菲（Horner and Murphy, 2018）对印度制药行业制造企业的研究表明，以来自类似国家背景的企业为特征的网络结构在生产和质量标准、市场准入和革新方面更加开放协作。由于进入壁垒较低、利润率较低和产量较高，南南全球价值链的这种更大程度的开放需要针对其终端市场采取不同的商业做法。在这些全球价值链中学习的机会也不同于由全球北方的领先公司严格控制和协调的机会。尼尔森、普里查德、福德和德维亚塔玛（Neilson, Pritchard, Fold and Dwiartama, 2018）对印度尼西亚巧克力全球价值链的另一项研究也指出了背景异质性在塑造不同网络结构对领先企业行为以及与供应商和分销商关系的影响方面的重要性。借鉴杨和科（Yeung and Coe, 2015）GPN2.0 理论，尼尔森等（Neilson et al., 2018）认为，品牌巧克力制造和农产品制造中的可可种植或加工之间的网络结构存在显著差异。由于国内产业政策和国际商业游说，国家背景在可可种植或加工网络结构中的作用更加明显，有利于公司间伙伴关系和合作学习。

1.1.4.4　学习

概念研究已经将知识传播和转移确定为网络治理的一个重要方面（Inkpen and Tsang, 2005）。实证研究注意到了这一主题，并考察了全球价值链中学习的各个方面。我们样本中的大多数此类研究都集中在能力发展、技术追赶和外围全球价值链参与者升级背景下的企业间学习，即新兴经济体供应商从原始设备制造商（OEM）到原始设计制造商（ODM）和自有品牌的发展制造（OBM）。如上一节所述，市场力量和国家政策等宏观层面的条件，而不是主导企业举措，被认为是刺激供应商升级的主要力量（Pipkin and Fuentes, 2017）。升级计划取决于多种因素，可以产生广泛的结果，从市场地位的提升到显著飞跃（Pipkin and Fuentes, 2017）。英格和斯皮克特－琼斯（Eng and Spickett-Jones, 2009）认为，升级取决于供应商同时开发三类营销能力，即产品开发、营销传播和渠道管理。王等（Wang, Wei, Liu, Wang and Lin, 2014）对中国制造企业的研究表明，跨国公司的存在并不能保证知识溢出，事实上，由于竞争加剧，可能会对本土企业的国内业绩产生负面影响。羽溪（Hatani, 2009）描述了新兴市场全球价值链供应商学习的障碍。其对中国汽车零部件供应商的研究表明，过多的 FDI 限制了领先企业与当地供应商之间的互动，从而为技术溢出到较低的全球价值链层级制造了结构性障碍。麦克德莫特和科雷多拉（McDermott and Corredoira，2010）也在研究汽车零部件行业（但在阿根廷不在中国）后，发现通过与领先公司就产品和流程改进进行定期、有纪律的讨论，可以促进供应商升级；在这种情况下，与国际装配商建立有限的直接社会联系似乎是最有益的。

在后续研究中，麦克德莫特和科雷多拉（2014）发现，单靠领先企业并不能帮助流程升级，但会增加价值，尤其是当新兴市场供应商与跨国公司的联系因与非市场机构的多重紧密联系而增强时（如大学和商业协会），它们充当知识的桥梁，帮助供应商利用嵌入本国的知识。根据可汗、饶－尼科尔森和塔巴（Khan，Rao-Nicholson and Tarba，2018）对巴基斯坦摩托车零件供应商的研究，认为这些类型的联系对于获取知识以进行开发性创新特别有用，而探索性创新最好通过参加贸易展览会和与国际（而不是国内）机构合作来实现。同样，让（Jean，2014）对中国新技术企业的研究表明，参加贸易展览并拥有强大质量控制实践的公司更有可能发展必要的知识以追求升级，而从事基于互联网的企业对企业交易升级的可能性较小。根据他们对服装和玩具行业的研究，阿兹梅和纳德维（Azmeh and Nadvi，2014）以及陈等（Chen et al.，2016）描述了升级的替代路径：一些 OEM 投资研发进入 ODM 业务，或投资营销和品牌建设并走向价值链的下游端成为 OBM。其他人通过将生产转移到不同地点并学习如何有效协调多个生产地点来获得竞争收益（另请参见 Yeung（2016）对中国台湾和新加坡的 ODM 以及韩国 OBM 的详细案例研究）。巴克利（Buckley，2009）认为，这两种选择，即在已建立的全球价值链内逐步升级和在地方控制下开发新的全球价值链都很困难，因为它们需要调动创业能力和发展复杂的管理技能。成功升级不仅取决于供应商对知识的获取，还取决于它们吸收知识并将其转化为创新的能力，最终提高供应商在全球价值链中的地位（Khan，2019）。

升级所需的具体知识获取策略因家庭机构和劳动力市场的性质而异（Barrientos，Knorringa，Evers，Visser and Opondo，2016；Pipkin and Fuentes，2017）。薄弱的本土制度阻碍了知识向实际创新产品和流程的转化（Jean，

2014）。这解释了为什么全球价值链供应商的追赶和升级往往反映了本国机构的演变（Kumaraswamy，Mudambi，Saranga and Tripathy，2012）：随着机构向自由化发展，升级战略从通过许可和合作升级技术能力转变为升级内部研发并与领先公司建立牢固的关系。通过参与国际网络和与全球供应商合作获取知识，可以克服当地机构的弱点（Khan，2018）。

全球价值链各方之间关系的性质对技术知识转移很重要，因为网络联系是知识流动的渠道。可汗等（Khan et al.，2015）研究表明，IJV 是一种治理工具，有助于在新兴经济体的重点跨国公司和汽车零部件供应商之间创造社会资本，从而促进当地公司对于复杂技术知识的开发和获取。领先公司的学习和知识积累与传播，以及领先公司发起的全网学习，获得的学术关注明显较少，但有一个明显的例外。利帕里尼等（Lipparini et al.，2014）通过分析由买家和供应商二者开展的意大利摩托车行业项目，构建了一个解决全球价值链中多方向、多层次和多阶段知识流动的框架，并描述了领先公司为成功培养专业知识的创造、转移和重组以促进全网学习而实施的实践。在这样一个动态且开放的知识共享环境中，向其他网络成员学习的优势可能会超过机会主义的威胁。

文献中似乎一致认为，全球价值链内的强大联系，通常被称为网络中参与者的嵌入性（Henderson et al.，2002），有利于转移各种类型的知识，包括生产过程、采购实践、技术知识和创新能力（Golini et al.，2016；Golini and Gualandris，2018；Ivarsson and Alvstam，2011）。当强大的领先公司有目的地促进这种联系时，这种联系是最有效的。正如株州中车时代电气股份有限公司收购英国 Dynex 所表明的那样，龙头企业可以通过利用其中心地位和互补资产来推动外围单位的能力升级（He，Khan and Shenkar，2018）。伊瓦松和阿尔斯塔姆（Ivarsson and Alvstam，2011）对宜家及其在中国和东南亚的供应商的案例研究同样表明，龙头企业可以通过保持密切、长期的互动和提供技术支持，为外围单位的升级做出贡献。相反，领先企业和外围单位之间薄弱的战略耦合会损害知识转移和能力发展（Yeung，2016）。例如，帕夫勒内克（Pavlínek，2018）对斯洛伐克汽车企业的研究表明，跨国公司与国内企业之间薄弱且依赖供应商的联系削弱了前者向国内经济转移技术和知识的潜力。

领先企业往往有动力推动其供应商的能力升级，因为它们自己通过提高采购效率、更高质量的投入以及在整个全球价值链中更普遍的有价值的知识传播，从供应商增强的能力中受益。

1.1.4.5 领先企业的影响

现存的概念研究已经承认，全球价值链的平稳和高效运作取决于领先企业建立、协调和领导网络的能力（Kano，2018；Yamin，2011；Yeung，2016；Yeung and Coe，2015）。巴克利（2009）认为，领导企业总部在全球价值链中的作用比在传统的分层跨国企业中更重要，因为领导全球价值链需要特定的管理能力，例如细分价值链、控制信息和协调外部组织战略的能力。然而，很少有研究直接调查领先企业特征对全球价值链边界、配置和绩效的具体影响。使用领先企业特征作为自变量的研究侧重于领先企业的以下方面，如规模、行业部门（以及相关的特定行业价值链战略）、位置（总部位于特定地区/新兴市场与发达市场、靠近集群）以及技术领先地位。

领先企业的规模似乎被视为网络中权力和影响力的代表。埃里克森等（Eriksson et al.，2014）在一个位于全球分散价值链中心的芬兰高科技中小企业的案例研究中，认为中小企业在管理全球价值链时面临着额外的小而新的责任，并建议为了成功管理全球价值链，从长远来看，中小企业必须发展三套不同但相关的动态能力，即认知能力、管理能力和组织能力。达拉斯（Dallas，2015）更细致地将公司规模视为全球价值链管理战略的决定因素。虽然他对中国电子/轻工业企业交易数据的分析使用规模作为控制而非独立变量，但他得出的结论是，全球价值链的组织方式不仅因领先企业的规模和生产力而异，还因其他企业异质特征而不同，例如领先公司可用的不同治理渠道。因此，达拉斯告诫全球价值链研究人员不要对大型领先企业作为一个群体的独特性做出假设，而应关注异质性的其他潜在来源，这些来源可能与特定行业的特征以及企业层面的战略有关。

异质性的来源之一似乎是母国的经济发展水平，在一些全球价值链文章中将其分为新兴与先进。两项研究探讨了 EMNE 与 AMNE 领导的全球价值链的差异。何等（He et al.，2018）基于对中国时代电气领导的 GVC 的案例分析，认为当 EMNE 而不是 AMNE 处于领先地位时，GVC 中的权力关系似乎更加平衡。巴克利和田（Buckley and Tian，2017）比较了顶级非金融 EMNE 和 AMNE 的国际化模式，发现 AMNE 更有可能通过全球 GVC 协调实现盈利，而 EMNE 发展协调专业知识的能力受到本国机构的限制。因此，新兴市场国家更有可能从国际化中榨取基于垄断的租金，但仍受制于全球价值链中的外围位置。

因此，全球价值链的控制权可能仍掌握在技术领导者手中（Buckley and Tian，2017）。雅各比德斯和泰（Jacobides and Tae，2015）将这些技术领导者描述为"主力军"，其代表是具有卓越市值和相对较高研发投入的公司。在他们对活跃于美国计算机行业各个领域的公司的研究中，认为技术领导者影响价值链中的价值分配和迁移。然而，技术和研发能力需要伴随着全球协调知识，以便领先公司从分散的、全球分散的业务中实现盈利（Buckley and Tian，2017）。

1.1.4.6　GVC 协调

协调是指主要公司经理的决策和行动，即一个管理工具包，旨在连接、协调、领导和服务 GVC 合作伙伴，并最终塑造网络战略（Rugman and D'Cruz，1997）。协调包括诸如网络内每个关系的正式和非正式组成部分，资源捆绑的创业要素，通过领先公司的战略领导实现的各方之间的利益一致，知识管理和价值分配等要素。

正式的协调方式，即协调的规则、管理合作伙伴关系的特定合同选择以及类似价格的激励和惩罚，通常比非正式方式更直观和可操作，例如领先公司为管理关系而部署的社会机制。然而，我们样本中只有少数研究调查了全球价值链中的合同选择。洛哈科诺、米萨尼和托尔曼（Lojacono，Misani and Tallman，2017）研究了家电行业分散价值链中合作治理的细微差别，发现需要更多协调的更复杂的交易更有可能通过股权参与进行治理。具体而言，非股权合同对于协调离岸生产更有效，而股权合资企业更适合管理本地战略关系，例如主要目标是服务本地市场的生产联盟。基亚韦西奥和迪玛利亚（Chiarvesio and DiMaria，2009）探讨了位于工业区内的领先企业与位于工业区外的领先企业在全球价值链协调方面的差异。他们对活跃在该国四大主导行业——家具、工程、时尚和食品的意大利公司的定量研究表明，地区领先企业和非地区领先企业管理其全球价值链以实现最佳效率的方式存在细微差别：领先企业位于工业区内，通过分包网络更多地依赖当地系统，而非地区领先企业投资于国家级分包。在这里，地方分包网络允许领先公司利用灵活性，而国家级分包则通过全球价值链促进获取更高的效率和增值能力。值得注意的是，这些差异随着公司规模的增加而减少。最后，恩德威克（Ender-wick，2018）从概念上研究了全球价值链中的责任边界，并认为主导企业对间接全球价值链参与者行为的全部责任取决于间接合作伙伴的合同是排他性的还是非排他性的。

领先公司的创业指导是全球价值链协调的重要组成部分（Buckley，2009），因为它有助于将全球价值链资源和任务重新导向创造创新。虽然我们样本中的大多数研究都隐含地假设了领先公司在创造价值方面的创业作用，但两项实证研究仔细研究了由领先公司发起的全球价值链中创业资源重组的过程。在对工程公司的多案例研究中，张和格雷戈里（Zhang and Gregory，2011）确定了全球工程网络中的价值创造机制——效率、创新和灵活性。这些机制的有效性取决于工程价值链的哪一部分是运营的核心重点——产品开发/生产、设计/创意产生或服务/支持。伊瓦松和阿尔斯塔姆（Ivarsson and Alvstam，2011）讨论了宜家如何管理资源以在其供应链中创造更大的价值并激发创新能力。他们的案例研究表明，宜家通过全球采购提供对投入的访问，共享商业情报，在整个网络中实施管理系统和商业政策，并促进与供应商的非正式研发合作。

关系治理可能是格瑞菲等（Gereffi et al.，2005）类型学中五种全球价值链治理中最重要的一种，已成为网络协调的关键工具。在我们的样本中似乎有一个广泛的共识，即培养非正式关系作为网络协调的一种手段，具有促进知识转移、确保承诺、加强创新、响应立法和提高整体全球价值链效率的潜力。事实上，布兰卡特等（Brancati et al.，2017）根据对约 25000 家意大利公司的调查显示，由在价值链中具有牢固关系和积极决策角色的公司组成的全球价值链参与创新和研发的可能性高 4% ~ 6%，并显示出更高的生产力和销售增长。本斯特德、亨德利和史蒂文森（Benstead，Hendry and Stevenson，2018）认为，关系资本促进了全球价值链成员之间成功的横向合作，这使得参与公司能够更有效地应对纺织和时尚行业的"现代奴隶制"立法，从而提高声誉和绩效。在对美国和日本主要汽车领先公司及其供应商的案例研究中，斯特金等（Sturgeon et al.，2008）发现，由于产品复杂性上升、流程可编性低和行业级标准缺乏，关系治理是必要的。这些关系解释了该行业区域结构的持续主导地位。

现有研究将全球价值链价值分配确定为价值链协调企业的责任。领先公司必须确保合作伙伴在全球价值链中获得基于它们各自对网络贡献的公平的价值份额（Dhanaraj and Parkhe，2006）。在我们样本中的大多数研究中，都假设了全球价值链的权力观，由此价值分配被视为领先企业与外围企业之间权力斗争的结果。通常，领先的公司，尤其是那些拥有宝贵的技术知识和/或无形资产（如品牌名称和专利）的公司，被认为会占据价值的最大份额（Jacobides and Tae，2015），而大多数外围参与者则处于从属地位并且在高成本压力下（Taplin，Winterton and Winterton，2003），必须部署战略来对抗领先公司的力量（Havice and Campling，2017；Pipkin and Fuentes，2017），包括尝试向价值链上游移动，如前所述。这种权力失衡在 AMNE 领导的 GVC 中似乎比 EMNE 领导的 GVC 更为明显，因为领先的 EMNE 可能会通过招募拥有所需知识的 AMNE 来建立具有寻求知识目标的全球价值链（He et al.，2018）。我们样本中的一些概念研究将价值分配问题作为代表领先公司的精心协调工具。卡诺（Kano，2018）认为，公平的价值分配提高了合作伙伴的可靠性，并随着时间的推移增强了全球价值链的可持续性。值得注意的是，公平的价值分配破坏了通过活动外部化实现的潜在效率收益；然而，正如亚敏（Yamin，2011）所主张的，为了确保网络的合法性和生存，这种在效率损失方面的牺牲可能是必要的。

1.1.4.7　治理和绩效结果

我们样本中的很大一部分文献与构建类型学、映射全球价值链中的联系、分析配置和调查流程有关，而没有明确关注绩效。关注绩效本身的研究以各种方式概念化和衡量绩效结果，具体取决于研究问题和分析单位。大多数关注全球价值链供应商的研究都将升级作为绩效目标，这可以通过供应商技术和/或品牌能力的发展，或它们重新配置活动以自己成为领先企业的能力来证明（例如，Azmeh and Nadvi，2014；Buckley，2009；Chen et al.，2016）。

专注于领先企业的研究更有可能使用财务绩效指标作为全球价值链成功的指标，例如，通过各个工业部门的比较市值衡量的价值捕获（Jacobides and Tae，2015）、销售和利润增长（Griffith and Myers，2005）及资产回报率（Buckley and Tian，2017；Lampel and Giachetti，2013）。领先企业绩效的其他概念化包括，其对独立合作伙伴行使控制权和协调分工的能力（Strange and Newton，2006）、最小化交易成本总和的能力（Buckley，2009）、能力发展（Eriksson et al.，2014）和企业社会责任（CSR）绩效（Enderwick，2018）。

关注整个全球价值链网络性能的研究自然会探索更复杂的绩效方面，例如生产过程的灵活性/活力、对广泛资源的获取、运营效率、凝聚力/连通性、创新/转变思想的能力、商业产品以及全球价值链长期可持续性（Akkermans et al.，1999；Chen，2003；Kano，2018；Sinkovics et al.，2019；Yamin，2011；Zhang and Gregory，2011）。值得注意的是，社会科学类别的研究可能侧重于全球价值链治理的发展和可持续性成果，例如工业/经济发展和积极的制度变革（例如，Coe et al.，2004；Fuller and Phelps，2018；Lund-Thomsen and Coe，2015；Pavlínek，2018；Yeung，2016）。由于其复杂性和多样性，全球价值链级别的绩效难以定量考察，我们样本中的文献大多数是定性和概念研究。

1.1.5　宏观环境与治理

全球价值链组织取决于许多位置特征，包括经济发展水平（Mudambi，2007）、知识产权和 FDI 保护制度（Johns and Wellhausen，2016）、贸易和关税制度（Kim，Milner，Bernauer，Osgood，Spilkerand Tingley，2019）、监管环境和政府政策干预、劳动力成本、技术复杂程度和社会规范（Dunning，1988）。随着时间的推移，国家的作用尤其可以显著影响全球价值链的组织和演变（Coe and Yeung，2019；Yeung，2016）。前面几节已经讨论了宏观层面对全球价值链治理的影响，我们总结了以下关键主题和发现。贸易法规和地方机构实力等制度因素是全球价值链治理属性的主要决定因素，包括地理和结构配置、运营模式选择、权力平衡以及外围参与者升级的可能性。接包国的制度可以通过提供地方支持性政策和推动当地供应商联系来吸引领先企业的投资（Amendolagine et al.，2019；Liu and Dicken，2006；Sturgeon et al.，2008；Yeung，2016），也可能由于不完善的知识产权保护和欠发达的法制体系而阻碍投资，阻碍当地企业的研究转化为产品和服务，由此阻碍了供应商追赶和升级的机会（Gooris and Peeters，2016）。然而，接包国制度环境对全球价值链的影响是异质的，虽然人们很容易假设领先公司被有利的当地商业法规和强大的制度所吸引，但这种影响实际上因全球价值链而异，具体取决于被离岸的特定职能/活动、国际化动机，以及领导公司层面的战略和能力（Ascani et al.，2016）。

制度极大地影响了全球价值链参与创新并从中获利的能力。地方制度薄弱阻碍了国内企业将研发转化为创新产品和服务（Buckley and Tian，2017；Jean，2014），从而有效地阻碍了供应商的追赶和升级。这可能解释了为什么大多数全球价值链由源自发达制度环境的跨国公司控制，并因此展现出技术领先地位。全球价值链中的外围参与者可以通过参与国际合作、与国际机构接触以及更广泛地融入国际网络来弥补当地机构的弱点来应对这一挑战（Khan et al.，2015，2018；Pipkin and Fuentes，2017）。这是 GPN2.0 理论中战略耦合的一个关键维度（Coe and Yeung，2015；Yeung，2009，2016）。值得注意的是，制度的影响是动态的。随着新兴市场贸易、自由化和经济发展的进步，供应商的战略也在不断发展。内部研发成为升级的主导策略（Kumaraswamy et al.，2012），拥有更先进技术的供应商成为其区域网络的核心参与者（Suder et al.，2015）。

经济因素，例如劳动力成本和供应、市场和竞争（MacCarthy et al.，2016），会影响全球价值链的配置，并且决定了全球价值链的进一步生产转变，从而一级全球价值链供应商开始分解自己的价值链，以寻求更高的效率（作为对不断上升的劳动力成本的回应）和更好的生产能力（Azmeh and Nadvi，2014；Suder et al.，2015）。在 GPN2.0（Coe and Yeung，2015）的术语中，同时实现成本效率和生产能力被转化为更低的成本产能比，有利于全球领先公司的战略合作伙伴和供应商合作。这种策略是上述功能升级的替代方案（Chen et al.，2016；Humphrey and Schmitz，2002；Sako and Zylberberg，2019），并且代表了一种不同类型的升级，其中主要供应商凭借自己的权利成为跨国公司，例如，来自东亚经济体的领先 ODM（如广达和纬创）以及合同制造商（如 Foxconn，Flex and Venture）（Yeung，2016）。

也有少部分文献考虑了宏观层面文化特征的影响，主要与领先公司的战略治理程序有关。格里菲斯和迈尔斯（Griffith and Myers，2005）认为，接包国文化期望通过影响领先企业在整个网络中有效部署关系战略的能力来影响全球价值链绩效。他们认为，关系治理的文化适应会提高绩效。斯特金等（Sturgeon et al.，2008）讨论母国文化特征对美国和日本领先企业成功参与关系治理的能力的影响。只有一项研究（Funk et al.，2010）使用施瓦茨（Schwartz，2006）的价值理论分析了本国消费者的文化特征对全球价值链盈利能力的更广泛影响。众所周知，技术是影响全球价值链整个生命周期的主要宏观因素之一（MacCarthy et al.，2016）。在上一节中，我们讨论了先进技术如何影响全球价值链中的结构和战略治理决策，主要是在促进连通性和确定网络中的创新和权力位置的背景下。我们样本中的一些研究调查了最新的先进技术对 GVC 配置的直接影响。拉普鲁姆等（Laplume et al.，2016）分析3D 打印技术对全球价值链结构和地理范围的潜在影响。特雷布尔迈尔（Treiblmaier，2018）讨论了区块链技术对全球价值链管理各个方面的潜在影响，包括边界、结构和关系。

全球价值链不仅受到宏观环境的影响，而且还影响着宏观环境。具体而言，迄今为止，全球价值链的可持续性影响和相关政策影响已经吸引了许多学者和从业者进行讨论（Coe and Yeung，2015）。这种兴趣在某种程度上反映在我们的样本中，但很少有研究明确解决全球价值链影响接包国社会、经济和环境条件的方式。例如，劳工标准已成为全球价值链组织的一个关键前沿领域（Malesky and Mosley，2018）。隆德－汤姆森和科（Lund-Thomsen and Coe，2015）研究了耐克在巴基斯坦的主要足球供应商工厂，并调查了领导公司的 CSR 举措是否可以促进或限制全球价值链中的劳务中介。他们的结果表明，龙头企业塑造当地劳工机构的能力有限，因为它受到更广泛的经济力量、与地方和国家参与者的关系以及地方监管框架的影响；这些因素可以明确限制领先企业促进负责任的全球价值链形式的努力。巴里恩托斯等（Barrientos et al.，2016）解决了"全球南方"（南非、肯尼亚和乌干达）中全球超市和区域超市扩散的影响，并发现大型全球零售商的进入为最熟练的当地园艺生产商提供了战略多元化的新机会和工人。这有利于经济和社会升级，然而，持续的经济降级压力意味着许多技能较低的供应商被排除在全球和区域价值链之外。克莱伯特（Kleibert，2016）探讨了菲律宾离岸服务办事处参与全球价值链对当地的影响，发现这些离岸办事处中的大多数都具有外资所有权和高度依赖的特点。然而，参与全球价值链增加了该地区就业的数量和质量，并为劳动力创造了新的机会，特别是对于该地区失业率高的年轻大学毕业生而言。最后，在对国际金枪鱼罐头行业的纵向研究中，哈维斯和坎普林（Havice and Campling，2017）认为，价值链治理和环境治理是"相互构成的"，龙头企业的权力动态与生产的环境条件密不可分，另外，企业间战略不仅和环境治理共同作用，而且还通过环境治理方式展开。

1.1.6 全球价值链研究的拓展方向

1.1.6.1 概念基础和全球价值链理论

在国际商务、管理和供应链/运营研究中使用的一种更常见的理论方法是基于各种形式的商业网络理论（Carnovale and Yeniyurt，2014；Chen，2003；Golini et al.，2016；Humphrey and Schmitz，2002；McDermott and Corredoira，2010）。许多考察能力发展和升级的研究依赖于基于能力的理论，例如动态能力、基于资源的观点（RBV）、基于知识的观点和组织学习（Chen et al.，2016；Eriksson et al.，2014；Jean，2014），以及创新理论（Golini et al.，2016）。宏观层面的贸易和发展理论（Dallas，2015；Seppala et al.，2014）、制度理论（Hatani，2009）以及资源依赖理论（Suder et al.，2015）在一些侧重于全球价值链的地理和结构构成的研究中得到应用。

几项国际商务研究，特别是在全球工厂研究流中进行的研究以及调查接包国治理模式动态的研究，采用了内化理论的观点（Buckley and Tian，2017；Eriksson et al.，2014；Gooris and Peeters，2016；Hilleman and Gestrin，2016；Kumaraswamy et al.，2012）。许多其他理论角度、观点或框架用于解决特定的研究问题，其中包括国际创业（Eriksson et al.，2014）、文化价值观和规范（Funk et al.，2010；Griffith and Myers，2005）以及集群和城市理论（Turkina and VanAssche，2018）。一些研究试图通过融合跨学科的理论视角来解决全球价值链现象的复杂性，例如，图尔基纳和范阿舍（Turkina and VanAssche，2018）结合了国际商务理论、经济地理学和社会网络分析的见解来研究知识密集型集群中的创新；特雷布尔迈尔（Treiblmaier，2018）基于四种理论开发了一个框架来解释区块链技术在全球价值链中的作用，四种理论即委托代理理论、交易成本理论、RBV 和网络理论。然而，尽管从各种理论角度对全球价值链现象进行了大量研究，但似乎我们还没有一个占主导地位的全球价值链理论。许多研究，特别是那些在经济地理学和经济社会学研究流中的研究，参考了格瑞菲等（Gereffi et al.，2005）的全球价值链理论（或者，GPN/GCC 理论，例如，参见 Brancati et al.，2017；Hatani，2009；Neilson et al.，2018；Sturgeon et al.，2008；Coe and Yeung，2015）。然而，如前所述，现有的全球价值链框架（例如，Gereffi，1994）和类型学（例如，Gereffi et al.，2005）没有提供详细的因果机制（Bunge，1997），因此，在提供"一组边界假设和约束内的概念之间关系的陈述"（Bacharach，1989）的意义上，没有构成全球价值链的预测理论。相反，它们是用于全球价值链实证研究的有用组织框架。尽管科和杨（Coe and Yeung，2015）最近关于 GPN2.0 理论的著作更接近于理论发展的因果分析方法，但仍然缺乏实证研究来测试其适用性、有效性和稳健性（例如，Coe and Yeung，2019；Neilson et al.，2018）。总体而言，全球价值链是一个复杂的结构，它捕捉了一个特定的经验现象，即跨国公司价值链的逐步细分和地理分散。此处回顾的研究调查了该结构的各个维度，并在选定维度之间建立了联系，但未能形成能够充分解释这一现象的全球价值链总体理论，并最好能够具有一定的预测能力。诚然，在社会科学理论中很难实现可预测性，其中预测的有效性取决于难以捉摸的其他条件不变

（Bhaskar，1998）。然而，在国际商务等应用领域，预测能力使我们的理论对管理者具有可操作性，因此被视为理论发展的理想结果。

从内部化理论的角度来看，只有当全球价值链治理比其他治理形式相对更有效时，全球价值链才会长期持续。因此，领导企业必须在宏观层面（例如，制度弱点、经济转变、公众抵制、技术复杂性）、全球价值链层面（例如，结构变革的需要、合作伙伴之间的权力动态转移、不公平的价值分配）、微观层面（例如，认知偏差、信息不对称、承诺失败），通过基于全球价值链相关交易中涉及的有限理性和可靠性的经济节约化，并通过营造有利于全球价值链中价值创造和捕获的环境（Kano，2018），来提高全球价值链的效率。领先公司必须选择和实施最能满足这些节约目标的结构特征和战略治理程序。

1.1.6.2　全球价值链治理的微观基础

社会学、发展研究和经济地理学文献解决了个人动机和行为，主要是通过案例研究或人类学方法。然而，以经济学为基础的研究倾向于回避直接检验这些心理因素。事实上，在我们的评论中代表期刊上发表的关于个人层面的研究仍然很少。未来的国际商务研究可以解释个人层面的假设，并检验这些假设与全球价值链治理的各个组成部分之间的具体联系，例如，所有权和控制权决策、地理和结构配置、知识管理和网络协调。特别是，可以通过结合特定的微观基础假设来推进全球价值链中价值分布的大量研究不足的方面。当前关于价值分配的叙述意味着决策者一定程度的有限理性和有限可靠性。首先，管理者发现很难准确识别网络中产生最大价值的位置。其次，大多数关于价值分配的研究都假设参与者之间存在权力斗争，每个参与者都试图以牺牲其他参与者为代价来占有最大的价值——考虑格瑞菲（Gereffi，1994）中的大买家案例、买方驱动的商品链或格瑞菲全球价值链治理的俘虏模式。在这里，假设大买家会机会主义地挤压他们的供应商，以至于无情的成本下降压力导致供应商做出次优的、对环境和社会有害的选择。然而，正如最近达拉斯等（Dallas et al.，2019）指出的那样，这种权力观并不普遍适用。不公平的价值分配可能会疏远关键合作伙伴并破坏整个全球价值链安排的可持续性（Yamin，2011）。随着时间的推移，维持全球价值链符合领先公司的利益，特别是在核心供应商的双边依赖的情况下。解释和检验个人层面的假设可以帮助学者理解全球价值链中价值分配的潜在机制。

1.1.6.3　全球价值链的地理范围和映射

位置成为实证全球价值链研究中的关键变量之一，但在我们的样本中，很少有实证研究试图衡量所调查的价值链的地理分布，以确定这些价值链的范围是否全球性的，从某种意义上说，跨区域的活动分布相对平等（Rugman and Verbeke，2004）。事实上，只有两项研究（Suder et al.，2015）直接关注了全球价值链中的区域效应，尽管在《经济地理学》期刊上发表的大量实证研究关注的是全球价值链对位置的影响——特色升级和区域发展。有人认为，目前真正存在的全球价值链很少，而且"全球"的标签，无论是出于惯性还是作为预告，实际上可能歪曲了跨国公司国际网络的实际地理范围（Verbeke，Coeurderoy and Matt，2018）。因此，全球价值链学者有责任系统地衡量相关价值链活动的地理广度和深度，并准确定义全球价值链代表什么。这一目标可以通过公司层面的全球价值链映射来实现，即将地点与有关投入、产出、服务和技能流动、就业、收入以及价值创造和捕获的详细数据联系起来。与基于附加值贸易数据的国际经济学研究（Johnson and Noguera，2012）不同，这种基于企业的全球价值链映射不仅将经济活动的地理范围明确为全球与区域，还服务于一个重要的管理目的，即在公司及其全球价值链中指定价值创造和捕获的精确位置。这可能有助于管理人员评估全球、区域和地方治理的比较绩效。

1.1.6.4　学习

正如英克彭和曾（Inkpen and Tsang，2005）关于社会资本、网络和知识转移的概念性讨论所表明的那样，这无疑是一个富有挑战性和富有成效的话题。许多实证研究检验了全球价值链中的知识传播和转移，但知识管理主要是在外围公司和战略合作伙伴的升级、技术追赶和向价值链上游移动的背景下讨论的。领先公司的反向知识转移和学习研究较少（Lipparini et al.，2014的研究除外）。此外，虽然最近的概念研究呼吁更仔细地研究全球价值链中知识转移的具体机制（Pietrobelli and Rabellotti，2011；Kano，2018），但很少有实证研究解决了这个问题。未来的研究可以考察知识在全球价值链中向多个方向传播的渠道，以及网络各个部分中帮助或限制这些过程的特定行为。最后，组织忘却的概念——摆脱过时的知识或惯例，指出了另一个被忽视的有前途的研究领域。鉴于技术和环境的快速变化，全球价值链成员拥有的知识必须定期更新。过去可以节省成本的组织例程可能不再如此。全球价值链成员单独或集体替代此类过时知识或惯例在一定程度上决定了全球价值链的绩效甚至长期生存。如前所述，由于在组织层面和个人层面的忘却有着错综复杂的联系（Tsang and Zahra，2008），关注个人行为的微观基础有助于推进这一研究议程。

1.1.6.5　领先企业所有权和战略

很少有文献研究所有权的影响，即私人、公共、国有和家族拥有的跨国公司领导的全球价值链之间的潜在差异。这里特别令人感兴趣的是其国际战略可能受非经济目标驱动的公司的行为，例如，国有企业（SOE）、政府关联公司（GLC）和家族企业。国有企业和政府关联公司的社会和政治目标可能与效率相冲突（Grøgaard，Rygh and Benito，2019），并可能推动特殊的全球价值链配置。龙头企业与国家、区域和地方机构以及工会等关键宏观层面参与者的独特关系，以及它们对管理国际投资的经济政策的相对较强的影响能力，可能会增强这些特质。例如，发展中国家的政治转型可以使国家经济参与者（如国有企业、政府关联公司甚至主权财富基金）与不同历史时期的领先企业进行战略耦合。杨（Yeung，2016）的比较研究详细介绍了自 20 世纪 90 年代以来韩国、中国台湾和新加坡的国家或地区转型政治，并解释了这种转型如何导致发展过程从国有企业主导的工业化到国家组合的战略耦合转变。公司—全球生产网络，其中 SOE 和 GLC 与各行各业的领先跨国公司密切合作，例如，个人电脑、半导体、汽车、造船和客运航空。

同样，家族所有的跨国公司的国际战略可能受到控股家族的非经济目标的驱动，例如将公司保留在家族中，为后代提供工作，培养与"选定"利益相关者的联系，以及在社区中享有盛誉（Miller，Wright，LeBreton-Miller and

Scholes，2015）。这些非经济偏好的盛行导致了家族企业学者称之为"分歧偏差"的治理功能失调特征———一种基于情感的决策规则，即基于家庭的资产和能力相比非家庭因素得到事实上的优待（Kano and Verbeke，2018）。在全球价值链治理的背景下，分歧偏差尤其会影响位置和控制决策以及网络组成。领先的家族企业可能更有可能通过内部化来保护基于家族的资产，并将商品地位赋予非家族资产且通过合同模式管理这些资产，而不管它们的实际价值和对全球价值链的贡献如何。具有分歧偏差的家族企业的选址决策也可能受到情感逻辑的影响，例如，即使存在更有效的选择，为当地社区创造就业机会的愿望也可能推动国内生产。这种决策动态在标志性的丹麦玩具制造商乐高的著名案例中很明显，该家庭对丹麦比隆的家乡社区过度忠诚，使其无法通过外包实现效率提升（Bennedsen and Foss，2015）。在家族企业主导的全球价值链中，网络合作伙伴的选择也可能是独一无二的，因为家族企业对与"亲属控制"的供应商合作表现出强烈的偏好（Memili，Chrisman and Chua，2011）。在未来的研究中，可以对这些以及由企业所有权性质导致的全球价值链的其他特殊特征进行调查。

还可以进一步探讨领先公司国际战略的影响。我们样本中没有解决了这种关系的研究。然而，我们假设领先公司的国际战略（根据 Bartlett and Ghoshal，1989）的整合/响应框架、格玛瓦（Ghemawat，2003）的聚合/适应/套利框架或韦贝克（Verbeke，2013）的行政遗产框架定义将影响全球价值链的结构和战略治理，特别是因为通过全球价值链组织运营有助于领先跨国公司在整合和响应之间实现最终平衡（Buckley，2014）。

1.1.6.6　时间因素和动态

时间因素，例如分配持续时间和治理模式变化的时间，迄今为止在全球价值链研究中受到的关注有限，可能是因为它们通常包含在控制和/或位置决策中（Buckley et al.，2019）。我们样本中只有两项研究（Brancati et al.，2017；Havice and Campling，2017）有针对性地考察了时间因素。然而，时间考虑代表了全球价值链治理的一个关键参数，特别是因为现代全球价值链依靠其治理结构的灵活性和适应性而蓬勃发展。我们建议未来的国际商务研究关注诸如经济活动的最佳分配持续时间、灵活性/稳定性权衡以及相关知识积累和学习等时间因素。分析全球价值链的时间动态可能会揭示回包、回岸和回流问题（backsourcing, inshoring and reshoring）（Van-chan, Mulhall and Bryson, 2018），这在现有研究中也没有得到足够关注。

1.1.6.7 价值创造、获取和分配

尽管学术界对全球价值链中的价值问题给予了充分关注，但领先企业应如何协调价值创造、获取和分配的问题尚未解决。在这里，跨学科的方法差异尤为明显。国际商务学者倾向于将领先公司视为负责全球价值链中价值安排的关键参与者，将这些公司视为网络价值主张的剩余索取者（Kano, 2018）。基于社会科学的全球价值链学者更密切地考虑领先企业及其合作伙伴之间关于价值创造和分配的争论，并从领先企业与供应商之间各种形式的权力不对称的角度处理价值分配（Dallas et al., 2019；Strange and Humphrey, 2019）。这两种方法都存在概念和经验方面的挑战。首先，经验现实是领先企业无法准确解释全球价值链中价值在哪里创造（Seppälä et al., 2014），这使得它们作为价值分配者的角色变得复杂。其次，现代全球价值链中的正式和非正式联系与安排随着经济、政治和技术进程不断变化（Benito, Petersen and Welch, 2019）；这种活力会影响全球价值链中的权力关系和价值创造地点。未来的研究可以卓有成效地将国际商务和社会科学方法结合起来，进一步研究全球价值链中的价值创造和分配（Benito et al., 2019）。

1.1.6.8 跨国企业参与和协调全球价值链中的财务和金融化

总体而言，对财务决策如何影响跨国企业战略、全球价值链管理和竞争结果的研究较少。米尔伯格（Milberg, 2008）以及米尔伯格和温克勒（Milberg and Winkler, 2013）的早期研究研究了财务因素（如股价）如何影响全球价值链配置。从20世纪90年代早期海湾合作委员会文献中一个相对模糊的因素开始，金融已成为2010年后主要跨国公司及其GPN演化动态的首要考虑因素。科和杨（Coe and Yeung, 2015）认为，与金融市场考虑相关的压力和机遇迫使领先的跨国公司进一步发展和扩大其国际业务。跨国公司对金

融动态的反应产生了不同的地理和组织网络配置。通过全球化生产成功满足金融约束要求的领先企业，如某些美国跨国公司，往往在股票价格和高管奖励方面在金融市场上表现良好。这促使进一步的战略转变更加重视跨国公司以金融为导向的增长和治理。

1.1.6.9　全球价值链对宏观环境的影响

现有研究早已承认，全球价值链嵌入政治、社会经济和环境系统并与之共同发展（Yeung，2016）。因此，全球价值链对这些复杂的系统产生持续的影响，无论是积极的还是消极的、有意的还是无意的，这些影响均有据可查。从积极的方面来看，它们包括经济升级，即国内企业的收入和就业增长以及技能发展。全球价值链对接包国的负面影响引起了更多关注，包括不平等加剧、劳工标准恶化、环境破坏（Kolk，Rivera-Santos and Rufin，2018），以及在极端情况下的大规模危机，如孟加拉国的拉纳广场灾难等。领先跨国企业通过在整个链条中执行严格的劳工标准和实施部分再内部化来解决这些影响的努力对接包国并非毫无帮助。这些举措限制了当地企业数量的增长并降低了最脆弱人群的就业前景，从而削弱了全球价值链对当地经济的上述一些积极影响（Narula，2019）。今天，在政治民粹主义抬头、保护主义抬头、全球化怀疑论日益抬头的时代，全球价值链究竟是典范还是"寄生虫"，在学术界、商界和公众中引发了激烈的争论。

研究全球价值链相关的社会影响是一个重要的研究方向，这是国际商务研究的"重大挑战"之一。为了使此类研究具有可操作性，鼓励国际商务学者"扩大以公司为中心的视角"（Gereffi，2019），以便纳入对国际发展的更广泛的看法。与国际经济学等相邻领域的政策制定者和研究人员的接触可以促进公司层面和宏观层面观点之间的联系，并帮助国际商务研究人员将他们的发现转化为政策和发展影响。虽然许多调查都将接包国制度环境考虑在内，但很少有文献（例如，Fuller and Phelps，2018）研究全球价值链治理对接包国、本国和国际机构的反馈影响。这些影响（例如，法律框架的改进、当地商业机构的变化、行业标准的制定和执行、实施保护主义措施或促进自由化的法规变化）是未来研究的另一个有趣的领域。

1.1.6.10 新的保护主义的影响

保护主义，正如政府通过贸易政策歧视外国商业利益的措施所表达的那样，并不是一种新现象，多年来在危机和经济低迷时期一直存在（Evenett，2019）。然而，保护主义问题在今天重新变得重要起来，特别是考虑到英国脱欧、美国的外交政策以及相关的贸易紧张局势和对全球化的广泛抵制，这些因素自然会给全球价值链带来风险，尤其是在外包到低成本国家的制造活动方面。领先企业可能会通过重新配置其价值链和/或将生产回流/遣返本国来做出回应（Vanchan et al.，2018）。虽然新的保护主义肯定会影响全球价值链的配置和治理，但这种影响的性质和程度尚不清楚。首先，回流的发生有多种原因，包括劳动力和运输成本上升、货币波动、技术发展和战略考虑（Ancarani et al.，2019；Vanchan et al.，2018）。其次，即使面临美中贸易摩擦等问题，回流也很困难，而且效率可能很低。专业技能获取、基础设施和大型制造设施是回流的严重障碍。将商品组件的组装和生产从中国运回高成本的母国几乎是不可能的，因为目前没有任何发达国家可以与中国对于规模、技能、基础设施和成本的结合相比。我们的样本研究没有直接解决新保护主义的影响，这可能是因为它需要一些时间才能实现，而且全球价值链的反应模式和结果仍处于不断变化的状态。此外，目前关于保护主义影响的可用数据有限（Evenett，2019）。话虽如此，新的保护主义的各种表现形式对全球价值链治理的潜在影响是未来研究的主要途径，对学术界、从业者和监管机构具有重大影响。

1.1.6.11 全球价值链和数字化

现有研究已经关注到新技术对全球价值链配置的影响（Laplume et al.，2016），但是，未来的研究可以回答更广泛的问题，即数字技术如何改变全球价值链的基本治理结构（Foster et al.，2018；Wu and Gereffi，2019）。数字技术支持的"平台化"或"从单个产品或服务转向平台作为提供价值的基础"（Nambisan，Zahra and Luo，2019），对全球价值链具有相当大的影响，但这些影响是复杂的。一方面，平台跨国公司以全新的方式促进了世界各地不同群体之间的联系（Coviello et al.，2017）。数字平台和相关生态系统为多方面创新和价值创造以及以更高的效率和灵活性进行跨境价值转移提供了新的场所。数字化还允许跨国公司通过增加或减少网络单元、调整多边平台或修改现有链接和交互来快速改变其商业模式（Nambisan et al.，2019）。对于位于中国等技术先进的新兴经济体的供应商而言，数字化减少了升级和多样化的障碍，并促进了接触终端消费者（Li，Frederick and Gereffi，2019）。另一方面，日益增长的数字化可能会使远离创新中心的全球价值链参与者处于不利地位，甚至将其排除在外。平台和生态系统为初创公司和小型公司提供了基础设施和访问机会以快速接触地理上分散的客户（Nambisan et al.，2019），但它们也促进了生产投入的日益标准化，这使得供应商，尤其是中小型企业，更具可替代性，因此更容易受到攻击。领先跨国企业在数字环境中的协调任务更具挑战性，因为领先企业必须协调、重组资源，并与松散联系的参与者建立合作关系，这些参与者可能远远超出领先企业的行业传统边界和其专业知识范围（Li，Chen，Yi，Mao and Liao，2019）。此外，大数据和数据分析日益重要导致了一种全新形式的价值链的出现，即围绕着一家企业管理全球采购、存储/仓储、建模、分析和从数据中产生洞察力的"数据价值链"（UNCTAD，2019）。这种类型的价值链代表了一种全新的商业模式，目前国际商务学者对其知之甚少。

平台化现象提供了许多新颖而迷人的研究机会。平台跨国企业可以被视为全球虚拟价值链，领先的跨国企业拥有关键技术，并且投入和产出的流动大多是无形的。需要探索的具体研究问题包括数字价值链中的权力动态、平台化带来的商业模式创新、原始数据货币化和增值数据的所有权、数字和实体场景在同一网络内的集成、影响母国互联网关于全球价值链治理的法规（Wu and Gereffi，2019）、专业化与标准化、集成与响应、消费者参与数字全球价值链、电子商务支持的供应商升级（Li et al.，2019）、在数字环境中的关系治理，并在全球价值链中建立对全球虚拟团队的信任（Foster et al.，2018）。随着技术的不断进步，未来的研究可以调查人工智能、物联网和虚拟现实对传统和数字全球价值链的潜在影响（UNCTAD，2019）。

1.2　全球价值链下的可持续性发展

1.2.1　全球生态资本与价值链治理

人类活动正在对地球及其生物圈产生重大影响，地质学家现在定义了一个新时代——人类世来反映这一现象（Crutzen and Stoermer，2000）。对一些人来说，这是一个始于18世纪末化石燃料使用量显著增加，且自19世纪中叶以来急剧加速的时期。在这段时间里，人类的行为在影响地球生态方面超过了自然的作用（Steffen，Crutzen and McNeill，2007）。全球可持续性危机，如气候变化、海洋酸化和行星生命的"第六次大灭绝"（利基，1996），是这一时期人类与自然关系大动荡的特征。另一些人质疑"人类世"一词中对人类作为一个未分化整体的关注，并提出了一个不同的术语来解释相同的结果，即资本世，"作为权力、资本和自然的世界生态的资本主义时代"。这一术语将焦点从具有新马尔萨斯主义内涵假定的人与自然关系的二元性转移到资本主义作为组织自然的方式（Haraway，2015）。

从资本主义世界的角度来看，世界生态的重大变化早在15世纪中期就开始了——从控制土地逐渐转变为适当的剩余价值，到控制土地以提高商品生产的劳动生产率。换句话说，仅仅研究全球价值链和资本主义对自然的影响以及人类如何通过技术和商业模式创新解决全球可持续性的挑战是不够的。我们需要将权力、价值和自然概念化为只能在彼此关系中思考（Havice and Campling，2017），并试图了解资本主义是如何"使整个自然为资本服务的"。通过对科和杨（Coe and Yeung，2015）的观察结果应用可持续性过滤器（filter）来实现这一点，即全球价值链和生产网络的组织动态在过去30年中由三个重要的资本主义动态驱动（成本/能力比最小化、提高灵活性和速度），这导致了空间、组织和技术"修复"的发展，以确保持续的资本积累。

自20世纪后半叶以来，信息和通信技术便利了制造活动的全球外包和离岸外包的发展（Dicken，2007）。这导致了全球价值链中经济活动的组织分散在全球各地，但由"领先企业"集中管理（Bair，2009；Cattaneo，Gereffi and Staritz，2010；Ponte and Sturgeon，2014）。术语"全球价值链"是指企业、农民和工人为将产品或服务从概念到最终用途、回收或再利用而开展的全方位活动。这些活动包括设计、生产、加工、装配、分销、维护、处置、回收以及相关服务。在"全球"价值链中，这些功能分布在不同地方的许多公司之间，并由"领先公司"集中组织。在这种情况下，主导公司是指在链上特定功能位置运营的公司群体，能够决定谁在链上做什么、以什么价格、使用什么标准、达到什么规格以及在什么时间点交付（Gereffi et al.，2005；Ponte and Sturgeon，2014）。全球价值链治理是一套具体的实践和组织形式，通过这些实践和组织形式，主导企业和其他参与者之间的特定分工并得以产生和管理（Gibbon，Bair and Ponte，2008）。

了解全球经济不断变化的动态需要了解全球价值链是如何管理的。全球价值链治理的概念基于这样一种观察，即价值链很少通过市场交换自发协调（Gereffi，1994；Gereffi et al.，2005；Gibbon et al.，2008）。相反，它们是由特定行为者（通常是管理最终市场准入的大公司，但也包括区域、国家或地方层面）的战略和决策的结果来管理的。审查全球价值链治理意味着研究主导企业及其供应商和次级供应商所做决策的内容和管理、所做决策背后的战略、为实施这些决策而选择的管理方法，以及监测和调整其结果的系统（Ponte and Sturgeon，2014）。

1.2.2　企业绿色治理化与可持续性

近年来，企业在可持续性治理中的作用发生了巨大变化。直到一二十年前，GVCs 中的主导公司并不认为可持续性是管理的关键战略领域。它们在积极制定早期可持续性议程方面的权力有限，该议程主要由民间社会团体和社会运动推动，有时还与城市和州结成联盟。当它们施加影响时，通常的目标是尝试减缓或阻止环境监管。然而最近，主导企业在积极塑造可持续性论述和实践方面变得更加主动，但它们主要关注的是识别可持续性管理创造和获取价值的方式。主导企业现在正积极利用可持续性来帮助降低声誉风险、增加利润、创建新的产品线、提高品牌忠诚度并增强其在管理全球价值链上的能力。因此，可持续性正在成为商业战略和运营的主流。联合国全球契约埃森哲（Accenture，2013）的一项调查显示，84%的受访首席执行官表示，董事会正在讨论可持续性问题并采取行动。因此，只要可持续性能够用于资本积累和确保竞争优势，它就可能仍然是一个战略问题。换句话说，虽然直到最近，只有少数公司能够利用可持续性来实现盈利，但更多的公司正在将可持续性转变为一项业务。

20世纪70年代和80年代，公司主要是对激进分子和非政府组织的运动和环境监管作出反应，而在90年代，公司开始更多地参与自我监管和以市场为基础的举措，以改善其业务对环境的影响。20世纪80年代开始的放松管制和自由化进程为实现这一目标提供了基本条件。此外，一些主要的环境非政府组织，如世界自然基金会（WWF），开始与企业合作，因为它们能够调动资源，并且能够提高变革的速度。然而，企业继续游说反对更严格的环境监管，并为可能实现这一目标的政党和政界人士提供资金。

多弗涅（Dauvergne，2016）记录了21世纪初大型品牌企业中可持续性战略杠杆的兴起。虽然大公司之前已经作出了可持续性承诺，但这些承诺往往是在非政府组织、媒体和消费者团体暴露其有害做法之后的公共关系运动或反应性措施。那时，形象和产品供应建立在可持续性基础上的公司尽管正在健康发展但倾向于瞄准利基市场。然而在20世纪中叶，大公司（如达能、通用电气、宜家、麦当劳、雀巢、耐克、联合利华和沃尔玛）内部开始出现新一轮可持续发展举措（Bregman，2017）。这些举措基于它们可以提高盈利能力和品牌声誉，从而产生附加价值的期望。

这一逐渐主流化的过程是由成本削减和生态效率努力推动的，这些努力为企业提供了应用环境改善的"商业案例"。减少能源和水的使用、优化包装和改善回收利用等生态效率流程通常有助于降低运营的净成本，从而使人们能够关注底线，这一点在21世纪末开始的经济衰退后变得更加紧迫。宜家（Ikea）和沃尔玛（Walmart）等公司在其自身运营中对能源消耗、包装和运输采取了大量的成本削减措施，同时将这些措施作为其"致力于可持续发展"的实例加以展示。收集碳和其他可持续能力信息也使公司能够让潜在投资者更好地评估投资决策中的风险，从而拓展融资渠道（Dauvergne and Lister，2013）。

消费者偏好的变化显然是决定公司销售何种产品以及具有何种可持续性特征的一个因素。但是，不应夸大消费者的影响（与消费者群体压力相关的个人和集体影响）。宜家并没有由于消费者的大量不满，开始要求供应商提供更可持续的包装解决方案，沃尔玛也没有因为消费者强烈要求而大举进军有机产品领域。它们在其认为有潜力更好地创造和获取价值的领域采取了战略步骤。然而，在其他情况下，由非政府组织发起的消费者抵制活动实际上严重影响了一家公司向可持续发展的方向发展，比如耐克合同制造厂的工作条件。

无论动机是战略性的还是与消费者需求、抵制或非政府组织压力有关，公司都在寻求开发具有"绿色"或"生态"特征的新产品线，以使其投资组合多样化，和/或创造新的或改进的绿色商品和服务，如光伏电池、"智能"恒温器和风力涡轮机。这使得他们能够通过开发新的、更环保的产品，并在新兴经济体中开拓新市场，从而解决全球北方成熟市场的饱和问题。后者尤其可行，因为公司可以通过声称其产品是"绿色"的或"健康"的方式，利用全球南方新兴中产阶级对食品安全和质量日益增长的担忧。例如，在中国，人们对"绿色标签"的兴趣与日俱增并不是因为直接的环境挑战，而是由于人们认为认证产品不太可能受到污染或掺假，因为它们必须经过审计程序。2011 年，埃森哲对 250 名企业高管进行的一项调查发现，超过 60% 的受访者认为可持续性是其新兴市场扩张的一个基本特征（Accenture，2011）。此外，大型企业集团积极寻求收购规模较小的"可持续性导向"公司，以使其品牌和产品组合多样化。

可持续发展议程的出现也导致了过去十年中可持续能力伙伴关系、联盟和多方利益相关者倡议的真正爆发——在全球范围内跨国、国家和地方层面（国际贸易中心，2017）。其中一些倡议是由主导公司与民间社会组织合作发起的（例如，联合利华是组建海洋管理委员会的关键参与者）；一些是在工业/商业协会内创建的，如世界可持续发展商业理事会（WBCSD）的《愿景2050》和世界经济论坛（WEF）的可持续性倡议；另一些则采取了志同道合的公司联合体的形式（如创新气候和能源政策企业、可持续食品实验室、可持续性联合体和可持续农业倡议平台）。商业和民间社会团体之间的双边伙伴关系也出现了，比如联合利华和绿色和平组织、宝洁和 WWF、联合利华和公平贸易认证组织（FLOCERT）。

但企业参与与政府、非政府组织和民间社会团体的可持续性伙伴关系的部分原因在于软化后者的监管和政治要求，以及偏离更激进的解决方案和政策选择的战略（Dauvergne，2016）。此外，传统的公司战略本身也被嵌入多利益相关者可持续发展倡议的实践中，包括兼并和收购（例如，宣布的雨林联盟和 UTZ 的合并，以巩固各自的市场覆盖优势，前者在北美，后者出现在北欧）以及在同样的可持续能力关注领域内的竞争加剧（例如，2011 年美国公平贸易协会与国际公平贸易协会分离，原因是在公平贸易是否为商业农场雇佣的工人提供了足够的服务方面存在分歧）。换言之，可持续性认证市场已变得与贴上这些标签的商品市场一样具有竞争力（Ponte，2019）。

1.2.3 作为战略的可持续治理

正如科和杨（Coe and Yeung，2015）所指出的，全球价值链和生产网络的组织动态在过去 30 年中由三个重要的资本动态驱动：（1）成本最小化；（2）灵活性；（3）速度。不断降低成本的驱动力导致了"空间修复"，领先企业在新的地点寻找成本更低但有能力的供应商，换句话说，试图最小化成本/能力比。其他两种动态导致了"组织修复"（如外包给独立供应商，并通过雇用临时工制和工会的削弱寻求灵活性）和"技术修复"（如改进交付周期和适应性的新解决方案）（另见 Dicken，2007）。这些反过来又倾向于促进全球价值链各细分市场的垂直专业化，在这些细分市场中，主导企业拥有最大的核心竞争力，并允许继续加强资本积累。

可持续性管理涉及企业为解决可持续性问题而制定的战略和实践以促进资本持续积累的方式。可持续性管理正在以各种方式重塑现有的空间、组织和技术修复：一些产品越来越多地来自能够以更低的成本提供更大数量的可持续能力认证和规范的地方，或者材料和能源使用量更低的地方（Auld，

2014）；多利益相关者倡议在管理可持续性方面发挥着重要作用，并间接地在重塑全球价值链运营组织方面发挥着重要作用（DeMarchi，DiMaria and Ponte，2013）；供应商运营中的劳工制度因需要满足主导企业新的环境可持续性需求而面临压力（Riisgaard，2011）；监测和记录可持续性合规的来源和过程需要发挥新技术的作用，如价值链跟踪、供应商的可持续性审计以及新的指标和合规性评估工具（Freidberg，2013）。这些技术本身被用来从供应商处获取更多信息，这些信息可用于更好地管理价值链，而无需诉诸垂直整合（Dauvergne and Lister，2013），并将自然灾害造成的采购风险降至最低。

从 20 世纪 90 年代中期到 21 世纪初期，主导企业为了应对可持续性挑战，例如通过第三方认证（Gibbon and Ponte，2005），倾向于脱离与供应商的直接接触，但在过去十年这一趋势已部分逆转。主导企业现在在可持续性指标体系内与（较少的）供应商进行更直接的接触，这些指标要么由内部控制，要么由国际非政府组织合作开发（如宜家 IWAY、雀巢咖啡馆更好的农业实践，联合利华的可持续农业准则，蒙代尔茨的可可生活或巴里·卡莱鲍特的可可地平线）。它们要求其供应商应用生命周期分析，进行审计、遵守标准和认证，和/或提供可持续性报告（Freidberg，2013）。可持续性需求通常以"共享价值"的商学院口号下的概念性术语表达（Porter and Kramer，2011）。在许多行业，鼓励一级供应商对自己的供应商采取同样的做法，要么实施主导公司的标准，要么创建自己的标准，然后将其作为第三方认证的替代方案提供给公司（Grabs，2018；格拉布斯和庞特，2019）。

在监控方面与供应商进行更密切的互动，例如，价值链上的能源和资源使用，为领先企业提供更多关于其供应商的信息和控制，允许龙头企业利用额外的成本信息获取价值，并将可持续性合规的额外成本及其相关风险推向上游生产商。这为规模较小、组织较少或边缘化程度较高的行为者，特别是在全球南方，增加了进入壁垒。额外的环境合规成本也可能产生激励，从而进一步破坏供应商之间的社会和劳动生产条件。在实现环境可持续性的大背景下，全球价值链中的龙头企业为自己获取价值，同时获取更多供应商的需求（Grabs，2018；Ponte，2019），并促进其供应基础的进一步整合，该基础在 2008 年金融危机后已经开始。米尔伯格（Milberg，2008）及米尔伯格和温克勒（Milberg and Winkler，2013）已经记录了这种"成本挤压"动态，现在也受到持续能力合规性的推动，从而形成了"可持续性驱动的供应商挤压"。

解决可持续性问题的主要公司还带来了其他一些商业利益，如可以更好地控制产品质量和物流，而无需垂直整合或投资固定资产；可以稳定和监测资源的可用性，从而降低因可能的中断而产生负面影响的风险；与供应商更密切的合作使他们能够在供应短缺时更好地获得资源，这不仅适用于电子产品用稀土，也适用于高品质可可或独特的咖啡产地（Ponte，2019）；在设计自己的可持续性标准和程序时，主导企业可以实现进一步的多样化，而随着经认证的可持续性产品市场的增长，利用这些认证作为独特卖点变得更加困难（Grabs，2018）；可持续性、培训和其他"发展"举措的倍增，使龙头企业能够将其供应问题包装在为当地社区和农民"做好事"的幌子下（例如，Mars 的可可发展中心和可可村诊所、雀巢的农村发展框架、星巴克 KahawaBora 与东刚果倡议合作）。

通过战略性地利用可持续性管理，全球价值链中的领先企业实际上可以减少对其企业边界之外更广泛的可持续性治理议程的关注。一些领先企业在制度化的早期阶段发挥了重要作用，但随后采取了更加不干涉的方式（例如，联合技术开发区的 Ahold，MSC 的联合利华）。社会网络分析表明，领先企业目前在多利益相关者倡议中没有发挥核心作用（Henriksen and Ponte，2018）。与此同时，行业驱动的可持续性集体倡议仍然很重要（Fransen，2012），企业仍在参与或密切监测非政府组织驱动的可持续性倡议。但总体而言，领先企业目前在形成可持续能力议程方面并不占主导地位，甚至不是核心（Fransen et al.，2018）。它们不需要太在意，因为它们已经找到了使可持续性管理的具体运作有利可图的方法。在解决短期内无利可图的可持续性的某些方面时，领先企业仍然可以使用可持续性工具来降低外部风险，扩大产品组合，改善对供应商的信息和控制，并管理品牌声誉。它们仍然可以利用现有的可持续发展举措来摆脱自身的责任，推动持续改进的想法，推迟问责，并最终描绘出它们可以将两个无法衡量的目标结合起来——在不断刺激全球生产和消费增长的同时实现可持续性（Bowen，2014）。

总之，"可持续性业务"不足以解决紧迫的气候变化和其他全球环境问

题。然而，这足以让全球价值链中的龙头企业获得合法性和治理权威。通过
与各国政府和民间社会团体的伙伴关系，这一合法性得到进一步加强。其中
一些参与策略性地用于为可持续性问题提供"软"解决方案，并避免更严格
的监管。虽然可持续发展业务在某些地方带来了一些环境改善，在某些行业
中相对而言也更好地利用了资源，但全球资源的总体压力正在增加（Ponte，
2019）。企业通过可持续性管理积累的"绿色资本"是以环境条件恶化为代
价的。绿色资本主义和对自然的不可持续开发并存。

1.2.4　可持续治理的企业价值创造

全球价值链中强大的龙头企业已经超越了对可持续性"商业案例"的质
疑。它们正在创造并从解决环境问题中获取新的价值，无论是在公司范围内
还是在价值链上。它们从可持续性管理中获益，在盈利能力方面不会对其市
场估值产生重大负面影响，从而实现"绿色资本积累"。它们还要求供应商
提供更多信息，包括关于环境实践和影响的信息，以便将供应商的盈利能力
推向边际，即通过"可持续性供应商挤压"获取价值。

可持续性管理正成为当代资本主义的另一个特征，同时成本/能力比最小
化，灵活性和速度最大化（Coe and Yeung，2015）有助于巩固"绿色资本"。
可持续性管理反过来导致现有空间、组织和技术"修复"的新配置，以促进
资本持续积累。供应商在许多全球价值链中经历了令人印象深刻的经济和环
境升级轨迹（现在可以提供可持续性认证或验证，至少在农产品行业，这通
常只是让他们继续参与全球价值链，但利润率会下降——除非生产率的提高
能够弥补更高的成本（Ponte，2019））。当供应商确实设法从买家那里获得更
高的价格作为经济和环境升级的一部分时，通常是在买家在同一全球价值链
中获得更大收益的情况下。因此，可持续性供应商挤压与全球价值链领先企
业的绿色资本积累齐头并进。优化资源消耗的绿色资本积累战略由于基于持
续扩张的逻辑，有助于降低生产的相对能源和物质强度，但不能解决增长的
总体生态限制，特别是在自然资源和农产品部门。技术和组织修复，如削减
能源成本、改进包装材料、缩短运输距离和建立绿色品牌认证，可以提高单

位级效率，确实可以对资源和能源使用产生重要的积极影响。但当生产和消费继续上升时，这并不一定会实现总体减排。

尽管一些更为成熟的供应商能够自行开发可持续性能力并利用其优势，全球价值链中的主要公司通常对其供应商提出新的环境要求，同时要求提供更多关于供应商成本结构和运营的信息。在监管监督较差的供应商管辖区，这可能导致形式上符合买方要求和认证，进一步限制对环境可持续性的实际影响。当供应商的利润率下降（对其经济可持续性产生负面影响）时，这些需求也会对社会可持续性产生负面反弹效应，例如，促使供应商削减劳动力成本或工作条件以收回额外的环境成本。

在更广泛的分析层面上，解决绿色资本积累和有限可持续性收益的结合需要进行以下研究：从微观到宏观；审查支持和反对环境可持续性的日常微观实践和激励措施，以及这些措施在价值链上的传播方式以及由不同治理动态形成的方式；了解微观实践如何聚合、合并或与各种地理尺度上的众多可持续性法规、倡议和实验发生冲突。

1.3　经济升级与全球价值链

1.3.1　经济升级

从一开始，治理和升级就成为全球价值链（GVC）框架的两大支柱（Gereffi and Lee，2012；Gereffi，2014）。两者都源于这样一种信念，即全球化可以通过观察企业的国际生产网络是如何组织和控制的，以及企业、国家和发展中经济体的其他社会行动者如何利用全球化收益的不均衡分布来分析。大量文献对于经济升级尤为关注，特别是 GVC 研究者对于全球经济国家内部和国家之间发展不平衡的问题的关注（Gereffi et al.，2001；Gibbon and Ponte，2005；Bair，2009）。

全球价值链范式的先驱往往分为两大阵营。一组研究地方一级的经济发展，重点是产业集群或工业区（Nadvi and Schmitz，1999）。该文献试图解释地理范围和部门专业化的企业集群是否以及如何将主要劳动密集型轻型制造业产品（如鞋类、服装或体育用品）的成功出口业绩与不断增长的工资、技能和可持续收入相结合。全球价值链范式的另一个前身来自全球商品链学者，全球价值链研究的重点是全球工业组织，以及大型国际领先公司之间的权力不对称如何影响发展中国家在全球经济中维持或改善其基于全球经济地位、出口、外国直接投资和技术转让等国际联系（Gereffi and Korzeniewicz，1994；Bair，2009）。全球价值链倡议的启动以及 IDS 公报特刊《价值链的价值：传播全球化的收益》的出版，将价值链治理和产业升级视为全球价值链治理的基本组成部分（Gereffi et al.，2001；Sturgeon，2009）。

　　经济升级可以定义为"经济行为体——国家、企业和工人，在全球范围内从低价值活动转向相对高价值活动的过程"（Gereffi，2005）。各种升级类型已被用来分析此升级过程是如何发生的。提高全球价值链竞争力的企业级战略的最早和最著名的表述之一涉及四种类型的升级（Humphrey and Schmitz，2002）：产品升级，即进入更复杂的产品线，增加单位价值；流程升级，即通过重新调整生产系统或使用先进技术，更有效地将投入转化为产出；功能升级，即获取价值链中新的、优越的功能（或放弃现有的低附加值功能），以增加活动的技能含量；部门间（或链）升级，即利用在特定链中获得的能力进入新的部门。虽然这四种基本类型的经济升级已经证明具有相当的弹性，并且在文献中被广泛提及，但类型学本身是相对静态的，它并没有告诉我们这些类型的升级如何随着时间的推移而联系或演变。有几篇文章根据东亚生产商在服装、鞋类和电子产品等消费品部门的经验主要阐述了升级的动态轨迹的概念。其中一个最著名的公式强调了一系列企业利用不断增长的能力可以采取的潜在升级轨迹：（1）进口投入品的组装，通常在出口加工区（EPZ）；（2）成品的本地生产和采购（也称为原始设备制造或 OEM）；（3）在国内外市场销售自有品牌商品（OBM）；（4）以其他公司品牌销售的产品设计（原始设计制造 ODM）（Schmitz，2004）。虽然广泛用于描述各种行业和地点的变化，但这些类型值得仔细研究。这里将重点介绍功能升级的概念，以及从 EPZ 到 OEM、OBM 和 ODM 的潜在升级轨迹。文献中介绍了一些有用的修正方法。

首先，从组装到 OEM（或全包装生产）、OBM 和 ODM 活动的路径是一系列功能升级转移。在每个阶段，企业都会开展新的活动，为产品增加价值，但不一定会提高企业在供应链中的收益（Tokatli，2013）。然而，人们普遍认为，停留在全球产业的装配阶段，只有最低限度的支持性社会或产业政策来改善劳动条件和促进地方联系，而不是过渡到某种形式的全套（OEM）生产，使发展中经济体的供应商在全球价值链中面临最低回报和最激烈的竞争压力。

其次，这种升级轨迹不一定是线性的；企业可能会跨越或跳过某阶段，可以找到其他方法来提高自己在供应链中的地位，例如，以更高的标准或价格向不同的终端市场销售（Staritz，Gereffi and Cattaneo，2011）。中国在信息和通信技术（ICT）全球价值链中不断演变的角色提供了重要的视角了解中国如何通过"自主创新"提升自身技术能力来应对对外国技术的严重依赖。继华为在电信设备市场取得早期成功后，基于其向在华投资的外国公司学习的独特模式，中国公司能够在手机领域从 OEM 阶段跃升到 OBM 阶段（使用小米、华为和 Oppo 等品牌），而无需经历 ODM 阶段（Grimes and Yang，2018）。

再次，在定义升级阶段时，必须警惕虚假同质性和虚假异质性，因为它们随行业和时间而变化（Sturgeon，2001）。例如，OEM 公司的概念在机动车（指整车装配商）和电子产品（指一级供应商）中有很大不同。同样，ODM 在服装行业的作用相当广泛，而在电子行业，它指的是一个只有中国台湾合同制造商才能利用的市场。然而，中国台湾企业在大陆开发的 ODM 模型挑战了"模块化论文"的强大版本（Sturgeon and Kawakami，2011），其中断言 ODM 合同制造商在个人电脑（PC）行业的竞争力源于遵循品牌领先企业（如 HP、Dell 和 IBM）和平台领先企业（如 Intel 和 Microsoft）提供的规范。更微妙的解释是，对于笔记本电脑等产品，中国台湾 ODM 占全球市场的90% 以上（Sturgeon and Kawakami，2011），中国台湾 ODM 不仅仅接受领先公司的规格。相反，它们希望提出一个"总体系统解决方案"，该方案涉及与 PC 品牌和平台领导者的持续谈判，并给予 ODMs 一定程度的自主权和对 PC 系统架构中技术开发的控制权（Yang and Chen，2013）。

最后，拉丁美洲和其他地方的本地供应商的功能升级通常受到全球价值链牵头公司的阻碍，尽管它们将支持产品和流程升级（Giuliani，Pietrobelli and Rabellotti，2005）。然而，在世界各地特别是在新兴经济体，支持全球价值链升级的地方领先企业和跨国一级供应商已经崛起，这通常是创造国家"冠军"的政策的副产品。韩国在推动三星、现代和 LG 等将 OEM 和 OBM 能力联系起来的垂直整合财阀公司方面有着最强劲的业绩记录；在中国台湾和新加坡，本地公司通过提供技术先进的组件，在全球价值链中属于领先企业，从而提升了电子和医疗设备等各个行业的价值链；在航空业，巴西航空工业公司和加拿大的庞巴迪是中型商用飞机的领导者；在印度的离岸服务业，塔塔咨询公司、威普罗公司（Wipro）和印孚瑟斯（Infosys）是世界级的公司；而在中国的数字经济中，阿里巴巴、百度和腾讯主宰着巨大的国内市场。在所有这些情况下，涉及国内供应商的功能升级都得益于政府的支持政策、领先企业之间的战略竞争以及全球价值链内部的技术活力。

1.3.2　经济升级概念的局限性

现有研究对升级文献提出了许多经验和概念上的挑战，我们将其归纳为五个方面：（1）升级类型在实践中可能难以区分；（2）许多部门存在多种升级轨迹；（3）可以确定更广泛的功能升级和降级类型；（4）企业的成功升级并不一定与价值链中的更好地位或更大的价值捕获相对应；（5）空间升级的不均衡地理反映了价值链中的包容和排斥时刻（moments）。

虽然升级概念适用于跨部门的许多不同活动和参与者，但它因模糊了现实世界升级模式的界限而受到批评。例如，在农业方面，庞特和尤尔特（Ponte and Ewert，2009）认为，有时很难区分产品升级和工艺升级，特别是在农产品中，采用新工艺会产生新的产品类别（例如，有机物、"可持续"产品）。此外，在一些全球价值链中，供应根据质量或地理来源而不同的一系列商品的能力是升级的一个重要方面，但它不适合四种基本升级类型中的任何一种（Bowen，2010）。

企业的升级轨迹不是单向的，升级是一个动态而复杂的过程，企业可以通过多种方式寻求高价值和低价值活动之间的平衡。例如，在卢迪亚纳的印度羊毛针织品集群中，供应商制定了多链战略，出口商也参与了利润丰厚的大型国内市场提供的学习机会（Tewari，1999）。同样，皮科尔斯等（Pickles et al.，2006）观察到，东欧和中欧的服装供应商追求多种战略选择：它们为国内和区域市场制造多元化，同时也向其主要买家的市场出口；它们开发了自己的品牌，同时也为顶级品牌制造商供货；它们的投资组合包括低价值和高价值产品。土耳其服装行业有几个显著的例子，这些公司在多个方向上同时作为买家和供应商进行分支，但没有退出盈利活动，导致托卡特里（Tokatli，2013）断言企业可能在不同的环境中同时"升级、降级和倒退"。

布拉泽克（Blažek，2016）在讨论全球价值链供应商的重新定位战略时，提出了功能升级和降级的运营类型。列出了五种类型的功能升级，它们要求供应商具备不同的能力和风险效益比。与升级相比，降级的概念在文献中受到的关注要少得多。布拉泽克区分了几种类型的功能降级："被动"降级（一家公司因高层买家的决定而非自愿地生产更简单的商品）；"适应性"降级（公司无法承受竞争压力，被迫专注于价值较低的细分市场）；"战略性"降级（这可能通过改变业务战略而导致）。在南非葡萄酒价值链中，庞特和尤尔特（Ponte and Ewert，2009）说明了后一类，比如一些南非葡萄酒制造商更喜欢销售散装葡萄酒，因为与品牌葡萄酒销售相比，散装葡萄酒销售风险更低，尤其是在传统出口市场。

对升级文献的一个更根本的批评来自那些改进活动不一定保证获得附加价值的案例。一个很好的例子是在服装行业创建一个新品牌。土耳其牛仔裤市场上有1000多个品牌，如果不能像20世纪90年代成功的自有品牌制造商和零售商 Erak 推出的"Mavi 牛仔裤"那样在市场上真正脱颖而出，那么仅仅创建另一个品牌可能意义不大（Tokatli，2013）。

这里的核心"升级悖论"是如何将企业层面的升级与其对地区和国家的影响联系起来，也就是说，我们如何整合跨空间升级的地理位置（Bair，2006）。这种对不平衡发展地域的再生产的关注产生了"脱节"的观点，认为全球生产地域的变化反映了包容和排斥的时刻；因此，在世界体系的某些部分纳入新的区域和行动者，与其他地方的区域和行动者的分离或驱逐相对应（Bair and Werner，2011）。

区域撤资是全球价值链研究中常见的轨迹。在拉丁美洲的服装行业中，墨西哥托雷恩的案例说明了这一点，在 20 世纪 90 年代它被称为"世界牛仔裤之都"。拜尔和格雷菲（2001）强调了由于墨西哥加入北美自由贸易协定（NAFTA），托雷恩公司从美国买家那里收到的订单量不断扩大，这使得墨西哥公司能够在买方驱动的生产链中从组装转向 OEM（或"全套"）生产。"脱节"解释将 NAFTA 后的牛仔裤热潮视为拉古纳地区 150 年来遭遇的一个特殊时刻，鉴于墨西哥从国家主导型发展模式转变为出口导向型发展模式，墨西哥公司与国家市场脱节（Bair and Werner，2011）。

由于全球价值链的组织结构、参与者动态和技术趋势的变化，许多所谓的经济升级限制实际上要求更精确的概念和更深入的案例解释。例如，沃纳和贝尔（Bair and Werner，2011）最初对全球价值链研究的"包容性偏见"的方法论批评主要集中在网络整合的成功案例上，这在很大程度上已经在最近关于劳工和其他弱势行为者的文献中得到了重视，以及社会和经济各方面的降级。其他批评则更多地基于理论，如世界系统理论的主张，即发展的概念本身就是一种"幻觉"（Arrighi，1990）；升级研究产生了一个"累加"问题，因为国家层面的全球价值链升级无法纠正全球收入不平等的持久模式（Brewer，2011）。

1.3.3 经济升级的若干扩展主题

过去十年中的经济升级工作朝着几个新的方向发展，扩展了早期研究的地理和部门重点，也反映了全球经济中不断变化的技术动态。涵盖的主题包括：（1）垂直专业化与附加型全球价值链的差异升级动态；（2）在基于资源的价值链中，识别和开发高价值位（niches），以允许获得更可持续的收入，特别是这些链条中的小农；（3）在服装等劳动密集型全球价值链中，利用国际贸易政策的市场准入条款，而不会陷入与贸易政策依赖相关的停滞和降级周期；（4）利用国家和区域创新系统，促进发展中经济体的升级和学习机会。

这些升级趋势还远远不够全面，选择它们是为了说明小型和大型经济体中一系列资源型制造业和服务业的不同动态。我们的目标不是关注成功或不成功的案例本身，也不是提供最终的发现。相反，我们提出可以用于分析全球经济升级和降级轨迹的工具包，以及在概念和方法上的进展。

在分析各国如何有收益地参与全球价值链时，不同的理想类型可以描述其不同的组织。生产者驱动链和买方驱动链之间的区别（Gereffi，1994，1999）特别有助于引起全球买家（零售商、品牌营销人员，以及品牌制造商）注意协调轻型消费品的离岸生产网络，20 世纪 70～90 年代，这些网络将大部分亚洲生产商与西方市场的消费者联系起来。另外，对于撒哈拉以南非洲、东南亚或拉丁美洲等资源丰富的国家，普林斯基和莫里斯（Kaplinsky and Morris，2016）引入了附加价值链的概念，对全球价值链中租金的性质和分布具有重要影响，以及可持续增长所需的政策支持水平。

垂直专业化的全球价值链源于价值链的碎片化和生产向多个子流程的分割，这些子流程是在不同的地点并行的，即同时进行的，这些产品有利于全球分散。垂直专业化全球价值链的一个标志性例子是苹果公司的 iPhone，它由一家中国台湾合同制造商（富士康）在中国大陆组装，并出口到美国和世界其他地区。令人费解的是，中国并没有创造或获取其价值链出口产生的大部分价值。2011 年，iPhone 4 从中国（"中国制造"）出口，单价为 194.04 美元，但中国工厂组装成本增加的价值仅为 6.54 美元；大部分价值来自韩国（80.05 美元），韩国为该产品提供了两种最昂贵的组件——显示屏和内存芯片（Keller，2010），其次是德国（16.08 美元）、日本和其他国家（OECD，2011）。国内成分仅占中国制造业出口的一半左右，在加工出口中所占份额（18%）更小，主要由外资企业完成（Grimes and Sun，2016）。

鉴于这种情况，中国合理的升级战略是增加中国公司生产的 iPhone 本地组件的比例。然而，对中国在苹果不断演变的全球供应链中所扮演角色的详细公司层面研究表明，中国迄今为止进展相对较小。在中国，iPhone 的主要生产商是中国台湾的大型合同制造商富士康，其收入的约 40% 来自苹果（Sun and Grimes，2016），而苹果微笑曲线上几乎所有的前期（以研究和设计为导向）和后期（以营销为导向）供应商都是外资企业。

2015 年，苹果的全球供应商名单包括 198 家公司和 759 家子公司，其中 336 家（44.2%）位于中国。在苹果 759 家供应商子公司中，3 个原产国或地区占比 80%，其中，32.7% 来自日本，28.5% 来自美国，19% 来自中国台湾（Grimes and Sun，2016）。尽管拥有庞大的国际供应商网络，但苹果在智能手机市场获得了 91% 的全球利润，而领先的中国品牌（华为、Oppo 和 Vivo）合计占全球利润的比例不到 5%（Grimes and Yang，2018）。在智能手机等垂直专业化的全球价值链中，升级不取决于生产地点，而是取决于全球价值链领先企业、平台公司和组件供应商在全球价值链中的增值潜力和盈利能力如何定位。

与垂直专业化的全球价值链不同，附加型全球价值链涉及一个基于资源的价值链的每个阶段依次增加价值的过程，即将自然资源转化为更高价值的中间产品，这些中间产品成为最终产品的投入品（例如，原油到精炼石油，转化为石化产品，然后用于塑料、玩具、合成纱线、织物、服装等）。对于额外的全球价值链来说，关键在于这种连续增值中有多少发生在资源生产过程中的国家以及消费国发生了多少。对于津巴布韦的新鲜蔬菜（Dolan and Humphrey，2004）或肯尼亚的切花等产品，需要在生产点附近进行冷加工，以防止新鲜产品退化；然而，对于咖啡等其他产品而言，由于消费者的口味偏好不同，咖啡豆的烘焙往往更接近消费点（Ponte，2002）。在非洲等地区，由于非洲在资源部门的专业化，超过 75% 的出口涉及附加全球价值链（Kaplinsky and Morris，2016），了解价值链动态与促进增值的适当政府政策结合是理解经济升级最可行和最可取途径的关键。

第 2 章　全球供应链动态与治理研究动态

2.1　全球化背景下的供应链管理

2.1.1　供应链管理的概念

"供应链管理"（SCM）一词最早出现于 1982 年，用于表示公司物流组织职能朝着更具战略性和综合性的方向发展。在此之前，物流职能部门的主要任务是建立库存、装运和分销网络，以便以尽可能低的库存和运输成本为客户提供产品。由于国际竞争日益激烈，客户要求更低的产品价格和更多的品种、定制，速度和灵活性的压力越来越大，这种传统方法已经过时。为了提高效率—效益的权衡，有必要对公司的所有增值活动进行更广泛和综合的审视（Cooper，Lambert and Pagh，1997）。因此，供应链管理包括三个运营过程（来源、制造、交付），它们在企业内部（即跨职能部门）和外部（即跨供应商和买方）进行协调和集成。

术语"整合"（integrated）是本定义中的关键词。整合意味着在公司内部各部门之间和公司之间共享信息和协作，以实现整个链条的最佳配置（Cooper and Elllam，1993）。这一原则最著名的例子是"长鞭效应"，它在不共享信息或不协调流动的企业的供应链中造成干扰和低效（Lee，Padmanab-han and Whang，2004）。关于供应链管理的研究沿着不同的途径发展，例如，集中于买方与供应商的关系、采购、制造、库存管理、营销和分销（Bur-gess，Singh and Koroglu，2006）。许多学者对供应链的确切定义以及供应链管理是否属于一门学科存在争议（Cousins，Lawson and Squire，2006）。供应链的共享理论并不存在，但随着时间的推移，不同的理论视角被用于研究供应链问题——通常从其他领域引入，如交易成本经济学或企业的资源观（Chen，Daugherty and Landry，2009）。

然而，"端到端"收集供应链数据的困难促使大多数研究人员将重点放在二元买方—供应商关系上（Choi and Dooley，2008）。因此，一些研究要求对整个供应网络进行更广泛的观察，而不是孤立的成对企业（Pilbeam，Alvarez and Wilson，2012）。针对这一呼吁，有人提出，全球价值链概念可能有助于克服供应链管理研究的一些局限性（Golini，Caniato and Kalchschmidt，2016）。

2.1.2　供应链管理与全球价值链分析

全球价值链框架在供应链管理文献中的应用仍然有限，但可以直接将全球价值链分析的一些要素与供应链管理联系起来（Carter，Rogers and Choi，2015）。这两种方法的起点相似，并且与生产阶段的顺序有关，从原材料到成品不等。然而，虽然供应链管理文献倾向于确定特定公司的物理供应链，但全球价值链方法确定了投入产出结构（即生产阶段序列）。然而，这种差异在各自为政（fragmented）的供应链中消失了，在供应链中，每家公司都专注于一个生产阶段。同样，这两个领域都承认，供应链/全球价值链运作需要支持性基础设施。

戈利尼等（Golini et al.，2016）确定了全球价值链分析的三个主要方面，这些方面可以有效地纳入供应链管理。首先，在全球价值链分析中起核心作用的地理结构并没有嵌入原始的供应链概念中，该概念将供应链视为节点和弧的功能序列。其次，同时考虑多个维度（包括权力关系）的治理概念可以有效地与供应链管理如何看待买方—供应商关系和相互依存关系联系起来。最后，升级的概念可以与 SCM 中的几个概念相关，例如 SCM 计划、运营绩效改进和业务绩效改进。

2.1.3 供应链管理与升级

尽管供应链学者越来越重视全球价值链研究，但很少有文献试图以明确的方式将这两个领域联系起来。首先，升级同时涉及供应链管理举措（即应用实践）、运营绩效改进（例如，缩短交货时间、降低库存成本、提高质量）和业务绩效改进（例如，提高投资回报率）。供应链管理研究通常考虑这些维度的因果关系，其中供应链管理活动的应用影响运营绩效，这反过来又对企业绩效产生影响。例如，准时制（一种供应链管理计划，其中供应商仅在客户要求时提供所需内容）旨在减少交付周期和库存（运营绩效），从而提高公司的盈利能力（业务绩效）。全球价值链方法将这一概念概括为流程升级，其中流程指的是运营绩效，而升级则表示业务绩效的改善，通常以附加值的增加来衡量。因此，可以使用不同的 SCM 方案实现相同类型的升级。例如，流程升级不仅可以通过准时制（just – in – time）实现，还可以通过其他举措实现，如供应链整合或精益制造。

在升级分析中，公司是主要的分析单位，升级过程从一系列 SCM 计划开始，这将导致更高的运营绩效，从而提高业务绩效。供应链管理倡议可以涉及单个公司（即内部供应链管理倡议）以及供应链合作伙伴，通常是客户和供应商（即外部供应链管理倡议）。以供应商管理库存（VMI）为例，这是流程升级的另一个例子。在 VMI 设置中，供应商根据客户的需求和库存水平接收实时信息，并自动补充客户的库存。除了节省管理任务的时间（例如，发送订单和验证货物是否已到达）外，还可以减少供应链中的总库存，并且可以在客户和供应商之间共享收益，例如减少营运资金。即使节省的成本没有被分享，库存也只是转移给供应商，供应商也有更好的信息（即基于实际需求而不是采购订单）来更有效地计划生产。

2.1.4 供应链策略

首先，企业级战略是影响全球价值链的一个关键方面。例如，从企业层面来看，供应链管理文献确定了企业参与全球价值链的具体方式，以及这与企业战略需求的关系。供应链管理文献发现，公司在参与全球价值链时往往采用不同的配置。卡利亚诺等（Cagliano et al., 2008）及卡尼亚托、戈利尼和卡尔奇特（Caniato, Golini and Kalchchidt, 2013）确定了其中五种配置，考虑到三个主要供应链流程（即采购、制造和分销）。从国际制造战略调查中得出的证据表明，大多数公司属于"本地"阶段，这意味着它们的供应商、制造设施和客户位于同一个大陆。这些公司通常是小公司，但也可能是中型公司，它们的竞争力建立在知识和与供应链合作伙伴的紧密联系上。

其次，公司可以将其供应链的一方全球化，无论是分销还是采购。在分配的情况下（对应于全球价值链的远期参与），这被称为"男爵"配置（the 'Barons' configuration）。这个名字源于公司利用当地优势，如与战略供应商的联系，征服全球市场。当客户非常重视产品的生产国（即所谓的"制造国"）时，这种配置就变得必不可少了。在另一块土地上，"购物者"寻找全球供应商（相当于落后的全球价值链参与），但制造和分销离他们很近。HP 打印机就是这样，其部件和半成品来自国外（特别是中国），并在 50 个不同的工厂进行本地组装，以适应当地法规和需求（Prater, Biehl and Smith, 2001）。

再次，我们找到了"沙漏"配置，企业将男爵（Barons）和购物者（Shoppers）模式的优势结合在一起。由于生产的复杂性，该集团中的公司，如飞机制造商波音公司，需要将生产集中在一个地方，但部件来自世界各地，最终产品也遍布全球。

最后，还有"全球"配置，其特点是大型跨国公司拥有多个生产设施（全球制造）、供应商和遍布全球的客户。机车车辆制造商阿尔斯通（Alstom）或白色家电制造商惠而浦（Whirlpool）等公司采用这种配置，其工厂通常专门生产特定产品（即重点工厂），同时在全球范围内接收投入并运输其产出。

这一分类表明，供应链管理将参与全球价值链作为机会的来源（例如，降低成本、获得技能和知识、进入市场）。然而，这种参与需要得到具体投资的支持，以实现经济效益，并最终实现升级。作为全球供应链特征的更大的地理和文化距离、风险和复杂性实际上可能会妨碍公司从参与全球价值链中获益的能力。供应链管理研究发现，即使在全球供应链中，以信息共享、协作和小批量交付的形式与供应商和客户进行整合也是可能的（VonHaartman and Bengtsson，2015）。然而，由于导致升级的许多供应链管理举措都是基于买家和供应商之间的频繁互动（即信息交换和产品交付），因此，当供应链合作伙伴地理位置接近时，这些举措效果最佳。

公司至少将其供应链的一部分保持在当地（当地人、男爵和购物者）的优势提供了额外的证据来解释一些工业区在最近几十年中所表现出的实力。

总之，供应链管理文献关注的是，即使在复杂的全球供应链环境下，企业如何保持卓越的绩效。由于供应链管理对升级的视角是投资以提高绩效，因此在以下章节中，我们将描述供应链管理对更好地理解不同类型的全球价值链升级的潜在贡献。

2.1.5 过程升级

关于全球价值链的文献通常解释与生产成本降低相关的流程升级，这是增加附加值的最直接方式。用于说明工艺升级的典型示例是获得新的生产技术以提高生产率（例如，Humphrey and Schmitz，2002）。还有其他方法可以降低成本，例如，通过减少营运资本和管理费用。此外，成本可能不是需要改进的唯一因素，因为还可以通过流程升级提高灵活性和质量（Gereffi，1999）。这种关于流程升级的多维结果的观点符合 SCM 方法，将运营绩效视为成本、时间、质量和灵活性的组合。特别是，供应链管理文献确定了两种主要的流程升级模式，这两种模式对应于高效和响应的供应链战略（Lee，2002）。

有效的供应链战略旨在通过减少（或消除）库存、减少设置时间和减少浪费来降低成本。这一战略可以通过遵循精益管理原则的内部举措来实施（Kaplinsky and Morris，2008）。参考案例是丰田，它在二战后引入了精益思想，作为应对日本资源短缺的一种方式。精益管理通常与拉动式生产（即按客户订单生产）相关联，而不是推动式生产（即按库存生产）。拉动式生产允许公司精确地生产客户所需的产品，具有更好的定制可能性。当这不可行时（例如，由于客户的生产提前期太长），公司应改进预测过程，使生产与未来需求相匹配。事实上，一个高效的供应链战略在高产量和低需求变化的行业，如食品杂货和基本服装行业，效果良好，因为需求的可预测性允许通过利用规模经济和避免供应链中的窄点（pinch points）来最有效地组织供应链（Lee，2002）。有效的供应链战略还可以通过与供应商和客户合作的外部举措来补充，前面提到的 VMI 和准时制就是例子。其他外部计划包括看板系统，其中系统中的最大库存水平是预先确定的，供应商仅在客户要求时使用有利于合作伙伴之间协调的特定电子卡（看板）交付。所有这些技术扩展了精益的逻辑，并沿着供应链拉动生产。

与此同时，在以低产量、高品种和高需求不确定性为特征的行业，如快速时尚或消费电子产品，其他运营绩效方面也变得相关，包括时间、灵活性和定制。特别地，响应式供应链战略，旨在预测并迅速响应不断变化的客户需求。Zara 可能是如何建立响应式供应链的最著名的例子。它每周根据实际销售数据设计和生产小批量产品。此外，Zara 保留了一些生产能力，以便能够在内部对需求高峰做出反应。尽管这里描述了所有的低效率，Zara 由于其灵活的制造系统（在数量和产品种类方面）一直是一家高利润的公司。传闻证据表明，"9·11"事件后，美国所有的 Zara 商店在一周内都展示了一个深色系列（Mentzer，Myers and Stank，2006）。

为了使供应链更具响应性，供应链管理文献提出的一个基本理念是所谓的"延迟原则"，即将产品定制和分销推迟到最后一刻。延迟是通过使用标准组件和模块来简化上游供应链并仅在最后增加品种来实现的。事实上，一旦一个产品被定制和运输，为不同的市场移动和调整它就变得非常昂贵。这一原则的一个很好的例子是戴尔电脑，它利用模块化产品设计，是市场上第一批根据客户订单组装电脑并在几周内发货的厂商之一，而竞争对手至少需要两倍的时间（Gunasekaran and Ngai，2005）。

在检查外部 SCM 计划以支持响应式供应链时，与供应链合作伙伴的协作再次成为关键。然而，高效供应链协作的目标是降低成本，而响应式供应链协作的目标是使供应链能够预测或快速响应需求的变化。例如，协作计划、预测和补货要求供应商和/或客户共享有关其预测的信息，以提高准确性，并定期就生产和寄售计划达成一致。这通常会导致更频繁的发货（也称为持续补货），以便在正确的时间正确的地点交付正确的产品。这意味着将延迟原则扩展到整个供应链。

显然，通过信息交换实现基于共享信息的快速重新配置和决策，可以从采用导致供应链虚拟化的技术中获益（Christopher，2000）。虚拟化意味着公司之间的界限变得模糊，从而创建一个以协调方式运作的供应链，就像一个单一实体。自 20 世纪 80 年代以来，虚拟化得到了信息和通信技术的支持，最初是通过私有系统（主要是电子数据交换（EDI））实现的。虚拟化的使用在 20 世纪 90 年代末蓬勃发展，互联网以极低的成本提供了标准的通信平台（Cagliano，Caniato and Spina，2003）。正如本章末尾所讨论的，工业 4.0 运动表明，今天，由于采用了新的 ICT 技术，虚拟化可以进一步向前推进。

总之，供应链管理可以为更好地理解全球价值链中的流程升级提供有意义的见解。首先，它展示了两种不同的流程升级方法，分别面向效率和响应性。其次，它解释了这两种方法如何适应不同的环境：需求稳定且基于价格竞争的商品产品需要效率；而需求不确定且基于差异化竞争的专业产品则需要响应能力。此外，它还提供了一份内部和外部实践（例如，准时制、供应商管理库存、延期）清单，全球价值链研究人员可使用该清单对与流程升级相关的举措进行更系统的分类。最后，SCM 同意全球价值链的观点，即与供应商的合作可以促进供应基础的学习和改进，但它通过展示当公司作为一个单一实体进行协调和行动时，如何产生额外的优势来扩展这一观点，而不是作为寻求自身优势的单个公司链。然而，这种紧密的协调需要稳定，需要所有公司都愿意合作和共享信息，这在现实中是非常罕见的。因此，全球价值链视角有助于供应链管理更加关注权力关系，以了解在何种条件下，上述举措会为所有供应链成员带来优势，或仅为主导企业带来优势。

2.1.6 产品升级

产品升级，这里指的是"进入更复杂的产品线"，是 SCM 和研发之间接口分析的一个关键因素。当公司进行产品创新时，往往会增加供应链的复杂性和相关成本。为了避免这种情况，有必要在研发团队和供应链经理之间参与并协调活动。功能间集成在保证及时有效的产品创新战略方面非常有效（Tan and Tracey，2007）。例如，通过让人们参与其采购和生产职能，公司可能会发现他们不一定需要新的供应商或资产来升级其产品；相反，他们可能会利用现有的供应链。

关于外部实践，SCM 认识到与供应商合作以有效创新产品的重要性（Petersen，Handfield and Ragatz，2005）。一个著名的例子是苹果的 iPod，它集成了创新的东芝硬盘，为客户提供卓越的产品性能。共同设计意味着建立买方和供应商的联合团队，这是获得外部能力和分担风险的一种极好的方式（Spina，Verganti and Zotteri，2002）。此外，供应商参与产品开发的早期阶段可以防止未来供应市场的限制和不确定性（Dowlatshahi，1998）。此外，大规模定制允许公司通过适当管理生产系统之间的接口，有效地管理产品定制（Mikkola and Skjøtt Larsen，2004）。

显然，这种合作并不总是对供应链的所有成员都有利。产品重新设计可能会以更有利于领先企业的方式改变供应链，并且由于供应链中的权力不平衡（例如，当涉及知识产权时），价值捕获可能存在差异。与流程升级类似，虽然 SCM 提供了关于协作发生机制的更详细视图，但与全球价值链研究的整合可以通过分析权力关系发现更多细微差别。

2.1.7　功能升级

关于以功能升级为目标的内部举措，供应链管理文献研究了小制造商如何随着时间的推移在供应链中获得新的能力和功能，尤其是采购和营销。近年来，由于采购部门在所有部门（工业和服务、私营和公共部门）中的重要性日益增加，采购职能受到了特别关注。采购部门从一个简单的向供应商转移订单的部门，日益成为公司战略和成功不可或缺的一部分（Spina et al.，2013）。这种重要性日益增加的第一个原因是购买的经济意义增加（Lawson，2009）。梅迪奥班卡（Mediobanca）对 2000 家意大利大公司的数据分析表明，在汽车等许多行业，平均采购成本已占总销售额的 80% 左右，与 1996 年的

70%左右相比，这一非常高且不断增长的百分比是几十年外包和全球价值链分离的结果。公司在如此高的购销比下，即使是购买上的边际节约也能显著提高盈利能力。

采购的战略潜力不仅限于获得经济效益，一旦引入所有可能的优化，经济效益必然会随着时间的推移而降低。它渗透到其他活动中，如选择和评估供应商、确定供应风险战略、寻找创新供应市场以及与外国供应商合作（Kraljic，1983）。所有这些行动都对全球价值链上游结构的形成产生了非常强的影响，包括供应商的治理和地理分布（Jia，2014）。事实上，供应链管理文献认为，治理（例如，在供应商基础中保留多少供应商，投入多少关系努力，建立何种类型的合作）不仅是交易成本理论所建议的外部驱动因素的结果，也要考虑到产品的重要性、供应困难和涉及的风险的具体战略（例如，Dyer，Cho and Cgu，1998）。因此，越来越多的供应链管理文献集中于采购和供应管理，这对于全球价值链研究非常有用，尤其是考虑到全球价值链的演变与领先企业的采购战略之间的联系。

就可能导致功能升级的外部 SCM 计划而言，服务化（即通过服务创造价值，通常是售后服务）受到了极大的关注（SzáSz，2017）。一个著名的例子是罗尔斯－罗伊斯（Rolls-Royce），它引入了"按小时供电"的商业模式，客户按小时支付服务、维修和维护费用，从而将固定成本转换为客户的可变成本（Smith，2013）。由于机械和产品（也称为物联网）的数字化和自动化，服务化的新机遇正在出现，本章最后一节将对此进行进一步讨论。在 GVC 研究中考虑服务化是必要的，因为它不仅改变了货物在公司之间交易的方式，而且对买方—供应商关系有着深刻的影响。

2.1.8 链升级

链升级，这里定义为"应用在链的一个功能中获得的能力，并在不同的部门/链中使用它们"，指的是可以决定企业参与新供应链的高层战略决策。它不是一项 SCM 计划，而是一项可能影响 SCM 的行动，通常由于新的渠道、客户和产品调整而增加其复杂性。因此，供应链管理研究人员一直在寻找有效管理这种复杂性的方法。公司采用的策略之一是按产品、品牌和渠道对其对外供应链进行细分（Brun and Castelli，2008）。最近，由于在线渠道的出现，这些多渠道方法已演变为全渠道策略，通过多种渠道（实体店、在线商店、广告、社交媒体、实体产品）提供无缝购买体验（Brynjolfsson，Hu and Rahman，2013）。无缝意味着客户可以在商店拍摄产品的照片并在线购买，而价格或提供的其他信息没有任何差异。

2.1.9　环境与社会升级

在"可持续供应链管理"的框架下，SCM 研究也考虑了环境和社会问题（Quarshie，Salmi and Leuschner，2016）。因此，我们在本节中共同处理环境和社会升级问题。可持续供应链管理可被视为升级过程的一部分，因为它要求公司从外部吸收新知识（Klassen and Vachon，2009），并在其现有生产和采购技术中引入重大而独特的变化（Pagell and Wu，2009）。在这种情况下，内部供应链管理倡议通常被称为可持续生产（Gualandris and Kalchchidt，2016）。可持续生产包括环境管理体系的制度化、正式的职业健康和安全体系、减少污染排放和企业内的回收实践。例如，联合利华通过其可持续生活计划（联合利华，2019）在工厂层面推动可持续生产创新的发展。一旦这些想法转化为项目并在当地工厂实施，它们就会传播到网络中的其他工厂。

外部供应链管理计划可进一步分为上游（即涉及供应商）和下游（即涉及客户）。前者通常被称为可持续采购，包括一家公司为改善其供应基地的环境和社会绩效而实施的供应商评估和开发实践（Gualandris，Golini and Kalchchidt，2014）。例如，宝马在其工厂网络中传播可持续采购指南，并与其供应商和子供应商合作，以促进可持续发展相关的创新，这些创新可以在整个网络中共享。此外，供应链透明度（即公开披露供应商信息）的做法在不同行业越来越普遍（Mol，2015）。下游倡议包括逆向物流，以及最近出现的遵循循环经济范式的闭环供应链（Genovese et al.，2017）。

供应链管理文献指出，为了实施内部和外部计划，公司需要从客户和供应商那里获取知识，因为它们是想法、解决方案和技术能力的主要来源

（Zhu，Sarkis and Lai，2012）。因此，之前针对流程、产品和其他升级形式提出的所有外部供应链管理倡议都可以支持供应链中可持续倡议的发展，因为它们最终可以促进供应链合作伙伴之间更丰富的信息交流和协作（Gualandris et al.，2014）。这与全球价值链的研究非常相似（DeMarchi，DiMaria and Ponte，2013）。此外，这证实了这两种方法存在大量重叠，表明未来合作潜力巨大。

2.2 全球供应链分析的优化方法

近年来，生产和供应链交易的环境发生了巨大变化。这一变化是由于全球化、非地方化、高运输费用、不完善的基础设施、与天气有关的灾害和恐怖主义威胁等导致的复杂性增加。因此，为了获得竞争优势而对供应链进行管理变得更具挑战性和复杂性。在这种情况下，供应商选择已成为企业改善其市场地位的关键因素之一。

供应商选择是企业供应链风险管理的首要问题。现代管理者的当务之急是确定能够在正确的时间、以正确的价格将正确的产品交付到正确的地区的最佳供应商。此外，产品必须以正确的数量、正确的信息和质量交付，尤其是在尽可能不中断的情况下。因此，企业在选择供应商时，应评估候选供应商绩效的各个方面，不仅包括价格、产品质量、产品数量和服务，还包括不确定性、脆弱性和可能中断供应的风险因素。

过去的许多研究只关注供应链中的供应商选择，很少有人研究供应链风险管理下的供应商选择。已有几篇论文将供应商选择问题与供应链风险管理问题分开分析。这些文献基于相同的供应商选择标准进行研究。这些标准可以概括为价格、交货期和质量。具体而言，迪克森（Dickson，1966）描述了23种不同的标准来确定最佳供应商。韦伯等（Weber et al.，1991）回顾了74篇关于供应商选择的论文，它们认为质量是最重要的标准，其次是交货和成本。事实上，这些不同的文献未能将风险作为供应商选择的基本标准。如今，风险已成为供应链管理的一个重要方面，特别是伴随着自然灾害和人为灾害的多样性的上升。

2.2.1　供应商风险

有大量文献涉及所有供应链风险管理中的风险分类。例如，朱特纳等（Juttner et al.，2003）规定了三类风险：来自组织的内部风险、来自外部组织但在供应链内的供应链风险和来自供应链外部环境的外部风险。沃特斯（Waters，2007）将供应链风险分为内部风险（可控制）和外部风险（不可控制）。卡尔（Kar，2010）将风险分为系统性风险和非系统性风险。

在现有文献中，我们没有发现任何与供应商风险相关的分类，因此本节的目的是对供应商在供应链中可能面临的风险进行分类。

采购过程面临着与供应商和供应网络相关的众多风险，其中一些与某一个特定供应商相关，一些与通常位于同一地区的一类供应商相关，而另一些则同时影响所有供应商。

就第一类而言，与特定供应商唯一相关的风险可能来自质量问题、设备中断、当地工人罢工、破产、需求波动、供应链垂直整合产生的信息共享、价格差异、数量折扣、产能和价格波动等，事实上，这些风险的概率非常高，但其后果可能不严重。

关于第二类风险，我们可以举例当地自然灾害，如地震、火灾、洪水、飓风、火灾等。例如，2011 年泰国的洪水对硬盘供应商的仓库造成了严重损坏。在洪水期间，这些供应商无法按时完成 PC 客户的订单。由于这些供应商为 PC 制造商提供了大量硬盘，这导致了整个 PC 供应链中的硬盘短缺。这只是自然灾害造成的典型供应链风险之一。

关于同时影响所有供应商的第三类风险，我们可以归纳出经济危机、恐怖袭击、交通部门的大范围罢工、政治和经济不稳定等。尽管此类灾难事件的概率通常很低，但其后果可能很严重。

利用这些因素，我们可以确定中断的分类。例如，如果某一物品的所有供应商都位于沿海地区，则沿海地区的气旋或地震可属于第三类。但是，如果只有少数供应商位于该地区，那么它也可能属于第二类。

从供应方面来看，有三种方法可以对风险和不确定性进行建模。第一种是将模糊理论应用于不确定性建模。这可与其他技术相融合，包括 AHP、ANP、多目标和融合整数线性规划。第二种方法是基于情景的方法，其中假设参数是随机的。第三种方法是将定量技术集成到供应链风险管理下的供应商选择问题中，包括风险价值（VaR）和条件风险价值（CVaR）、未达到目标（MtT）等。供应商面临着各种类型的风险，这些风险破坏了供应链网络内商品或服务的正常流动。

2.2.2 供应链中的供应商问题

2.2.2.1 供应商选择过程的目标

供应商选择过程的共同总体目标是降低采购风险，最大限度地提高采购商的整体价值，并在采购商和供应商之间建立密切和长期的关系。因此，重点主要是确定最佳供应商数量。然而，每一篇论文都有其特殊性，我们发现其中一些研究试图确定破产情况下的最优供应组合，而其他研究则集中在基于风险的总订单量分配的供应商选择问题上。目标是在需求、价格和质量都随机的环境中确定供应商的最优数量。其他一些文献基于供应商绩效评估和选择标准，不仅涵盖与运营绩效相关的因素，如价格、质量、成本和交付，还包括与组织基础设施相关的因素，如财务和组织稳定性、技术、制造能力、绿色供应链和可持续性。

2.2.2.2 根据一套采购策略进行分类

成功的供应链管理需要有效的采购策略以应对环境的变化。决策者必须选择最佳采购。在本节中，我们将最常用的采购策略分为三类：单一采购（单一供应商）、双重采购（两个供应商）和多重采购（x 个供应商）。

关于第一类，需要注意的是，"单一供应商"一词与"独家采购"不同。后者意味着买方—供应商关系的供应基础仅包含一个供应商，而单一采购则意味着买方（决策者）有机会选择一个供应商，即使供应商基础中存在其他竞争供应商。

关于第二类，双重采购意味着买方或决策者选择两个供应商，其中一个供应商通过一些优势标准（如质量、成本、价格、可靠性等）的存在而支配另一个供应商。

第三类采购是多重采购，其中买方或决策者必须从供应商库中现有的多个供应商中选择合适的供应商。

以上每种策略在某些情况下都是有利的，而在其他情况下则是需要规避的，并且每种策略都有很多优点和缺点。例如，单一采购策略可以带来更好的合作和公司与其供应商之间的更强大的伙伴关系。它可以提供更好的质量保证，减少机密数据的交换，并产生规模经济。另外，这种策略增加了供应失败的风险，并可能降低供应链的稳定性。

对于双重采购，如果制造商有足够的预算，买方或决策者又寻求实现质量绩效，那么多重采购策略则优于单一或双重采购策略。

2.2.2.3　按供应商国产化分类（国外/国内供应商）

在供应链中，多个组件组装成一个产品，因此决策者必须联系多个供应商，并决定向谁购买零件，以最大限度地降低总成本并降低中断风险。

全球供应商，也称为外国供应商，是指位于世界各地的供应商。这类供应商面临着经济危机、恐怖袭击和广泛的劳工罢工（尤其是在运输部门）所造成的高风险和破坏。

本地供应商包括位于生产商或客户附近的供应商集合下的国内供应商。

2.2.2.4　根据决策者对风险的态度进行分类

供应商选择决策具有高度的不确定性，影响决策者的行为。决策者必须确定并决定使用多少供应商、质量是主要决定因素还是价格是主要决定因素、需要多少数量以及需要多少时间。基于供应商选择问题的范围，我们发现了两类行为：一类是风险规避决策；另一类是风险中性决策。当人们倾向于最小化风险而不是最大化回报时，就会做出规避风险的决定。换句话说，决策者倾向于在已知风险下获得较低的回报，而不是在未知风险下获得较高的回报。至于中性风险，决策者寻求收益最大化并忽视风险标准。

2.2.2.5　风险度量技术的分类

在这一部分中，我们介绍了在供应链风险管理下供应商选择问题的论文中提出的风险度量技术。总之，我们只发现了用于此目的的几种技术：风险价值、条件风险价值、均值—方差、指数函数效用和 MtT。

风险价值（valueatrisk，VaR）是一种统计方法，用于量化和计算特定时间内投资组合的风险价值。风险管理者使用这一方法来确保风险不会超出公司可能接纳的最坏结果损失水平。因此，VaR 是给定概率下未超过的最大损失。它可以被定义为信心水平，并取决于三个变量，即持有期内的损益分配、信心水平和资产持有期。估计 VaR 的模型有多种，常见的模型包括方差—协方差、历史数据和蒙特卡罗模拟。然而，该技术存在一些局限性，它不提供任何关于极端损失的信息，也不捕捉超过阈值的情况。

为了解决这些限制，一些新的方法逐渐被构造出来，如"预期短缺"或"条件风险价值"（CVaR）。CVaR 也称为平均超额损失、平均差额、平均风险价值或尾部 VaR。该方法考虑了风险价值的延伸，因此用于控制投资组合的风险，从而量化超过 VaR 的损失。其特点是具有比 VaR 更强的数学特性，包括次加性属性。

2.2.3　定性方法

多属性决策技术（MADMT）由有限数量的冲突方案组成。每个备选方案由相同的特征表示。目标是为决策者（DM）找到最佳选择。在供应链风险管理下的供应商选择中，存在争议的常见标准是质量、成本和可靠性。在收集的论文中，我们发现了层次分析法（AHP）技术、网络分析法（ANP）、决策树等。在一些论文中，我们发现有作者将两种方法融合在一起，例如 AHP 和 TOPSIS。也有作者将 AHP 技术与数学规划相融合，或将决策树分析与数学规划相融合。层次分析法是一种层次结构的技术，它主要比较和评估各种标准的影响。目的是选择最佳替代方案。这项技术的目标是选择哪个标准非常重要、相对重要、同样重要，依此类推，直到不太重要的。这些判断中的每一个都需要一个量表上的数字。层次分析法有许多优点，但也有一些局限性，如依赖于人为判断和无法在模型中引入约束。关于这项技术的论文有伍提等（Wuety et al.，2006）、陈和库马尔（Chan and Kumar，2007）以及李（Lee，2009）等。

伍提等（2006）通过提出一种综合方法来分类、管理和评估入境供应风险，从而加强了入境供应链风险管理。文中 AHP 法主要用于对供应商的风险因素进行排序。陈和库马尔（2007）将模糊逻辑加入 AHP 中，以确定和讨论一些重要和关键的决策标准，包括构造全球供应商选择有效系统的风险因素。同样，李（2009）将效益、机会、成本和风险（BOCR）的概念融合起来，对选择最佳供应商的各个方面进行评估。

维诺德等（Vinodh et al.，2011）使用模糊 ANP 方法选择最佳供应商，克服了 AHP 的局限性。康等（Kang et al.，2012）在供应商选择问题中使用超级矩阵概念提出了模糊 ANP 模型，但他们只分析了一些标准，如成本、质量、交付、新产品构造和风险。此外，他们得出结论——质量和成本是最重要的标准，他们还综合了其他一些次级标准，如经济学。

决策树分析是一种定性分析方法，被认为是最主流的方法之一。这是一个具体而复杂的情况。它基于图表分析，可以帮助决策者在存在不同选项和冲突标准的情况下做出决策。它还概述了用于跟踪每个可能决策的多级决策树。使用决策树分析对供应链风险下的供应商选择问题建模的有伯杰和曾（Berger and Zeng，2006）、鲁伊斯－托雷斯和马哈茂德（Ruiz-Torres and Mah-moodi，2007）、伯杰等（Berger et al.，2004）、鲁伊斯－托雷斯和马哈茂德（Ruiz-Torres and Mahmoodi，2006）、萨卡尔和摩哈帕特拉（Sarkar and Moha-patra，2009）以及米尔斯马迪等（Mirahmadi et al.，2012）的论文。

不同论文的共同目标是确定风险和风险水平。伯杰等（2004）研究了同时影响所有供应商的超级事件问题，而不是与特定供应商相关的独特事件。

伯杰和曾（2006）为供应商假设了两种状态，即所有供应商都已倒闭或所有供应商并非全部倒闭。鲁伊斯－托雷斯和马哈茂德（2006）遵循了类似的想法，但他们在模型中囊括了其他成本以及维护供应商的成本、购买的数量和未交付单位的损失。鲁伊斯－托雷斯和马哈茂德（2007）批评了所有供应商倒闭或不倒闭的假设，并提出了一种现实的决策方法，即考虑单个供应商的独立中断风险（供应商中断概率不相等）。

从数学和逻辑上讲，博弈论在于定义玩家必须采取的行动，以确保他们战胜对手。在我们的研究中，发现了以下论文使用博弈论方法：塔皮尔和高根（Tapiero and Kogan，2007）、肖和杨（Xiao and Yang，2008）、肖等（Xiao et al.，2010）、李等（Li et al.，2010）以及谢等（Xie et al.，2014）。

塔皮尔和高根（2007）提供了一种定量比较经济和风险的方法，主要适用于由一个供应商和一个生产商组成的供应链中的战略质量控制。这项研究分两个层次进行：在第一个层次上，作者考虑了竞争中的供应商和生产商，他们在风险中性框架下进行了随机回报博弈；在第二个层次上使用了相同的分析，但在本案例中，他们假设双方都处于协作框架中。目的是从多个角度评估质量控制合同，强调竞争和合作。

肖和杨（2008）使用上述方法，假设两个零售商在零售价格和服务上竞争，而两个供应商在不确定性需求下在批发价格上竞争。肖等（2010）建立了一个由一个零售商、一个制造商和客户组成的供应链三阶段模型。目的是寻求内生和外生因素对不确定性需求和库存持有成本的影响。李等（2010）强调了供应中断环境下供应链中零售商的采购策略和两个供应商的定价策略。谢等（2014）运用博弈论，考虑了供应链中面临不确定性需求且对销售价格敏感的多个制造商和一个普通零售商。言和尼什（Yan and Nishi，2014）研究了需求不确定性下供应商选择和信息不对称的三级供应链模型。他们假设制造商和供应商之间的质量信息是不对称的，并使用博弈论对其进行建模。

陈和庄（Chen and Zhuang，2011）构造了一个博弈模型，以研究一个制造商和多个零售商的供应链，其中有一个主导零售商的促销机会和需求中断场景。

该领域还使用了其他定性方法，如谢和谭（Tse and Tan，2012）使用的边际增量分析法（MIA）。MIA 是增量演算和边际分析的综合方法，用于评估控制变量和成本之间的增量关系。MIA 在该文中用于确定产品质量风险、产品质量相关成本以及上游成员（供应商）和下游成员（客户）在供应链中的可见性。

李和曾（Li and Zeng，2014）应用中断模式和影响分析（FMEA）评估决策过程中的供应商风险。目标是根据绩效选择一个（或几个）供应商，并使用多个标准进行评估。

三角模糊数型多准则决策方法（FVIKOR）则是另一种多标准决策方法，它基于对一类备选方案进行排序和选择。它通过冲突标准确定问题的折中解决方案，帮助决策者找到并达成最终决策。该方法适用于复杂系统的多目标优化。三叶等（Sanayei et al.，2010）使用 FVIKOR 将不确定性和质量因素纳入供应商选择模型，以找到总体评级最佳的供应商。

2.2.4 定量方法

（1）数学规划模型。数学规划是求解最优化问题的一种重要方法。这项技术的目的是，面对问题的性质所施加的一系列不同的限制，规划可能的最佳分配。这些限制可以采取自然、财政、技术或许多其他考虑因素的形式。在这类方法中，我们可以引用线性规划、非线性规划、混合整数规划、混合整数非线性规划和多目标规划。在数学模型中，我们发现了两组参数——非随机性的确定性参数和随机分布的随机参数。

（2）随机规划。这是一个通过包含和表述不确定性来建模优化问题的框架。有一些论文使用随机参数对不确定环境进行建模。根据收集的文献，我们发现需求参数是随机分布研究中使用最广泛的参数，而用于模拟需求变化的最频繁分布是均匀分布或正态分布。这项研究的代表性文献包括塔斯金和洛德里（Taskin and Lodree，2010）以及伯克（Burke，2009），他们假设需求是均匀分布的。比尔塞尔和拉文德兰（Bilsel and Ravindran，2011）使用机会约束规划，该规划基于放松确定性数学规划中的约束，并用概率约束代替，其中部分或所有数据参数随机分布。

桑托普洛斯等（Xantopoulos et al.，2012）构建了一个随机模型，用于捕捉双来源供应链网络中库存策略和中断风险之间的权衡。他们认为需求通常是正态分布的。朱和付（Zhu and Fu，2013）构建了一个随机新闻供应商模型，假设零售企业面临一个具有均匀分布模式的需求。萨维克（Sawik，2011a，2011b，2013a，2013b）在其不同的模型中假设大多数参数是均匀分布的，包括价格、需求和中断概率。这些研究还假设预期缺陷率呈指数分布。西尔伯迈尔和明纳（Silbermayer and Minner，2014）研究了一个供应链，其中买方面临泊松需求，可以从一类不完全可靠的潜在供应商处采购。这一研究的目的是捕捉客户需求的可变性。

谢和陆（Hsieh and Lu，2010）研究了由一个制造商和两个风险规避零售商组成的两阶段供应链中制造商的退货政策，该供应链在单周期内具有价格敏感随机需求。他们重点关注有无横向价格竞争的风险规避零售商，以及他们对风险的态度如何涉及制造商的退货政策和他们的判断。

宋等（Song et al.，2014）研究了存在多种不确定性的多供应商制造供应链问题，如随机生产时间、不确定材料供应和随机客户需求。

（3）线性规划（LP）。线性规划是一种数学方法，旨在解决实际问题时面临的一类约束（资源分配）。使用这种技术的文献包括伯克等（Burke et al.，2008）、马等（Ma et al.，2012）和陈等（Chen et al.，2012）。伯克等（2008）分析了单个产品的多采购场景问题。其目的是在面对包含采购价格的订单数量折扣的投标时，寻求最小化总采购成本。

马等（2012）研究了需求不确定条件下涉及两个购买机会的买方问题。他们将风险规避建模为在目标利润未实现时对零售商的惩罚。

陈等（2012）研究了两个供应商的定期回顾库存系统问题：第一个供应商是不可靠的常规供应商，可能会被随机中断；第二个供应商是可靠的备用供应商，可以在中断期间使用。备用供应商在计划外时刻使用，因此与不可靠的常规供应商相比，其特点是容量有限，单位采购成本和固定订单成本较高。

（4）非线性规划（NLP）。类似于线性规划，因为它由目标函数和一些一般约束组成，但与线性规划不同的是，它在目标函数某些或所有约束中包含非线性函数。在研究中，我们发现以下论文使用了非线性规划：杨等（Yang et al.，2007）、侯等（Hou et al.，2010）、达瓦尔扎尼等（Davarzani et al.，2011）、恩等（Eng et al.，2013）等。

杨等（2007）研究了供应商选择问题，其中买方面临随机需求，决策者需要确定订单数量，并选择一类满足不同产量和价格的供应商。侯等（2010）调查了制造商和两个供应商之间基于合同的机制——一个是主要来源，另一个是备用来源。决策者需要考虑备用供应商的反应来确定最佳订购量。作者在该文中区分了两组供应中断风险和经常性供应不确定性，然后比较了需求不确定性和供应不确定性的影响。达瓦尔扎尼等（2011）研究了单一产品环境中的不同采购策略（单一/双重/三重采购）。他们考虑了一种情况，即一家供应商的能力不可靠，但产品质量良好，而另一家供应商的能力可靠，但质量不好。他们整合了方差分析（ANOVA）测试来比较采购策略最优的情况。恩等（2013）认为，供应商的知识共享能力在决定是否选择供应商及其订单数量方面起着关键作用。作者建议，管理者应与买家签订合同，确定未来的需求量，或投资于市场需求研究，以减少不确定性。此外，他们认为，当市场需求更加确定时，管理者可以选择采用多元化采购政策。

塔鲁里等（Talluri et al.，2010）提出了一个新模型，即在决定供应商构造计划可用资源的最佳分配时将风险考虑在内。他们假设了两组场景，即单个制造商和多个供应商（SMM）以及两个制造商和多个供应商（TMM）。目的是确定制造商如何在多个供应商之间优化分配其供应商构造投资，以降低风险，同时保持可接受的回报水平。

（5）混合整数规划（MIP）。混合整数规划是线性函数在线性约束下的最小化或最大化，其中部分或全部变量必须是整数。在研究中，我们发现以下发展混合整数线性规划（MILP）的著作：维斯瓦纳丹和冈卡（Viswanadham and Gaonkar，2003）、佩德罗等（Peidro et al.，2010）、张和章（Zhang and Zhang，2011）、萨维克（Sawik，2013b）、乔杜里和尚卡尔（Choudhary and Shankar，2013）、哈马米等（Hammami et al.，2014）、萨维克（Sawik，2014a）、内贾德等（Nejad et al.，2014）以及邱和奥段（Chiu and Okudan，2014）等。这些文献使用 MILP 分析了供应链风险管理下的供应商选择问题，尽管每个文献都使用特定的方式来计算和整合供应商风险。例如，张和章（2011）讨论了随机需求下的供应商选择和采购问题，他们认为需求服从正态分布。维斯瓦纳丹和冈卡（2003）通过假设供应商中断的概率，研究了供应商完全无法以承诺价格向生产商交付组件的问题。佩德罗等（2010）构造了一个模糊混合整数线性规划模型，用于供应、过程和需求不确定性下的战术供应链规划。

哈马米等（2014）研究了货币汇率和价格折扣不确定波动情况下的供应商选择问题。邱和奥段（2014）使用 MILP 调查了供应链的绩效，他们假设了两种情况：第一种情况旨在使稳定市场需求下的总供应链成本最小化；第二种情况旨在使不稳定需求动态下的总供应链提前期最小化。作者认为，公司不仅需要决定是"制造"还是"购买"，还需要能区分潜在供应商，以提高供应链绩效。

瑞和耶纳米（Ray and Jenami, 2014）为单个短生命周期产品构造了一个两级供应链，其中包括一个制造商和一套通过资格预审的供应商。他们构造了两种方案：第一种是风险中性的，目的是在中断风险下使总预期利润最大化；第二种涉及一个规避风险的决策者，他们将服务水平作为约束条件进行整合。

孙等（Sun et al., 2011）通过两阶段模糊优化方法研究了材料采购计划（MPP）问题，其中假设材料需求、现货市场材料单价和现货市场材料供应量不确定。模糊 MPP 的目标是使两个阶段的预期材料采购成本最小化。

萨维克（Sawik, 2013b）研究了存在供应链中断风险时的供应商选择、订单数量分配和客户订单调度问题。这篇文献提出了混合整数线性规划的四种方案。前两种方案旨在将预期成本降至最低。一个涉及单一采购，另一个涉及多重采购。最后两个方案旨在通过整合 VaR 和 CVaR 方法，优化供应链的最坏情况绩效，降低高成本风险。事实上，将这两种方法融合起来已经成为金融领域广泛使用的技术，而在供应链风险管理中，这种方法很少使用。

这两种技术在萨维克分析风险下供应商选择问题的大多数论文中都有涉及，但目标不同。例如，我们在萨维克（2011a）中发现，他制定了两个方案：第一个方案的目标是最小化预期成本；在第二个方案中，他考虑了供应商中断的标准，目标是计算单位成本的风险价值，同时最小化单位成本的预期最坏情况。同样的想法也在萨维克（2011b）中得到了分析，但这一次纳入了延迟交付的风险，即供应商未能在承诺的时间将组件交付给客户。

在不同的论文中，萨维克假设了两种中断场景：一种是每个供应商的独立本地中断可能由质量问题和延迟交付引起；另一种涉及可能同时影响所有供应商的本地和全球中断。这种中断可能由设备中断、当地工人罢工、破产和当地自然灾害等引起。在这篇文献中，作者遵循了与先前文献相同的步骤。

萨维克（2014a）研究了单一或双重采购策略中断风险下客户订单的联合供应商选择和调度现象。他使用了与先前论文相同的背景，但假设供应商位于两个不同的地理区域——生产商区域（国内供应商）和生产商区域外（国外供应商）。还假定国内供应商相对可靠，但价格较高，而国外供应商提供有竞争力的价格，但他们提供的材料更容易受到意外中断的影响。通过使用 VaR 和 CVaR 来估计和减轻破产风险的影响，解决了这个问题。

（6）混合整数非线性规划（MINLP）。以下论文使用了混合整数非线性规划：米娜和萨玛（Meena and Sarmah，2013）、张和陈（Zhang and Chen，2013）、塔布里兹和拉兹米（Tabrizi and Razmi，2013）以及巴加利安等（Baghalian et al. ，2013）。

米娜和萨玛（2013）研究了供应商失败风险和基于数量的价格折扣下的最优订单分配问题。他们通过考虑每个供应商的不同产能失效概率、价格折扣和补偿潜力，提出了一个 MINLP 问题。他们用遗传算法解决了这个问题。结果表明，成本对订单分配的影响大于供应商失败的概率。此外，给予较高价格折扣的供应商收到的订单数量高于其他供应商，但在所有供应商的价格折扣相等的情况下，失败概率较小的供应商获得最大订单数量。

张和陈（2013）研究了随机需求和数量折扣下的供应商选择和采购决策，包括持有和短缺成本。他们将研究成果应用于中国的一家电信公司。

塔布里兹和拉兹米（2013）使用模糊集理论对供应链网络设计阶段的不确定性和风险进行建模。

巴加利安等（2013）构造了一个模型，用于设计多产品供应链网络，该网络由多个能力受限的生产设施、配送中心和不确定市场中的零售商组成。它们的构造同时考虑了需求侧和供给侧的不确定关系。该方法已应用于农产品行业的一个实际案例。

（7）多目标规划（MOP）。MOP 是一套数学程序，其中最佳解决方案需要考虑两个或多个冲突目标之间的权衡。在学术数据库中，研究供应链风险下供应商选择问题的论文有：阿扎龙等（Azaron et al.，2008）、吴等（Wu et al.，2010）、拉文德兰等（Ravindran et al.，2010）、萨维克（Sawik，2011a）、萨维克（Sawik，2011b）、比尔塞尔和拉文德兰（Bilsel and Ravindran，2011）、阿尔塞卢斯等（Arcelus et al.，2012）、吴等（Wu et al.，2013）、萨维克（Sawik，2013a）、乔杜里和尚卡尔（Choudhary and Shankar，2014）、萨维克（Sawik，2010）等。

这些文献中的每一项都有其纳入供应商风险的方法。例如，萨维克的所有引用作品形成了供应组合的双目标选择，其目的是同时最小化预期成本和风险承受能力。风险可能包括本地或全球供应商的中断、本地或全球供应商的延迟交付以及单一或双重采购策略的中断。在萨维克（2014b）中，场景从局部和全局中断修改为局部和半全局或半事件中断的场景。

吴等（2010）在考虑风险因素的情况下，构造了供应商选择的模糊多目标规划模型。目标是最小化总采购成本、拒收项目数量、延迟交付数量以及经济环境和供应商服务评级的风险因素。在该模型中，他们同时考虑了内部运营风险，如需求和供应风险以及由经济环境和供应商评级表示的外部风险。第一组数据在历史数据中考虑标准误差，第二组数据用模糊数据表示。吴等（2013）研究了随机不确定性和模糊不确定性条件下供应链外包风险管理的随机模糊多目标规划。其中包括定量和定性供应商选择风险因素。定量风险因素包括成本、质量和物流，这些因素由具有一定分布概率的随机数据表示。定性风险因素包括经济环境因素和供应商评级，由模糊数据表示，模糊数据通过置信度量化。

目标规划受优化方法（线性或非线性规划）的启发，被认为是 MOP 规划的扩展，涉及多个相互冲突的目标。乔杜里和尚卡尔（2014）、比尔塞尔和拉文德兰（2011）、拉文德兰等（2010）和阿扎龙等（2008）构造了不确定性下供应链设计的多目标随机规划方法。他们将不可靠供应商、产能扩张和其他不确定参数（如需求、加工成本、运输成本和短缺成本）纳入其中，这些参数被视为具有关联概率分布的随机变量。

拉文德兰等（2010）使用了目标规划（GP）、模糊 GP、切比雪夫（Min-Max）GP、非先发制人 GP 和先发制人 GP。他们采用 VaR 和 MtT 技术来计算供应商风险。事实上，VaR 技术被用于模拟不太频繁的扰乱供应商的事件，如工人罢工、恐怖袭击和自然灾害，而 MtT 技术被用于模拟可能更频繁发生的对于供应商的事件，如延迟交货、缺少质量要求等。

比尔塞尔和拉文德兰（2011）构造了不确定条件下供应商选择的随机多目标规划。概率分布用于模拟与产品需求、供应商能力以及运输和其他可变成本相关的一些不确定性。采用三种不同的目标规划（GP）方法——先发制人的 GP、非先发制人的 GP 和加权最大最小模糊 GP，建立了数量折扣下供应商选择的多目标规划模型。

（8）启发法。启发式是一种方法，用于在标准方法太慢时更快地解决问题，或在标准方法无法找到精确解时找到近似解。它可以应用于复杂和简单的日常问题。它是一个快速的工具，可以在没有完整信息的情况下找到解决方案。然而，它存在一些局限性，有时克服这些局限性既困难又昂贵，而且还需要一定程度的知识和经验来实践。尽管存在这些缺点，但仍有许多研究文献使用启发式算法来解决供应链风险管理下的供应商选择问题。其中包括伯克等（Burke et al.，2008）、费德格鲁恩和杨（Federgruen and Yang，2008）、阿瓦斯蒂等（Awasthi et al.，2009）、塔斯金和洛德里（Taskin and Lodree，2010）、米娜等（Meena et al.，2011）、曼西尼等（Mansini et al.，2012）、施密特和斯奈德（Schmitt and Snyder，2012）、段和廖（Duan and Liao，2013）、王（Wang，2013）、西尔伯迈尔和明纳（Silbermayr and Minner，2014）以及张等（Zhang et al.，2012）。

伯克等（2008）构造了一种启发式方法，用于从多个供应商处采购具有替代性的批量折扣、增量单位折扣和所有单位折扣的产品。阿瓦斯蒂等（2009）构造了一种启发式方法，用于解决基于随机需求的供应商选择问题。

塔斯金和洛德里（2010）重点研究了制造业和零售企业面临的随机库存控制问题，这些企业面临飓风事件引发的具有挑战性的采购和生产决策。米娜等（2011）通过包括中断概率、容量和补偿，确定了供应中断风险下的最佳供应商数量。史密斯和斯奈德（2012）假设企业的供应链风险有两种形式——中断和收益不确定性。他们还假设了两个采购案例。第一个案例是不可靠的供应商受到干扰和产量不确定性的影响；另一个案例是与可靠但更昂贵的供应商进行采购。他们以稳定的发生概率对中断进行建模。王（2013）构造了一个随机需求下包含一个仓库和多个零售商的两级供应链模型。他们假设零售商面临独立的泊松需求过程。

曼西尼等（2012）调查了一个采购环境，其中一家公司需要从一类供应商处采购大量产品以满足客户需求。目标是确定根据卡车运输费率提供运输成本总数量折扣的最佳供应商。类似地，张等（2012）试图通过考虑产品结构、供应商能力和成本的约束，通过最优供应商选择来避免信息泄漏风险。西尔伯迈尔和明纳（2014）构造了一种方法，在该方法中，他们融合了一个具有随机需求、交付周期和供应商可靠性的多源库存系统，在成本、速度和可靠性方面各不相同。他们认为，最佳采购策略取决于供应商的特点，如便宜/昂贵、快/慢、可靠/不可靠。森等（Sen et al.，2014）分析了采购经理在存在价格不确定性的情况下，寻求在多个时期从多个供应商处购买大量多个项目的问题，这受到现货市场或新折扣报价的高度影响。

（9）精确式启发算法（matheuristics）。精确式启发算法是精确方法和启发式方法的融合。它基于元启发式和使用数学模型的精确方法之间的集成，以解决复杂的组合优化问题。我们的文献研究发现，只有一篇论文，马内尔巴和曼西尼（Manerba and Mansini，2014），研究了一个复杂的供应商选择问题，其中供应商提供价格并根据购买的总数量应用折扣。

（10）分析模型。收集的论文表明，供应链风险管理下的供应商选择相对较少受到关注。围绕这一主题的分析研究是最主要的研究之一。相关文献包括：赛雷尔（Serel，2007）、甘等（Gan et al.，2005）、诗娜等（Shina et al.，2009）、赛雷（Serel，2008）、程等（Cheng et al.，2009）、德黑兰等（Tehrani et al.，2011）、阿尔坎等（Arkan et al.，2011）、派等（Pal et al.，2012）、齐（Qi，2013）和赛因等（Sayın et al.，2014）。

（11）纳什讨价还价。何和赵（He and Zhao，2012）集中研究了在需求和供应不确定的情况下，多级供应链的库存、生产和合同决策。此外，他们还分析了供应商风险态度对决策的影响，以及原材料现货市场价格对整个供应链绩效的影响。马等（Ma et al.，2012）分析了只有一个制造商和一个零售商的供应链的情况，其中只包含一种随机需求的产品。他们认为，零售商是风险规避者，并用条件风险价值（CVaR）来衡量，制造商是风险中性的。采用纳什讨价还价的方法寻求批发价格和订单数量之间的均衡。李等（Li et al.，2014）在一个简单的双渠道供应链中建立了一个纳什讨价还价模型，其中制造商和零售商在不确定性条件下就批发价格、零售价格和订单数量进行协商。他们假设制造商是风险中性的，零售商是风险规避者。结果表明，风险规避是一个对零售价格有显著影响的指标，尤其是当需求高度波动时。

（12）定量技术中的其他模型。崔等（Choi et al.，2008）针对单一时间段内单一产品的两级供应链构造了均值—方差模型。在零售商面临不确定需求的情况下，供应商向零售商提供产品。这里的目标是使预期利润最大化，使利润的标准差在决策者的控制之下。作者考虑了供应链的集中和分散两种情况。于等（Yu et al.，2009）使用预期利润分析来评估影响两阶段供应链中单一或双重采购决策的因素，该供应链具有非平稳且价格敏感的需求。吉里（Giri，2011）使用指数效用函数对由两个供应商供应的短寿命产品的单周期库存建模，其中一个供应商不可靠且更便宜，而另一个供应商完全可靠但更昂贵。他认为，零售商是规避风险的，并确定了从主要供应商处获得的最佳订单数量和从次要供应商处获得的最佳保留数量。

2.2.5　模拟方法

模拟是对系统或真实过程的模拟。

（1）仿真被应用于许多领域，例如为性能优化、安全工程等提供技术。仿真方法的优点是它研究系统的行为而不构建系统。它还可以帮助找到解决意外现象的方法。然而，它也存在一些缺点，如难以解释仿真结果和构建仿真模型的高昂成本。在本综述中，有一些关于仿真建模的研究。在此背景下，我们发现克里莫夫和梅尔库里耶夫（Klimov and Merkuryev，2006）、汤姆林（Tomlin，2006）、库尔和克洛斯（Kull and Closs，2008）、施密特和辛格（Schmitt and Singh，2009、2012）、芬克等（Finke et al.，2010）、施密特等（Schmitt et al.，2010）、阿希斯卡等（Ahiska et al.，2013）、泽戈尔迪和达瓦尔扎尼（Zegordi and Davarzani，2012）以及项等（Xiang et al.，2014）的作品。项等（2014）采用离散事件系统仿真来研究多用户物流系统的订单分配问题，在同一产业集群内存在多个采购供需网络中的多个制造商与多个供应商。他们考虑到了需求的不确定性和公司的生产能力。

（2）混合方法。在当前关于供应链风险管理下供应商选择的文献中，我们发现了一些混合模型。一些论文将定量方法与定性方法相融合。综合方法的目的是融合有形和无形标准，例如，德米尔塔斯和乌斯顿（Demirtas and Ustun，2006）将 ANP 和 MOMILP 融合在一起。王和杨（Wang and Yang，2009）、哈马米等（Hammami et al.，2012）、库尔和塔鲁里（Kull and Talluri，2008）、吴和奥尔森（Wu and Olson，2008）、果康古尔和苏苏兹（Kokangul and Susuz，2009）、鲁伊斯－托雷斯等（Ruiz-Torres et al.，2013）、祖加里和本优赛夫（Zouggari and Benyoucef，2012）都是这种混合方法的其他例子。

库尔和塔鲁里（2008）将目标规划和 AHP 相融合。AHP 用于生成风险评分。它还确定了每个风险维度的相对概率和影响，而 GP 则用于根据各种目标风险和其他标准（如交付周期、质量、供应商、最小产能、数量订单和需求满意度）评估多个供应商。查莫德拉卡斯等（Chamodrakas et al.，2010）将用于解决人类偏好模型方法不一致或不确定性问题的模糊偏好规划（FPP）与用于供应商选择的 FAHP 相融合，以确定供应商的最终订单排名。巴塔查里亚等（Bhattacharya et al.，2010）将层次分析法与质量功能部署（QFD）相融合，以便在考虑成本因素测度（CFM）和主观因素的情况下对候选供应商进行排名。阿扎德和阿莱姆（Azadeh and Alem，2010）使用数据包络分析（DEA）、模糊数据包络分析（FDEA）和机会约束数据包络分析（CCDEA）在确定性、不确定性和概率条件下选择最佳供应商。肖等（Xiao et al.，2012）融合模糊认知图（FCM）和模糊软集技术，通过考虑中断风险因素来解决供应商选择问题。祖加里和本优赛夫（Zouggari and Benyoucef，2012）耦合了模糊 AHP 和模糊 TOPSIS。第一种方法用于根据绩效战略、服务质量、创新和风险等标准确定最佳供应商。第二种方法用于评估所选供应商之间的分配顺序。

李和扎宾斯基（Li and Zabinsky，2011）耦合随机规划（SP）和机会约束规划（CCP）。SP 用于捕捉与不确定的客户需求和供应商能力相关的风险。

CCP 与多参数分析一起用于确定供应商选择决策的稳健性。对于这两种模型，正态分布或三角分布用于表示需求和供应商能力。

郭和李（Guo and Li，2014）将混合整数非线性规划与模拟模型相融合，以选择和评估供应商，并确定需求假设为随机的最优库存策略。

鲁伊斯·托雷斯等（Ruiz Torres et al.，2013）将决策树和混合整数规划相融合，用于根据供应商的中断概率、决策过程中的应急计划以及总网络成本的降低来量化和计算整个供应网络的可靠性。

哈马米等（2012）使用 AHP 方法和 MILP 在存在交付周期不确定性的国际环境下选择供应商。鲁伊斯 - 托雷斯等（2013）将决策树方法与数学规划相融合，以制订应急计划。

德米尔塔斯和乌斯顿（2009）综合目标规划（AGP）和网络分析法（ANP）以评估供应商，并根据大量有形和无形标准确定其定期装运配额，分为四个子组——效益、机会、成本和风险（BOCR）。

吴和奥尔森（2008）融合机会约束规划（CCP）、数据包络分析（DEA）和多目标规划（MOP）模型，通过以概率形式包含各种风险和模拟特定概率分布来选择供应商。该文献中考虑的风险包括成本（假设服从正态分布）、延迟交货（服从对数正态分布）和中断验收（服从指数分布）。

果康古尔和苏苏兹（2009）综合了 AHP、非线性整数和多目标规划来确定数量折扣下的最佳供应商。库巴特和悠塞（Kubat and Yuce，2012）提出了一个综合层次分析法（AHP）、模糊 AHP 和遗传算法（GA）的总体框架，以确定最佳供应商集。事实上，FAHP 用于检测供应商的不确定重量标准。采用遗传算法确定最优供应商和最优数量分配。夏尔马和巴兰（Sharma and Balan，2013）将田口（Taguchi）的损失函数技术、TOPSIS 方法和目标规划模型融合到供应商选择问题中。其目的是整合不同的标准水平，以选择表现相对较好的供应商。事实上，TOPSIS 法用于确定供应商选择中具有不同权重的合适因素。田口损失函数用于识别质量损失，而目标规划用于识别具有相关权重和损失的最佳成型供应商。逄和白（Pang and Bai，2013）综合了 FANP 和模糊综合评价方法，以便在模糊环境下评估和选择最合适的供应商。模糊 ANP 用于将选择标准识别为语言变量而不是数字变量，并根据它们的相对重要性，采用模糊综合评价法选择备选供应商。

陈等（Chen et al.，2012）将 K－均值聚类、特征选择和决策树方法融合到一个单一的评估模型中，以评估供应商的绩效，同时解决上述缺陷。K－均值聚类方法应用于供应商聚类，将其分为三类——优秀、良好和正常。它还用于消除噪声诱导特征和降低过度拟合的风险。特征选择用于减少冗余属性，决策树用于选择性能更好的供应商，并生成一类易于理解的决策规则，可方便地应用于企业基于知识的绩效评估系统。阿里扎德等（Alinezad et al.，2013）构造了一种综合方法，将质量功能部署（QFD）、模糊集理论和 AHP相融合，用于供应商选择问题。QFD 用于选择制药公司的供应商。FAHP 用于确定 QFD 中标准权重的重要性，并对问题中的不确定性条件和不精确性进行建模。

其他作者混合了两种或两种以上的定性方法，如查莫德拉卡斯等（Chamo-drakas et al.，2010）、巴塔查里亚等（Bhattacharya et al.，2010）以及阿扎德和阿莱姆（Azadeh and Alem，2010）。其他文献混合了两种或两种以上的定量方法，如李和扎宾斯基（Li and Zabinsky，2011）与郭和李（Guo and Li，2014）。

2.2.6　人工智能

提到了人工智能与供应链风险管理中供应商选择的关系问题的文献包括：平托等（Pinto et al.，2013）、乐等（Le et al.，2013）以及卡雷拉和马约尔加（Carrera and Mayorga，2008）。与柴等（Chai et al.，2013）的文献综述（主要关注供应链中的供应商选择）相比，我们发现许多人工智能技术不适用于风险管理下的供应商选择。主要有群体算法、Dempster-Shafer 理论、贝叶斯网络、神经网络、粗糙集理论、蚁群优化、基于案例的推理、差分进化、模糊逻辑、贪婪随机自适应和模拟退火。

卡雷拉和马约尔加（2008）认为，供应商选择决策通常是在不确定的环境中做出的，充满了相互冲突的多个目标，以及不完整和不对称的信息。在该文中，作者使用模糊推理系统来分析供应商选择过程中面临的不精确性和不确定性。简等（Jain et al.，2014）使用数据挖掘方法确定供应商资格预审数据与在一段时间内观察之前执行的文献后得出的总体供应商评级之间的隐藏关系。

2.2.7　供应商问题的方法拓展

如今，尽管风险管理中对供应商选择给予了适度的关注，但在社会化客户关系管理（SCRM）下对供应商选择的研究量已经大幅增长，尤其是在最近几年。利用文献综述中提供的信息，我们在此提供一些分析和建议。

大量论文集中于多供应商决策，其中选择一类供应商以满足整个需求。这种策略可以提高可靠性，减少供应的不确定性，但也可能增加与使用多个供应商相关的固定成本。入境阶段的风险可以通过供应链所有实体的外部和内部集成来缓解。事实上，外部整合强烈地促使单个供应商在供应商和公司之间建立长期关系。

风险管理是对突发事件的管理。因此，公司必须采取并实施积极的采购战略，将采购视为主要管理职能。该战略基于共享知识和信息，以最低成本选择供应商，而不是各种其他重要标准。这一战略可以建立和确定公司的长期战略。主动采购倾向于采用多源策略，这将带来更好的谈判，并提供共享数据和信息的机会。反应式采购更倾向于单一来源，并优先考虑最低成本。因此，选择更好、最优的采购必须基于多维标准，而不仅仅是最低成本。在这方面，应首先对单一和多重采购进行比较分析，以显示两种流程的各种优势。

由于全球化和电子采购战略的采用及其对当今企业的影响和主导地位，我们列出了一些论文，这些论文强调了一系列供应商（全球、本地和半全球供应商）的多元化。然而，如今公司必须调查和评估哪一类供应商可以使其更具竞争力。最好重视某一领域的一类供应商，并使其多样化。

供应商选择过程受到决策者态度的高度影响。在收集的论文中，只有少数的文献几乎没有注意这方面的重要性，而大多数论文认为风险中性的决策者旨在最大化目标的预期价值。在我们看来，最好假设一个厌恶风险的决策者希望最小化风险而不是最大化预期价值。

大多数文献将供应商选择视为一个独立变量问题，而事实上，变量本身与其中一些变量的波动性之间存在着强烈的相关性，这会自动影响所有其他变量。因此，最好考虑供应商选择的不同变量（需求、价格、质量、成本）是相互依存的，而不是相互独立的。

此外，在大多数供应商选择文献中，大多数参数被视为以下分布模式，如均匀分布、正态分布等。现实问题中可能并非如此。因此，最好使用现有的估计模型（如自回归移动平均（ARMA）模型或广义自回归条件异方差（GARCH）模型）来估计不同的分布。

据观察，可靠性风险和需求风险是供应链风险管理下供应商选择中考虑最广泛的风险。然而，要有效地解决供应商选择问题，需要多风险组合。这将有可能在入境阶段确定最具影响力的风险。失效方法影响分析（FMEA）、因果图和头脑风暴都可以用来实现这一目标。

研究表明，收集的论文中通常提出的目标是需要将总采购成本降至最低。最好将这一目标替换为寻求可靠采购的总价值最大化，以减少入境阶段以及整个供应链的中断。

许多研究论文综合了模糊版本，以模拟供应商选择过程中的不确定性。然而，考虑到大量的自然和人为灾害，模糊性的概念无法分析供应链中的所有不确定性。此外，使用集合需要决策者的主观干预来选择合适的模糊数。

用于表示不确定性和风险的另一种方法是基于情景的方法，该方法包括考虑随机参数及其所有可能的未来结果。然而，这种技术的局限性在于使问题的规模随着场景的数量呈指数增长。为了克服这一问题，最好使用连续概率分布，该分布基于将非线性纳入问题中，从而减小问题的规模，并节省使用随机参数。

关于VaR、CVaR和平均方差等定量测量技术的文献很少。使用此集合可以保证生成更好的解决方案，但文献中也存在其他技术可用于供应链风险管理下的供应商选择，如极值、压力测试等。

需要对本地、全球和半全球供应商同时中断的情况进行更多的研究，我们可以假设一个组合场景：本地中断，包括位于客户或生产商区域的一类供应商（国内供应商）因设备中断、本地工人罢工而受到的干扰，出现破产或质量问题；位于同一地理区域的一类供应商的半全球中断；以及可能同时影响所有供应商的全球破坏，如经济危机、恐怖袭击或运输部门的大范围罢工。在未来的研究中，应考虑库存的问题。

最后，与其他问题相比，在风险管理下的供应商选择问题上很少使用人工智能技术。定量研究在这一领域最为主导，尤其是在数学模型方面。数学模型可以帮助决策者更好地为不确定市场做好准备，这是供应链风险管理下选择供应商的关键目标。供应商选择有多种组合方法。人们注意到，综合层次分析法更为普遍。这种方法的流行是由于它具有简单易用性和极大的灵活性。越来越多的论文使用随机优化，这对于建模入境供应链中的波动和变化尤其有利。为了在日益不确定的全球环境中最大限度地降低供应商风险，新方法的构造和技术组合的使用似乎注定会在未来发展。

2.3　供应链风险管理

2.3.1　供应链风险的类别

全球气候风险正在迅速变化（WEF，2020）。考虑到极端天气强度不断升级（例如 2019～2020 年澳大利亚丛林大火、全球生物多样性丧失）、改变全球贸易格局的强大经济力量（例如中美贸易摩擦、英国脱欧）以及各种其他类型的黑天鹅（如全球金融危机）和灰犀牛（如网络安全和数据完整性）风险，供应链正在面临着动荡的全球贸易环境，其业务可能遭受极其不利的影响。

2.3.1.1　供应管理中的行为风险

首先，涉及信任、权力及其在买方—供应商关系中作用的研究。在早期的一项实证研究中，本顿和马洛尼（Benton and Maloni，2005）调查了买方和供应商之间的权力平衡如何影响供应商满意度及其绩效。特彭德和阿森鲍姆（Terpend and Ashenbaum，2012）继续沿着这条路线研究各种类型的权力（例如，强制的（coercive）、基于威望的（referent）、专家的（expert）和法定的（legitimate））及其对供应商绩效的影响。他们还考虑了供应商网络规模对信任、权力和供应商绩效之间关系的调节作用。汉德利和本顿（Handley and Benton，2012）实证检验了行使权力对供应商及其机会主义行为的影响。他们发现，虽然专家权力和威望权力减少了机会主义行为，但奖励、强制性权力和法定权力会增加机会主义行为。

其次，关注供应方管理层的认知及其对决策影响的研究。莱曼等（Reimann et al.，2017）研究管理认知及其在应对供应商引起的中断时的作用。他们研究表明，认知过程能够解释组织级供应风险管理中的异质性。另外，杜哈德威等（DuHadway et al.，2018）专注于与组织决策者沟通供应风险以及这种沟通对其风险认知和决策策略的影响。他们具体研究了决策者如何在获知供应链风险级别后调整其采购策略并做出高风险或低风险的决策。供应链中断后的供应商保留是波利维奥、伦图萨纳塔姆、雷切克和克内迈耶（Polyviou，Rungtusanatham，Reczek and Knemeyer，2018）进行的行为角色扮演研究的另一个例子。他们展示了供应方的管理人员（在他们的研究中被称为复苏领导）如何根据其对供应商的责任感和愤怒程度来做出供应商保留与否的决策。

2.3.1.2　供应链风险评估和缓解

对于供应链风险评估，已有文献倾向于针对风险的相关决策，并且绝大多数研究在本质上是行为性分析。例如，赫特、克雷黑德和凯钦（Hult，Craighead and Ketchen，2010）利用实物期权理论来理解高风险情景下的供应链投资决策。基于这个理论，他们发现，供应链管理人员会在他们的投资决策中使用实物期权，并在这些决策中表现出有限理性。埃利斯、肖克利和亨利（Ellis，Shockley and Henry，2011）利用角色扮演理论，通过研究管理人员如何感知供应中断风险并采取行动，来理解相关风险决策的基本过程。受流程绩效悖论的启发，塔泽拉和斯尼德斯（Tazelaar and Snijders，2013）研究了供应链运营管理专业人员的专业知识如何影响他们关于供应风险的决策。

通过区分一般专业知识和专业知识，他们发现前者更多地依赖于直觉，而后者在风险评估决策方面更加可靠。他们进一步讨论了这种决策行为如何影响他们在评估风险时的表现。

关于风险缓解文献，其来源可追溯到 21 世纪初，主要关注供应链的缓解能力。例如，克雷黑德、布莱克赫斯特、伦图萨纳塔姆和汉德菲尔德（Craighead, Blackhurst, Rungtusanatham and Handfield, 2007）展示了供应链设计特征（即密度、复杂性、节点关键性）如何增加供应链中断严重性的影响以及供应链缓解能力（即恢复和预警）如何有助于减少这种影响。布朗舍德尔和苏雷什（Braunscheidel and Suresh, 2009）研究了供应链敏捷性（agility）的先决因素作为缓解和管理供应链风险的必要能力。他们认为，培养应对风险的敏捷性是一个连续的过程，包括组织导向（市场和学习导向）和组织实践（内部整合、外部整合和外部灵活性）。为了提高供应链风险缓解能力，克内迈耶、津娜和埃罗格鲁（Knemeyer, Zinna and Eroglu, 2009）提出了一个主动规划框架，其由四个主要步骤组成：识别关键位置和威胁；估计每个关键位置的概率和损失；评估每个关键位置的替代对策；选择每个关键位置的对策。

主要关注环境、社会和治理风险的文献都讨论了供应商的可持续性风险并提供了管理这些风险的框架（如 Foerstl, Azadegan, Leppe-lt and Hartmann, 2015），而霍夫曼、巴斯、伯德和亨克（Hofmann, Busse, Bode and Henke, 2014）就可持续性相关的供应链风险如何转变为供应链中断以及随后应如何管理这些风险展开了新的辩论。

2.3.1.3　持续经营和弹性管理

安布尔卡、布莱克赫斯特和格雷维（Ambulkar, Blackhurst and Grawe, 2015）探索了企业构建供应链弹性的方法。他们考虑资源重新配置和风险管理基础设施作为中介因素在不同规模冲击条件下对企业弹性的影响。在另一个例子中，伯德和麦克唐纳（Bode and Macdonald, 2017）特别关注通过决策过程快速响应供应链中断的先决因素。使用信息处理理论，他们研究包括面对风险的准备情况、供应商依赖性和供应链复杂性等方面如何在不同的响应阶段（即识别、诊断、开发和实施）中影响供应链中断的负面效应。

2.3.1.4　行为运筹（behavioral operations）和供应链风险

围绕行为运筹及其对供应链风险影响的研究，最受欢迎的主题涉及从行为角度研究报童风险（newsvendorrisk）。在施韦策和卡雄（Schweitzer and Cachon，2000）开创性工作的基础上，用于研究报童问题的一些行为模型包括前景理论（Uppari and Hasija，2018）、认知反应（例如，Moritz，Hill and Donohue，2013）、过度自信（例如，Li，Petruzzi and Zhang，2017）、有限理性（例如，Su，2008），以及风险态度（例如，deVéricourt，Jain，Bearden and Filipowicz，2013）。张和西姆森（Zhang and Siemsen，2019）提供了对报童风险行为运营研究的全面综述。

与预测相关的行为风险的研究，预测行为风险研究涉及的方面包括：预测信息共享中的行为问题（例如，Scheele，Thonemann and Slikker，2018）、判断偏差和判断性预测（例如，Petropoulos，Kourentzes，Nikolopoulos and Siemsen，2018）、过度自信的预测（例如，Grushka-Cockayne，Jose and Lichtendahl，2017）等。

2.3.1.5　供应链绩效风险

围绕供应链中的绩效风险展开研究的文献中，与该主题相关的一类早期研究考察供应链中断对供应链中企业股票价格表现的影响。亨德里克斯和辛格哈尔（Hendricks and Singhal，2005）在其颇具开创性且被高度引用的文章中研究了供应链中断对长期股票价格和股票风险的影响。他们发现，供应链中断推动了股票价格的上升，也加剧了公司的股权风险。亨德里克斯和辛格哈尔（2005）的另一项研究调查了供应链中断对运营绩效如营业收入、销售回报率和资产回报率的影响，发现供应链中断对这些绩效指标都有负面影响。他们还发现，供应链中断会阻碍销售增长，同时增加成本和库存。在随后的研究中，亨德里克斯、辛格哈尔和张（Hendricks，Singhal and Zhang，2009）使用诸如运营松弛（operational slack）、业务/地理多元化和垂直相关性等变量，实证研究了股票市场对供应链中断的反应。他们发现，更高水平的运营松弛和垂直相关性会减少供应链中断对股市的负面影响，而地域多元化则会增加供应链中断对股市的负面影响，而业务多元化对股市反应没有影响。

另一类研究考察了正义（justice）或公平（fairness）在买方—供应商关系和绩效中的作用。例如，格里菲斯、哈维和卢希（Griffith，Harvey and Lusch，2006）使用社会交换理论来研究程序正义和分配正义对供应商—分销商关系的影响。他们发现，通过减少冲突和增加满意度，分销商所感知到的公平感的增强与其绩效之间存在正相关关系。通过整合关系理论、社会交换理论和信号理论，瓦格纳、科利和林德曼（Wagner，Coley and Lindemann，2011）实证检验了信任和公平在供应商声誉对买方—供应商关系绩效影响中的中介作用。他们发现，与公平和声誉相比，信任对买方和供应商之间的关系影响最大。纳拉辛汉、纳拉亚南和斯里尼瓦桑（Narasimhan，Narayanan and Srinivasan，2013）表明，程序正义、分配正义和交互正义都对买方—供应商关系绩效有非常重要的影响。因此，某一方面正义的增加不能弥补另一方面的不足。

2.3.1.6　供应风险管理

主要新兴主题围绕管理供应风险，或更具体地说，是降低供应链中的供应风险。首先，关于该分支文献讨论的供应风险的最重要原因，包括买方和供应商之间信息分配不对称的风险（例如，Yang，Aydın，Ba-bich and Beil，2012）、不可靠的供应商，以及买家过度依赖单一供应来源（例如，Tomlin，2009）。

其次，减轻或管理上述供应风险的引用最多的解决方案是风险/库存共担（risk/inventorypooling）（Berman，Krass and MahdiTajbakhsh，2011）、双重采购（Yang et al.，2012）、运营和订单多样化（Yang et al.，2012）、使用合同（例如，贸易信贷合同、长期合同、纯价格合同和数量折扣合同）（Kouvelis and Zhao，2012），以及对冲和保险（Turcic，Kouvelis and Bolandifar，2015）。

2.3.1.7　资源依赖风险

资源依赖风险指跨供应链资源依赖的风险和收益。斯基尔顿（Skilton，

2014）调查了买家对供应商资源的依赖。鉴于资源依赖为供应商提供的议价能力，斯基尔顿（2014）研究了买家如何可以通过重构他们的供应链以减少供应商的这种能力并创造价值。基姆和亨德森（Kim and Henderson，2015）探讨了客户—买方—供应商三元结构中的资源依赖及其对买方绩效的影响。他们的研究结果表明，供应商依赖与客户依赖的风险并不相同，并且供应商依赖显示出更高水平的经济效益。在另一个例子中，库尔和埃利斯（Kull and Ellis，2016）展示了采购员和物流经理（通过供应商成本分析和供应商整合）如何为他们的公司创造价值，即使在依赖供应商资源的情况下也是如此。

2.3.1.8　人道主义行动和灾害救助

戴、梅尔尼克、拉森、戴维斯和怀巴克（Day，Melnyk，Larson，Davis and Whybark，2012）指出，尽管影响全球供应链的灾害数量有所增加，但整个供应链运营管理领域并未对供应链研究中的人道主义和救灾方面给予太多关注。因此，这些方面可能有助于该主题的现有和新兴研究领域的发展。该领域的大部分研究涉及人道主义行动和救灾的后勤工作，具体而言，公共私人伙伴关系在该领域的作用是热门议题。例如，斯旺森和史密斯（Swanson and Smith，2013）使用利益相关者理论来研究商业组织如何积极参与基于人道主义的物流运营。他们还评估了四种商业物流框架及其对灾害管理的适用性。在另一个例子中，麦卡特和福吉卡马尔（McCarter and FudgeKamal，2013）调查了公私伙伴关系的动力和心理基础，及其成功或失败的原因。通过识别此类伙伴关系中出现的社会困境，他们提供了许多解决这些困境的策略（即信任、自我效能和社会责任）。

2.3.1.9　供应网络复杂性和中断管理

关于供应链和供应网络的复杂性，以及供应链中断的管理的研究。崔和克劳斯（Choi and Krause，2006）研究了降低供应链复杂性对交易成本、供应风险、供应商响应和供应商创新的影响。他们的研究结果表明，虽然降低复杂性可能会降低交易成本并提高供应商的响应能力，但它不一定会降低供应风险，也可能会减少供应商创新。博扎特、华辛和弗林（Bozarth，Warsing and Flynn，2009）研究表明，供应链的复杂性（上游、组织内部和下游的复杂性）会对工厂绩效产生负面影响。他们从动态复杂性和基于细节的复杂性方面研究供应链复杂性，并研究每种复杂性对工厂绩效的影响。最近关于中断管理的研究的文献包括埃利斯等（Ellis et al.，2011）的综述文章，其使用角色扮演理论为供应中断和风险决策过程提供了一个综合分析框架。博德、瓦格纳、彼得森和埃勒姆（Bode，Wagner，Petersen and Ellram，2011）使用信息处理和资源依赖理论回答了"企业为什么、如何以及在什么条件下应对供应链中断"的问题，他们的研究结果表明，供应链对风险的反应是基于过去的经验演变成的"对稳定性的追求"（stability motives）和"解释姿态"（interpretive postures）。

2.3.2　供应链风险管理中的新兴争论和热点领域

供应链风险管理的新兴主题包括：供应链风险管理中的可持续性问题，供应决策中的认知风险、行为预测风险、资源依赖风险以及直觉、专业知识和判断模型。

2.3.2.1　可持续供应链风险管理

如何对与可持续发展相关的供应链风险和中断进行分类是一个热门议题。可持续供应链风险管理文献将风险分为三个主要方面，即环境（Simpson，Power and Samson，2007）、社会（Klassen and Vereecke，2012）和治理（Gualandris，Klassen，Vachon and Kalchschmidt，2015）。最近的研究已开始深入考察这些类别，以识别潜在的子类别以作进一步研究，例如社会问题之一的现代奴隶制（New，2015）或特定政策如何影响供应基础和后续子层级（Villena，2019）。此外，正在采取措施将与可持续发展相关的供应链中断的影响付诸实施（Kim，Wagner and Colicchia，2019），同时确定次级供应链以外的相关风险（Villena and Gioia，2018）。接下来的研究方向（其中一些方向已经得到考察），主要是关于更好地理解如何在供应基础之外进行可持续的供应链风险管理，以及次级和整个供应网络会如何受到买方的评估、影响和发展。

虽然风险管理原则和投资组合理论已应用于传统的供应链风险管理平台，但在考虑可持续性时，关于风险管理策略的这一特定主题的论述较少。有学者已经在供应商关系（Bode et al.，2011）和供应商相关风险管理策略（Hajmohammad and Vachon，2016）的背景下进行研究。然而，企业如何管理其可持续供应链风险组合，以及在众多风险类型中哪些特定风险更加突出，可能是未来进一步研究的一个有趣领域。对采购公司和供应商之间存在的与可持续性相关的特定紧张关系的研究越来越受到关注（Xiao，Wilhelm，vanderVaart and vanDonk，2019）。例如，格贝尔、罗伊特、皮伯尼克和巴尔斯（Goebel，Reuter，Pibernik and Bals，2018）讨论了采购人员愿意支付的可持续性的特定属性。波蒂厄斯、拉莫汉和李（Porteous，Rammohan and Lee，2015）讨论了提高供应商服从性的方法。也就是说，就供应商相关事件而言，采取不同的激励手段或者惩罚手段对不同的供应商所起到的作用是不同的。此外，这种分歧是否可能产生滑坡效应，在这种情况下，看似很小的事件可能会广泛传播从而形成更大的问题。

2.3.2.2 行为性供应链风险管理

虽然关于行为性的供应链运营管理的文献非常丰富，但将行为模型纳入供应链风险管理的文献是相当新颖的，并且是一个新兴的研究主题（Fahimnia et al.，2019）。该主题围绕着以下方面展开，如与买方和供应商之间的权力和信任问题相关的风险（Benton and Maloni，2005；Handley and Benton，2012；Terpend and Ashenbaum，2012），供应经理的认知及其对供应决策的影响（Reimann et al.，2017；DuHadway et al.，2018；Polyviou et al.，2018），在风险下应对供应链中断的决策（Hult et al.，2010；Tazelaar and Snijders，2013），供应链库存管理中的行为风险（Croson，Donohue，Katok and Sterman，2014），供应链预测中的行为风险（Scheele et al.，2018），以及关于买家—供应商关系和绩效的看法（缺乏）公平和正义的影响（Wagner et al.，2011；Narasimhan et al.，2013）。新兴的研究领域包括供应决策中的认知风险、行为预测风险、资源依赖风险以及直觉、专业知识和判断模型，它们可以进一步为供应链风险管理的行为分析主题提供启示。从管理认知及其对供应决策风险的感知，到预测中的判断偏差和过度自信，以及买方和供应商之间的权力失衡和可能会影响组织间关系乃至风险的资源依赖。然而，在整个供应链风险管理文献中直觉和专业知识的影响是一个较少探索的领域。尽管直觉和专业知识被认为是影响或增强供应链决策的关键因素（Carter, Kaufmann and Wagner, 2017），但一般供应链文献，更具体地说是供应链风险管理文献，很少研究这两个概念如何影响供应链的风险及其风险管理决策。迄今为止，供应链风险管理文献主要关注启发式的阴暗面，其中启发式和偏见被认为仅对决策产生不利影响。幸运的是，这一担忧已在供应链文献中得到解决（Petropoulos et al., 2018），并且开始在供应链研究中获得动力。

使用行为模型，如有限理性（Simon, 1972）或对风险决策的态度（Thaler, Tversky, Kahneman and Schwartz, 1997），研究人员可以探索供应链风险是如何识别和区分优先次序的。该主题可能产生的一个有趣的研究分支涉及区分风险类型（例如，高影响风险与低影响风险、可持续性与非可持续性风险）以及决策者如何看待和评估风险。同样，对供应链风险的反应可能会有所不同，具体取决于供应链决策者可能采用的多种行为模式。例如，对于某些类型的风险，风险规避和风险偏好的供应链管理人员的反应是否不同？风险规避决策者是否更倾向于降低风险，而寻求风险的决策者是否更倾向于接受风险？此外，此类决策对供应链的具体后果是什么？仅从这两个例子可以看出，在该领域进行有影响力的研究的机会是丰富的。迄今为止，组织研究的文献在组织层面提供了大量研究，以解决风险和冒险行为态度背后所涉及的决策过程和心理状况等（Shipilov, Godart and Clement, 2017），这些研究可以扩展供应链风险管理背景下的思想和行为模型基础。

2.3.2.3　新兴方法论和理论框架

分析和经验方法仍然相当普遍。然而，近年来，我们目睹了更多理论性研究的出现。就所利用的方法而言，设计实验，利用档案数据与多模型方法变得更加普遍——这似乎正在成为顶级期刊的常态而不是例外，而很少使用田野研究（Sodhi, Son and Tang, 2012）和事件研究方法（Kim et al., 2019）。也就是说，虽然共引分析揭示了一些例子，但我们在 118 项研究中没有发现任何实施行动研究方法的研究。从所涵盖的现有供应链风险管理文献来看，这可能是一种可行的方法，可用于了解如何在组织内在管理供应链风险或其他方面发起或指导积极变革。

虽然使用多方法（例如，利用模拟和分析建模、回归和结构方程模型等）和多数据（例如，利用调查和档案数据、调查和访谈数据等）进行研究的文章很多，但混合方法的研究较少（有 10 篇文献）。这 10 篇文章普遍使用访谈或案例数据以及定量方法。例如，最近模糊集定性比较分析（fsQCA）已被用于弥合案例导向（例如，公司报告、访谈数据等）和定量方法之间的差距（Reimann et al.，2017）。另外，理论分析和定量分析结合的方法已用于供应网络风险（例如，计算建模和网络分析）和订购行为（订单的建模和实验设计）以提供可靠的结论（Gurnani，Ramachandran，Ray and Xia，2014）。也就是说，我们在目前尚未看到定性方法和分析建模之间的结合。也许可以利用案例研究或访谈数据来帮助未来模型构建及其检验。

关于供应链风险管理，在推进与多种理论相关的研究边界方面已经取得了长足的进步。竞争价值理论（参见 Gabler，Richey and Stewart，2017）强调了稳定性/控制和灵活性/适应性状态之间存在的组织张力。考虑到公司的双元预期越来越多，未来的研究可能会利用这一理论来阐述在短期和长期理解和管理企业社会责任（SCSR）所需的能力。集群理论（Habermann，Blackhurst and Metcalf，2015）用于研究如何通过托管活动与传统供应商分散技术在缓解供应链风险方面的优劣，这引发了围绕供应链设计策略的有趣辩论。拍卖理论（Chaturvedi and Martínez-de-Albéniz，2011）提供了对供应商投标设计以及供应风险和信息成本如何发挥作用的洞察。或许还有其他因素影响这个过程。

2.3.2.4 新冠肺炎疫情期间和之后的供应链风险管理

尽管学者极力强调诸如供应链救灾管理（Day et al.，2012）或增强应对供应链中断的弹性（Ambulkar et al.，2015）等主题的重要性，但类似的研究在一般的供应风险管理文献中很少见。在新冠肺炎疫情暴发并对全球经济、企业和供应链造成重大破坏之后，这些研究的重要性和不足受到关注。在短期内，已经有许多努力通过具有学术思想领导力的发表文献、研讨会和白皮书等方式，来衡量此类中断对企业和供应链未来的影响（Schoenherr，Talluri and Verter，2020）。尽管如此，我们认为应该付出系统性的努力，并且形成一个整体而深入的视角进行供应链弹性和中断管理。

更广泛的管理学科的相关研究将有利于深入理解供应链风险，如组织行为、战略管理和组织理论，以及它们对供应链弹性和中断管理研究的影响。首先，需要对中断一词有明确的定义。供应链风险管理中的中断被定义为破坏供应链中商品或服务流动的负面事件（Craighead et al.，2007）。根据此定义，轻微的机器故障和大流行（如新冠肺炎疫情）属于同一类别。然而，危机（低概率—高影响事件）（Pearson and Clair，1998）和具有不同影响/可能性水平的其他类型的破坏之间应该有明显的区别，因为它们需要不同的反应和不同类型的恢复和弹性规划。其次，在管理危机时，未来的供应链风险管理研究应该就危机作为事件或危机作为过程进行区分，因为它们对响应和复原力管理具有不同的短期和长期影响（Williams，Gruber，Sutcliffe，Shepherd and Zhao，2017）。在新冠肺炎疫情的情况下，供应链中断具有危机作为过程的特征。最后，供应链风险管理文献应采用多层次方法研究弹性管理，其中包括个人、组织、供应链和利益相关者的相互联系及其对供应链弹性的影响（vanderVegt，Essens，Wahlström and George，2015）。新冠肺炎疫情期间全球个人防护设备和呼吸机的短缺，以及一些政府和公众在帮助医疗保健供应链保障医疗设备方面的（不）成功政策和即时反应，证明了采用这种多层次方法的重要性。此外，政府干预（例如，要求公司生产某些上述健康相关设备）进一步使供应链响应和协调复杂化，供应链风险管理文献需要传达更现实的弹性图景。虽然大多数供应链风险管理文献都关注开发弹性供应链运营的优势，但供应链弹性的成本往往被忽略（vanderVegt et al.，2015）。通过缓冲库存、过剩产能和供应商灵活性等活动来提高供应链对危机的抵御能力，这会带来显而易见的成本，因此需要证明其成本水平处于一个合理的范围。通常，证明增加弹性的成本是具有挑战性的，而这是合理的：第一，在复杂且广泛延伸的全球供应链中，要确定那些应该专门增加冗余的关键节点并不容易。第二，权力和控制问题以及在决定买方—供应商关系中的冗余和灵活性目标的相互冲突阻碍了供应链弹性方面的改进。

2.4 供应链弹性

2.4.1 供应链中断

供应链中断（supply chain disruptions）可能导致生产力下降、客户投诉增加、交货期延长和股东价值损失（Alcantara and Riglietti，2015）。供应链中断会给供应链的稳定带来风险并亟待解决（Ivanov et al.，2018）。除了传统的来自生产容量瓶颈、供应的不稳定性（supply variability）、质量问题等的冲击（Saenz and Revilla，2014），管理人员还需要应对疫情、罢工、自然灾害和意外事故等导致的前所未有的冲击（Ivanov，2018）。这些冲击使得供应链日益呈现出不稳定性、不可预测性和复杂性的特征（Kamalahmahdi and Parast，2016）。

当供应链中出现问题时，管理人员必须就供应链弹性和重构（reconfiguration）做出艰难的决定。企业通常会制定相关措施来使其从供应链中断中恢复过来，无论是通过降低风险还是通过全面的供应链弹性。维持供应链正常运行至关重要，因此企业也可能会对供应链进行重构。供应链弹性也是应对供应链风险的一种重要途径。因此，供应链弹性已成为一个重要的研究领域以及供应链风险管理中的一个实际问题（Ponomarov and Holcomb，2009；Hohenstein et al.，2015）。有学者指出，企业必须采取相关措施，以使其供应链能够对供应链中断进行预测、适应、及时响应，并从中快速恢复（Ponomarov and Holcomb，2009）。

学者认为，供应链弹性可以帮助相关组织缓解供应链中断所带来的负面影响。这些负面影响可能包括组织风险（因罢工和生产不确定性（如流程质量）而可能导致的劳动力流失）、IT 系统不确定性（例如机器故障）、由供应风险、需求风险和信息风险所带来的网络风险（Christopher and Peck，2004），以及环境风险（影响物质、社会、政治、法律、运营、经济和认知等多个层面）（Bogataj and Bogataj，2007）。一般来说，不可预测事件或罕见事件如自然灾害、破产、火灾事故、交通事故、恐怖主义等引起的环境风险来源于供应链环境相互作用，并且通常具有相当大的破坏性（Trkman and McCormack，2009）。最近的研究还讨论了新型的供应链风险管理——供应链网络风险管理（cyber supply chain risk management，CSCRM）（Colichia et al.，2019）。CSCRM 过程中的主要挑战是处理供应链日益增加的复杂性（Bode and Wagner，2015）。此类风险事件会使整个供应链产生连锁反应（Williams，2017）。因此，需要找到一种能提高供应链网络弹性的方法来应对此类风险（Colichia et al.，2019）。

供应链弹性"助推器"（resilienceenablers）被设计出来以应对上述部分挑战。因此，这类"助推器"需要具备预测、监控、响应和学习等功能（Blackhurst et al.，2011；Ambulkar et al.，2015）。但是，关于哪些"助推器"具有这些功能或适合在不确定的商业环境中使用的相关研究并不充分。一些学者对现有的"助推器"开展研究，例如索尼等（Soni et al.，2014）提出了一系列的供应链弹性"助推器"，并根据弹性和改进范围对其进行分类。

供应链重构也可以帮助组织（从供应链中断中）恢复平衡（Holmström et al.，2017）。然而，目前尚不清楚企业在实践中如何重构其供应链。根据不稳定的环境对资源进行管理和重新配置的能力对于企业的生存至关重要（Davis et al.，2009）。供应链中断来源于那些使得整个供应链受到影响的不确定性（Bode et al.，2011）。这些冲击反过来会使得系统内部产生不确定性，并需要谨慎应对以恢复供应链的正常运行。现有文献表明，可以通过新产品开发，利用现有产品进入新市场，或管理环境冲击来对供应链进行重构（Sirmon et al.，2007）。对市场变化的动态响应也被认为是应对供应链风险的重要途径之一。布莱克赫斯特等（Blackhurst et al.，2011）指出，专注于供应链重构的企业拥有在动态环境中应对供应链中断的关键能力。

安布尔卡等（Ambulkar et al.，2015）认为，企业重新配置资源的能力可使企业的供应链更具弹性，从而在遭受供应链中断时起着重要作用。有应对供应链中断经验的企业会采取具有前瞻性的决策重构供应链（Bode et al.，2011），这需要对环境进行持续监控（Ramaswami et al.，2009）。供应链重构还包括改善供应链参与者之间的协调（Chandra and Grabis，2009）。合作、明确的参与、实时信息共享和长期规划也有助于建立供应链中的弹性。这种供应链重构有助于整个供应链的高效协作（Chandra and Grabis，2009）。

供应链弹性至关重要，但据笔者所知，现有研究未能将供应链中断与有助于提高供应链表现的实践联系起来。将供应链弹性和供应链重构联系起来的研究很少（Ambulkar et al.，2015）。许多学者都提到重新设计供应链网络以实现具有弹性的供应链的重要性（Lee and Rha，2016）。

2.4.2 供应链弹性的定义

供应链弹性是供应链管理领域中一个相对较新的现象，其旨在帮助组织摆脱传统方法来降低风险和管理生产策略。供应链弹性主要应用于应对全球供应链的复杂性（Pettit et al.，2013）。供应链弹性有多种定义，引用最多的是克里斯托弗和佩克（Christopher and Peck，2004）提出的定义："供应链弹性是指系统在受到干扰后在可接受的时间内恢复到原始状态的能力"（Brandon-Jones et al.，2014；Chowdhury and Quaddus，2016）。供应链弹性定义有许多显著的异同。大多数研究仅将供应链弹性作为从意外冲击中恢复的一种方式（Ponomarov and Holcomb，2009；Black hurst et al.，2011；Ambulkar et al.，2015；Hohenstein et al.，2015；Tukamuhabwa et al.，2015；Kamalahmadi and Parast，2016）。然而，关于恢复的时间、成本和速度等方面存在矛盾的观点（Hohenstein et al.，2015），每个方面的衡量方法也存在差异。

其他研究人员根据前瞻性策略（proactive strategies）定义了供应链弹性。例如，波诺马罗夫和霍尔科姆（Ponomarov and Holcomb，2009）以及海恩斯坦等（Hohenstein et al.，2015）将供应链弹性定义成"为意外风险事件做好准备、应对冲击并从中恢复的能力"。这些定义围绕供应链弹性能力的四个主要方面展开——再造（re-engineering）、协作、灵活性（agility）和风险管理文化。总体而言，这些定义通常分为两组：主动前瞻的供应链弹性定义

（proactive definitions）基于主动建立弹性能力；被动反应定义（reactive ones）则基于在冲击发生后作出响应并从中恢复。

2.4.3　供应链弹性推动因素

帮助组织建立弹性的三个主要组成部分是促成因素（enablers）、实践（practises）和资源（Ponomarov and Holcomb，2009）。这些方面不仅有助于供应链中断发生后的战略决策过程，还可以为企业提供竞争优势（Ponomarov and Holcomb，2009）。本书所回顾的文献提供了 36 个供应链弹性促成因素。研究供应链弹性的相关文献广泛讨论了协作和灵活性，但这两者之间的作用存在冲突。供应链利益相关者的相互协作反过来会使得灵活性改变或选择供应链的利益相关者的空间受限。"可见性（visibility）和准备程度（readiness）"以及"响应和恢复"是讨论第三多和第四多的推动因素。然而，很少有研究考察供应链的再造能力、速度、适应能力、市场敏感性、信任、采购多元化、企业知识、协调和控制、预测、稳健性、备份能力和安全性等方面。最近，学者探讨了政府援助和计划，风险和收益共享，供应链结构，供应链的可持续性，交货时间的不稳定性（lead time variability），动态生产能力，库存，气候变化，分散度（dispersion），自我中心的网络战略（egocentric network-based strategies），采购组合，感知、捕获和转换（sensing, seizing and transforming）以及学习导向（learning orientations）对供应链弹性的重要性。

2.4.3.1　风险管理文化

风险管理文化是在组织中建立供应链弹性的重要推动因素（Kamalahmadi and Parast，2016；Jain et al. , 2017；Liu et al. , 2018）。它被定义为"注入韧性和风险意识的文化，使其成为每个人的关注点"（Lima et al. , 2018；Liu et al. , 2018）。风险管理文化对于提高组织的弹性具有重大价值（Jain et al. , 2017）。许多研究人员认为，管理供应链风险的文化不应仅限于考察持续经营（business continuity）和企业风险（Scholten et al. , 2014；Liu et al. , 2018）。

风险管理文化还有助于组织识别可能存在的风险，并提高供应链减轻风险和降低其脆弱性的能力（Wieland and Wallenburg，2013；Chowdhury and Quaddous，2016）。因此，只有当组织培养其风险管理文化时，如实施全面质量管理方法，供应链才能采取行动来降低风险并降低脆弱性（Wieland and Wallenburg，2013；Chowdhury and Quaddous，2016）。但是，组织还必须增强供应链的连续性以建造起一种风险管理文化。组织可以有效地将风险管理手段整合到其运营结构、管理政策或对不确定性的响应中（Liu et al.，2018）。

2.4.3.2　协调和控制

组织需要一个强大的供应链控制系统，以快速检测供应链中断并及时提供纠正措施（Stone and Rahimifard，2018）。协调和控制是重要的（formative）弹性能力，可帮助组织管理其资源，尤其是那些跨职能领域以维持供应链流程的资源（Ponomarov and Holcomb，2009；Sharma and George，2018）。供应链合作伙伴之间的协调、信息共享和既存知识也提高了情景感知（situational awareness）水平（Sharma and George，2018）。合作作为一种人际关系能力，会对供应链弹性产生积极影响（Wieland and Wallenburg，2013）。

2.4.3.3　风险和收益共享

跨供应链共享风险和收益是非常可取的。先前的研究发现，风险和收益共享对于供应链合作伙伴之间的长期目标和协作至关重要（Pettit et al.，2013；Jain et al.，2017）。合作伙伴间应通过协作来识别直接的供应链风险及其可能的原因或来源。收益共享是提高所有供应链合作伙伴竞争优势的关键因素（Jain et al.，2017）。

2.4.3.4　财务实力（financial strength）

财务实力使组织能够承受现金流的波动（Pettit et al.，2010，2013）。供应链必须能够识别其市场地位，并能通过财务能力和组织效率（Ponomarov and Holcomb，2009）从供应链中断中恢复过来。一些关于供应链弹性的研究揭示了财务实力在构建供应链弹性方面的重要性（Gunasekaran et al.，2015）。组织的财务实力具体包括保险、投资组合多样化、财务储备和流动性、毛利（price margin）、盈利能力和资金可用性（Pettit et al.，2010，2013）。财务实力也是建立供应链弹性所必须的供应链灵活性的重要组成部分（Kochan and Nowicki，2018）。

2.4.3.5　稳健性

稳健性被定义为"供应链在不调整其初始稳定结构的情况下抵抗变化的能力"（Wieland and Wallenburg，2012）。因此，供应链在遭受冲击期间的持续运行是其稳健性的重要指标（Behzadi et al.，2017）。供应链的稳健性可以减轻组织绩效不佳的威胁，并在供应链遭受冲击时保持长期效益稳定（Brandon-Jones et al.，2014）。一些学者认为，稳健性是弹性的一个子集（Brandon-Jones et al.，2014；Behzadi et al.，2017），两者在过程上略有不同。然而，也有学者认为，稳健性和灵活性之间存在一种权衡（Johnson et al.，2013），灵活性使供应链能够采用更多可能的形态，而稳健性增加了供应链能够应对的变化数量。

2.4.3.6　协作

一些研究表明，协作对于抵御风险至关重要（Ponomarov and Holcomb，2009）。协作是指组织或供应链与合作伙伴和其他供应链实体有效合作并快速响应供应链中断的能力（Tukamuhabwa et al.，2015）。良好的关系将确保信息和知识的交流、透明度、灵活性、运营有效性和效率以及客户服务（Pettit et al.，2013；Scholten et al.，2014；Gunasekaran et al.，2015；Scholten and Schilder，2015）。最重要的是，协作可以通过分散风险来减少不确定性（Kamalahmadi and Parast，2016），因此是形成弹性供应链的重要因素（Scholten and Schilder，2015）。之前的几项研究考察了协作与供应链弹性之间的关系，并发现两者之间存在正相关关系（Scholten and Schilder，2015）。

2.4.3.7 敏捷性

敏捷性是对变化以及状态不可预测事件或实际不可预测事件做出响应的能力（Scholten et al.，2014；Tukamuhabwa et al.，2015）。敏捷性主要在于与对供应链中断和其他紧急情况的响应以减少干扰的影响（Ponomarov and Holcomb，2009）。透明度和速度是敏捷性的两个维度（Scholten et al.，2014）。它们既降低了所需资源的强度，又提高了恢复速度（Brandon-Jones et al.，2014）。一方面，供应链的透明度包含了信任并能促进产品跟踪，因此其对企业至关重要（Brandon-Jones et al.，2014）。另一方面，速度可能会影响风险的三个不同方面，即供应链中断发生的速度、消失的速度以及发现时间。因此，速度被认为是敏捷性的重要组成部分。协作和灵活性也可以提高敏捷性，促使企业更快地采取行动并选择适当的计划和策略来减轻供应链中断的影响（Gunasekaran et al.，2015）。

2.4.3.8 供应链再造

供应链再造主要关注实现成本优化和客户满意度两个目标（Kamalahmadi and Parast，2016）。商业环境的复杂性意味着传统的供应链设计不再有效。供应链需要重新设计来融入弹性，因为在供应链中断发生之后再去制定预防策略是十分困难的（Scholten et al.，2014）。相反，供应链必须具备灵活性并包含一定的冗余以应对冲击。灵活性是供应链快速响应正面和负面的环境影响并选择最合适的处理方案的能力（Gunasekaran et al.，2015）。研究供应链灵活性的学者（Scholten and Schilder，2015；Scholten et al.，2014；Liu et al.，2018）认为，灵活性促进了供应链对冲击的有效反应（Brusset and Teller，2017）。冗余是指那些可在供应链中断期间用于替换损失的资源或资本的组织资源（Lima et al.，2018）。因此，两者都是供应链弹性的核心要素（Hohenstein et al.，2015）。

2.4.3.9 备份容量（backup capacity）

备份容量是一项重要的弹性策略（Behzadi et al.，2017），并且在之前的研究中得到了广泛重视（Pettit et al. ，2013）。在生产时间或产量遭受冲击的情况下，通过备用来源获取供应可提高供应链的灵活性（Behzadi et al. ，2017）。备用供应商、厂房和设施都可以帮助维护生产流程（Namdar et al. ，2018）。一些学者指出，拥有备用供应商可以为供应链提供一定的冗余量（以提高供应链系统的稳定性）（Kamalahmadi and Parast，2016；Chowdhury and Quaddus，2017）。

2.4.3.10　多重采购

多重采购是另一种弹性策略，旨在通过提供应急和缓解策略来减少供应链中断的影响并增强总体供应链的弹性（Yang and Xu，2015）。多重或双重采购通过拥有多个供应商或扩大供应基础以引入新供应商来降低供应链中断带来的风险（Behzadi et al. ，2017）。作为预防风险的措施之一，组织需要投资多个供应商，以确保供应链弹性并使得组织具有较强的敏捷性和增长周期（Hohenstein et al. ，2015）。与备份容量一样，多重采购也是冗余设计的一部分，有助于防止缺货情况的发生（Hohenstein et al. ，2015；Kamalahmadi and Parast，2016）。

2.4.3.11　自适应能力（adaptive capability）

自适应能力是供应链弹性定义中的一个常见因素。大多数学者将其描述为为意外事件做好准备、应对冲击并从中恢复的能力（Ponomarov and Holcomb，2009）。自适应能力通过三个不同阶段处理暂时的破坏性事件——供应链的（应对意外中断）预先准备情况、响应性和恢复（Jain et al. ，2017）。

2.4.3.12　信任

信任的概念可以描述为供应链内部和跨供应链的合作与协作。信任是供应链弹性的重要推动因素（Jain et al. ，2017）。缺乏信任和协作会限制供应链的灵活性。因此，信任、合作和承诺之间的相互作用有助于供应链合作伙伴减少网络不确定性（Chowdhury and Quaddus，2016）。因此，供应链的绩效（orientation）与整合（或信任）以及供应链弹性之间存在正相关关系（Chowdhury and Quaddus，2016；Liu et al.，2018）。

2.4.3.13 信息共享

供应链合作伙伴之间的信息共享很重要（Lima et al.，2018）。供应链伙伴间有效共享信息有助于保持透明度和建立信任，从而加强协作。协作活动、协作沟通、信息共享、联合努力和共同创造的知识都在灵活性、速度和可见性等方面提高了供应链的弹性（Brandon-Jones et al.，2014；Scholten and Schider，2015）。信息共享本身也会对供应链弹性产生积极影响（Chowdhury and Quaddus，2016）。

2.4.3.14 一体化

集成能力是体现供应链弹性的主动性之一（Chowdhury and Quaddus，2017），有助于缓解供应链中断（Pettit et al.，2010，2013）。它也是影响供应链弹性的关系能力（即沟通、合作和整合）之一（Wieland and Wallenburg，2013）。供应链整合被定义为制造商与其供应链合作伙伴进行战略合作并协同管理组织内和组织间流程的程度。其目标是实现产品和服务、信息、资金和决策的高效流动，以低成本高速为客户提供最大价值（Brusset and Teller，2017）。

供应链整合主要在于信息共享、内部整合、协作和信息通信技术的采用（Chowdhury and Quaddus，2017）。许多学者认为，协作、协调、客户和管理文化可以增强关系和供应链流程的整合，从而改善运营流程和操作程序，并培养合作伙伴之间的信任和认同（Ponomarov and Holcomb，2009；Liu et al.，2018）。刘等（Liu et al.，2018）的经验证据表明，内部整合对供应链弹性的影响最大，高于客户整合与合作伙伴整合的影响。

2.4.3.15 就绪（readiness）、响应和恢复

就绪、响应和恢复是理解供应链弹性能力的基础（Ponomarov and Holcomb，

2009；Hohenstein et al.，2015；Chowdhury and Quaddus，2016；Kochan and Nowicki，2018；Scholten et al.，2019）。"就绪"是衡量供应链能够在多大程度上克服破坏性事件（Chowdhury and Quaddus，2016）。中断检测、就绪培训、就绪资源、预警系统、预测和安全都是已有研究中提到的供应链就绪的来源（Pettit et al.，2013；Chowdhury and Quaddus，2017）。这些因素在减少冲击的影响方面都发挥着重要作用。更高水平的供应链就绪程度能更好地减轻供应链中断的影响。

"响应"是在短时间内以较低成本应对供应链中断的能力（Wieland and Wallenburg，2013；Pettit et al.，2013）。响应速度在降低供应链中断成本方面发挥着重要作用（Wieland and Wallenburg，2013；Pettit et al.，2013；Ivanov et al.，2018）。敏捷性、速度、可见性、灵活性和冗余都非常强调供应链响应和恢复的效率（Scholten and Schilder，2015；Kochan and Nowicki，2018）。

从供应链中断中恢复正常状态的能力是组织和供应链的独特能力（Pettit et al.，2013；Ambulkar et al.，2015；Chowdhury and Quaddus，2016）。两个因素对供应链恢复尤为重要，即时间和成本（Tukamuhabwa et al.，2015；Scholten and Schilder，2015；Singh et al.，2019）。其取决于供应链应对冲击的能力。

2.4.4　供应链重构的特征

研究发现，许多组织选择就组织活动（Hammami and Frein，2014）、设施（Wilhelm et al.，2013）、库存（Kristianto et al.，2012）、供应商和工厂（Guo et al.，2018）、生产（Kinkel，2012）及能力（Osman and Demirli，2010）进行分配和重新分配来管理供应链风险。分配和再分配特征在供应链重构研究中变得越来越普遍，分配和再分配的挑战在于保持供应链的独特性的同时，扩大影响范围以使供应链在跨多期规划内脱颖而出（Hammami and Frein，2014）。差异化可能发生在重构过程的任一节点，包括供应商选择、物流、转移定价、信息共享、材料分配、供应链设计和结构，并改变路径、起点、风格、目标、角色和级别（Osman and Demirli，2010；Hammami and Frein，2014）。

重新设计供应链通常意味着现有设施的关闭以及新设施的使用。许多研究人员认为，设施的生产能力通常保持稳定（Wilhelm et al.，2013）。这意味着生产设施往往保持相同状态（即开放或关闭），直到规划期结束（Wilhelm et al.，2013）。因此，特定设施的生产容量在规划期间不能改变（Wilhelm et al.，2013），但很少人考虑到关闭和开放设施的成本。哈马米和弗赖恩（Hammami and Frein，2014）发现，如果关闭设施的成本超过 30000 欧元或 20000 欧元，组织往往会保留原来的设施。但是，设施功能的本质在供应链重构中更为重要。

因此，供应链重构的主要目标是在供应链重构成本（即更换供应商或改变运输网络的成本）和供应链运作成本（即运输、采购和制造的成本）之间建立平衡（Guo et al.，2018）。组织还可以使用梯队库存管理（echelons inventory），这涉及使用一些新的方式来引入或删除梯队。每个供应链重构方案都涉及原材料、成品和最终产品在不同供应商以及生产和分销方式的选择（Dev et al.，2014），因此各梯队的作用是独一无二的。每个梯队服务于一种特定的产品，并与一个联通的运输系统相连，该系统允许从一个梯队的设施运送到另一个梯队（Wilhelm et al.，2013）。李等（Lee et al.，2015）对比研究了供应链重构前后的敏捷和非敏捷供应链（agile and non-agile supply chain），发现不平衡的订单分配策略更容易受到外部意外冲击的影响，因此需要重构供应链。

企业需要通过重新配置其资源来应对供应链中断并增强供应链的弹性。对冲击事先做好准备的企业会主动配置和部署其供应链中的资源（Bode et al.，2011，Ambulkar et al.，2015）。此外，组织投入时间学习和监控外部环境有助于其提高对冲击的响应能力（Ramaswami et al.，2009）。供应链重构是应对供应链中断和建立弹性供应链的重要机制（Ambulkar et al.，2015；Blackhurst et al.，2011），其在遭受冲击时的作用不容忽视。一些学者研究了供应链重构在供应链弹性和供应链中断之间的调节作用（Bode et al.，2011；Ambulkar et al.，2015）。在供应链遭受严重冲击的情况下，重新配置现有资源以及获取新资源的能力有助于重新升级供应链（Blackhurst et al.，2011）。以 2011 年日本大地震的后果为例，重新配置和利用资源的能力是从破坏中恢复的关键（Olcott and Oliver，2014）。尽管对于程度较小的冲击，供应链重构可能不是建立弹性所必需的（Ambulkar et al.，2015），但通过供应链重构和提高供应链弹性来应对冲击的经验有助于企业未来降低意外冲击的影响（Melnyk et al.，2014）。

第3章 中国产业部门价值链与供应链研究动态

3.1 中国产业体系与全球分工

3.1.1 现代产业体系的建构

3.1.1.1 中国产业体系的历史变迁

中国产业体系的建构经历了多个阶段，并体现出不同的阶段性特征。黄群慧（2018）总结了改革开放 40 余年以来中国的产业发展与工业化进程，指出从产业成长看，中国的基本经济国情已经从一个落后的农业大国转变为一个工业大国，"工业大国""大而不强"是中国的最基本经济国情；从工业化进程看，总体上中国的工业化进程从初期阶段快速地发展到工业化后期阶段，中国产业发展和工业化进程存在着发展不平衡不充分问题；从产业结构演进看，中国产业发展和工业化进程按照市场化改革划分为市场经济方向探索、市场经济构建完善、市场经济建设新时代三个大的阶段。史丹和李鹏（2019）评价了中国工业发展质量的演进过程，指出改革开放以来，随着"短缺经济"的结束和市场竞争加剧，工业发展质量的重点由"有没有"转向"好不好"。工业产品的品牌、质量对工业企业的效益产生了直接的影响，加入 WTO 进一步促进工业发展质量的提升。党的十八大以来，绿色发展理念和生态文明建设对工业发展质量的内涵与外延产生了深刻影响，经济发展推动工业发展体系的内涵和品质不断动态演化。张申和李正图（2021）从更长的时间维度对产业体系进行了回顾，指出中国共产党领导下的中国产业体系大致可以分为四个阶段，即服务战争需要的产业体系创建运营期、社会主义计划经济体制下的以建立独立完整工业体系为核心的产业体系系统开创期、由计划经济体制向社会主义市场经济体制转型下的以融入世界经济体系为核心的产业体系改革转型期、全面深化改革过程中的以构建现代产业体系为核心的产业体系高质量发展期。

3.1.1.2　现代产业体系的构建要素

经济体系的现代化要以现代产业体系和社会主义市场经济体制为基础，是以现代科技进步为驱动、资源高效配置、产业结构和产品质量不断升级的可持续发展的经济体系，通过以创新引领发展方向，加快推进产业结构优化升级，坚持和完善要素市场改革，践行绿色发展理念，促进经济发展在空间上的均衡布局，可以推动现代化经济体系的建设（张辉，2018）。刘志彪（2018）对建立现代化经济体系的基本框架和关键问题做了阐释，指出现代化经济体系的构建需要包括产业体系、市场体系、分配体系、区域发展体系、绿色发展体系、开放体系和经济体制在内的各个子系统；同时，壮大实体经济、构建现代产业体系是现代经济体系的物质基础。高培勇等（2019）为高质量发展背景下的现代化经济体系提供了一个逻辑框架，指出建设现代化经济体系本质上是经济体系转换的过程，即从传统经济体系转换到现代化经济体系，包括社会主要矛盾、资源配置方式、产业体系、增长阶段等方面的"四个转向"和特征变化；同时，现代化经济体系运转体现为"四个机制"，即社会主要矛盾的性质决定了资源配置方式的选择，资源配置方式决定产业体系特征，产业体系特征与经济增长阶段一致，高速增长引起社会主要矛盾转化。现代化经济体系建设是社会经济系统的综合转型，是中国经济走向高质量发展的必由之路。周绍东和潘敬萍（2020）认为，现代产业体系是实体经济、科技创新、现代金融和人力资源四位协同的有机整体，构建现代产业体系，需要把握好先进制造业与现代服务业之间、实体经济与虚拟经济之间、科技创新与人力资源之间、发展现代农业与推动新型城镇化之间以及劳动力

"走出去"和生产资料"走出去"之间的关系。

3.1.1.3 产业体系现代化的测度与评价

产业体系的现代化测度应该包含多个维度的系统性指标。贺晓宇和沈坤荣（2018）从创新驱动、市场化进程、产业结构优化及高水平对外开放四个维度对经济体系的现代化进行了综合评价，指出加强创新引领、坚持市场化改革、推进产业结构升级、加快高水平开放以及完善现代化经济体系需针对不同区域应有所侧重。邵汉华等（2019）则从实体经济、科技创新、现代金融、人力资源四个角度构建了中国现代产业指标体系。刘冰和王安（2020）从实体经济、科技创新、现代金融、人力资源四个角度构建了现代产业体系评价指标，指出现代产业体系不仅具有结构和质量维度的要求，而且实体经济、科技创新、现代金融、人力资源是内在有机统一的整体，科技、金融、人才等各类产业要素间的匹配同样重要。范合君和何思锦（2021）从发展环境、支撑体系、农业现代化、工业现代化、服务业现代化、产业可持续发展六个维度构建了现代产业体系的评价系统，发现我国现代产业体系建设整体向好且东部地区领跑优势明显；在评价体系的六个维度中农业现代化发展速度较快，但不同地区之间差距过大；现代产业体系重点区域的协调发展优势明显。构建完善的现代产业体系，应当从加大重视程度、强化整体认知、明确发展任务、构建区域协调发展机制等方面入手。

3.1.1.4 现代化产业体系的构建路径

通过塑造经济增长新动能，突破经济增长的"创新瓶颈"和"动力屋顶"，使经济增长由要素投入为主向全要素生产率提升转变，将有利于现代经济体系的完善（贺晓宇和沈坤荣，2018）。盛朝迅（2019）指出，当前我国产业体系发展面临实体经济动力弱化、关键要素短板突出、要素结构错配、协同发展机制僵化、开放层次偏低，应紧密结合我国经济发展实际，沿着"培育高端要素——构建协同机制——优化发展环境——促进四个协同"的思路，着力破解产业体系存在的突出矛盾和制约因素，全面提升产业发展的支撑能力。通过加强高端要素培育，提升要素供给质量；破解制度性障碍，构建高效的协同发展机制；同时，深化改革攻坚，激发实体经济和要素发展活力；优化营商环境，营造包容创新的生态；促进高水平对外开放，提升全球化资源配置能力。从国际经验看，产业体系的发展演进是各国在特定发展环境下各类要素及其关系动态变化的综合产物，协同发展的产业体系要求具有系统性，同时也存在动态性、多样性、开放性的特征（陈曦，2020）。

3.1.2 现代产业体系的内在结构

3.1.2.1 产业链供应链现代化

在开放经济下，现代产业经济体系必须考察产业链供应链的稳定性和高级化水平。盛朝迅（2019）从产业链现代化的角度研究了产业体系问题，指出推进产业链现代化是破解我国产业基础能力不足和部分领域"卡脖子"瓶颈制约、提升产业链水平的必由之路，通过准确把握产业基础高级化和产业链现代化、安全和效率、政府引导和市场机制、独立自主和开放合作、超大规模市场和产业发展等之间的关系，采取有力举措加快推进产业链现代化。王静（2021）指出，需要构建产业链供应链现代化水平的评价指标体系，通过参与全球产业链供应链治理及合作、对中国企业在全球产业链供应链全面布局给予强大支持、优化产业链供应链运行环境推动产业链供应链绿色化发展的共融路径，塑造中国参与国际竞争新优势。提升供给体系对国内需求的适配性，提高产业链供应链的完整性及现代化水平。

3.1.2.2 国际分工与产业结构

国际分工格局对产业结构具有重要影响，并呈现出新特征和新趋势。刘明宇和芮明杰（2009）指出，为了提升中国在全球分工格局中的地位，由垂直分工转变为水平分工，中国必须建立现代产业体系；通过知识积累，实现禀赋的升级，形成新比较优势，是改变国际分工格局的关键。同时，注意到，市场空间对产业升级的技术空间有着决定作用，不是所有的企业都能够实现价值链升级所需要的技术跳跃，发展现代产业体系需要消除市场分割，实现市场的一体化，并且发挥市场的基础作用，在禀赋升级、价值链升级和空间结构优化三个维度实现协同。赵云鹏和叶娇（2018）检验了对外直接投资对产业结构升级的影响方向及作用强度，发现对外直接投资显著地促进了产业结构升级，且对外直接投资对产业结构升级具有显著的滞后效应；前期产业结构的改善会进一步促进当期产业结构的优化；对外直接投资在促进本地区产业结构升级的同时，对其邻接区域的产业结构升级也具有显著的促进作用。姚星等（2021）从社会网络视角分析了中国服务业在全球产业支撑体系中的地位，并对其影响因素进行探讨，发现服务业整体发展不平衡，各行业与其他国家—产业强支撑和强被支撑关系的广度和深度不断提升；部分行业在全球产业支撑体系中的依赖度较高，并且依赖程度呈现不断上升趋势；服务业在全球产业支撑体系中的影响力较大，并且服务业细分行业对其他国家支撑作用的影响力明显高于受到其他国家产业支撑的情形；伙伴国的经济规模、产业相对产出水平、产业关联程度、边界相邻、共同语言等因素是中国服务业在国际市场发展的重要驱动因素。姚战琪（2021）研究了数字贸易对产业结构升级和出口技术水平的影响，发现信息化水平、政府科技支出占比、进出口贸易、劳动生产率通过数字贸易对出口技术复杂度产生显著的间接效应，但政府科技支出对中国数字贸易综合竞争力的影响最小；数字贸易通过人力资本对出口技术复杂度产生显著的间接效应，研发强度在数字贸易与出口技术复杂度之间起中介作用；数字贸易通过研发强度对中国产业结构升级产生显著的间接效应，其对产业结构的作用能通过人力资本、研发强度进行传导。

3.1.2.3 市场要素与产业结构

在影响产业结构的诸多变量中，资本、劳动、技术、资金等关键变量常常起到关键的作用。傅元海等（2014）将制造业分为高端、中端和低端技术产业三类，发现同技术进步路径对制造业结构合理化和高度化的影响机理与作用不尽相同，在消化吸收外资技术基础上的自主创新能促进制造业结构的高度化与合理化，但只有通过利用外资引进先进技术寻求高端产业核心技术创新能力的突破，制造业结构升级才会伴随高附加值化；提高本地产业技术能力，外资才会发生技术溢出促进制造业结构升级并趋于合理，提升高端产业核心技术创新的能力才能促使外资转移先进技术，进而促进制造业结构升级并实现高附加值化；同时，加快推进市场化进程，制造业结构升级且实现中高端产业高附加值化，生产要素才能通过结构转换促使结构不断趋于合理。王海兵和杨蕙馨（2016）研究了创新要素对中国现代产业发展体制的关联性，发现中国产业发展体系本身具有以经济增长和产业结构变迁的协同互动为主题的自我演化特征；创新驱动与产业发展体系在长、短期的相互作用有别；在影响创新驱动的相关因素中，政府干预倾向和非市场化程度交互项的显著负向影响反映出利益集团式勾结的破坏性作用。郭凯明等（2017）建立了一个统一的理论框架评估产品相对价格波动、收入增长、投资率波动、劳动力市场摩擦等因素对中国产业结构的影响，发现恩格尔效应、投资效应和转移成本效应分别是影响第一、第二和第三产业就业比重变化的最主要因素，需求收入弹性低、劳动密集度高和存在转移成本是第一产业就业比重高的原因。苏杭等（2017）从产业层面和企业层面考察了要素投入在制造业产业升级中的作用，发现产业结构升级依赖于要素结构升级。相对于资本投入和研发投入，劳动力投入是考察期内我国制造业产业内升级的主要影响因素，故我国制造业要实现产业升级目标，需要提升要素禀赋，增加资本尤其是人力资本的积累。刘奕等（2017）提出了一个外部因素通过生产性服务业集聚作用于制造业升级的理论分析框架，证实了生产性服务业集聚特别是支持性服务业集聚与制造业升级之间高度关联、融合促进的内在联系；社会创新体系、综合交易成本、需求规模通过生产性服务业集聚间接作用于制造业升级，要素禀赋与政策环境也会对制造业升级产生正向的直接影响。易信和刘凤良（2018）研究了金融发展对产业结构转型的影响，发现金融发展通过加快现代部门技术创新推动资源从工业部门配置到服务业部门来促进产业结构转型，但由于金融发展对技术创新的影响最终会进入边际报酬递减阶段，其对产业结构转型的正向影响会伴随产业发展阶段上升而呈倒"U"形关系；金融深化和市场主导型金融结构均能显著促进工业向服务业结构转型，市场主导型金融结构对结构转型的影响系数会随服务业与工业增加值比值的演进而呈倒"U"形关系。

3.1.2.4 产业结构的模式比较

贺灿飞（2018）从演化经济地理学的角度研究了中国区域产业发展是路径依赖还是路径创造的问题，发现经济转型时期的中国区域产业结构变动剧烈，技术关联推动了区域产业演化，显示中国区域产业演化具有路径依赖性，同时市场化、全球化和分权化的经济转型过程为区域产业发展创造了新路径。外部联系、制度安排、行为主体的战略性行为等促进了路径创造。李雯轩和李晓华（2021）分析了"雁阵模式"的理论实质、局限性以及中国目前产业转移和升级面临的困境，指出"雁阵模式"理论不适用于指导中国区域内产业转移的原因，在全球价值链深度变革之际，我国应该立足构建新发展格局的要求，由依赖全球价值链转向夯实国内价值链；地区间的产业转移与升级路径也应该与新技术、服务业升级、城市群发展、扩大内需相结合，建立差异化的区域间产业分工协作体系，最终实现高质量发展。

3.1.3　中国产业政策中的结构升级

中国产业政策的引进和发展伴随着中国市场化改革、对外开放与经济快速发展，并在促进中国产业体系的能力提升中发挥着重要的功能（黄群慧，2021）。韩永辉等（2017）通过利用产业相关的地方性法规和地方政府规章对产业政策予以定量识别，发现产业政策的出台与实施显著促进了地区产业结构合理化和高度化；产业政策对产业结构优化升级的推进作用高度依赖于地方市场化程度；产业政策对结构优化升级的推进作用还取决于地方政府的能力。因此，中国各级政府能够发挥发展型政府角色，在顺应市场深化和机制完善的基础上，借助政府能力与政策工具，合理制定和推行产业政策，实现产业结构升级与市场经济发展。黄群慧（2018）指出，中国产业发展和工业化进程中的能力提升，得益于政府正确处理了六个方面的重要关系，一是改革、发展与稳定的关系，"稳中求进"保证产业持续成长和工业化进程持续深化；二是政府与市场的关系，不断提高产业效率和促进产业迈向高端化；三是中央政府与地方政府的关系，促进产业合理布局和区域协调发展；四是

市场化与工业化的关系，培育全面持续的产业发展动力机制；五是全球化与
工业化的关系，形成全面开放发展的现代化产业体系；六是城市化与工业化
的关系，促进产业和人口集聚效率提升与社会民生协调发展。袁航、朱承亮
（2018）研究了中国高新区发展战略对中国产业结构转型升级的影响，发现
国家高新区能显著促进产业结构高度化的量，但未促进产业结构高度化的质
和产业结构合理化，未推动中国产业结构转型升级；国家高新区对产业结构
转型升级的影响存在明显的成长周期异质性，"成熟型"国家高新区较"成
长型"国家高新区对产业结构高度化的量的促进作用更为显著；在"一市一
区"与"一市多区"两种布点情形下，国家高新区对产业结构转型升级的影
响不存在明显差异，均能显著促进产业结构高度化的量，抑制产业结构高度
化的质；国家高新区对产业结构高度化的质的影响不存在区域差异，但对产
业结构高度化的量与产业结构合理化的影响存在显著的区域差异，即东部发
达城市的国家高新区对产业结构高度化的量与产业结构合理化的影响并不显
著，而中西部欠发达城市的国家高新区对产业结构高度化的量具有显著的促
进作用，且对产业结构合理化产生了显著的抑制作用。郭克莎（2019）指
出，"十四五"时期中国产业结构调整及产业政策应该坚持如下基本取向：
一是坚持以供给侧结构性改革为引领，以深化改革促进产业政策的合理设
计和有效实施；二是坚持处理好政府与市场的关系，使产业结构政策建立
在使市场在资源配置中起决定性作用和更好发挥政府作用的体制机制上；
三是坚持把结构调整与产业升级结合起来，推动制造业向中高端发展、高
质量发展并增强对结构优化的带动效应，以适应产业结构变动影响因素的
变化特点、促进产业结构调整升级。唐世芳等（2021）指出，在区域产业
结构转型升级中，财税政策能发挥积极作用，通过中央预算内安排的投资
基金为引导，盘活社会资本参与基础设施建设；提高纵向转移支付效率，实
现横向转移支付的梯度推广；规范地方政府发债行为，提高债券发行和使用
效率；采取差异化的税收优惠措施，提高减税政策作用于科技创新的精度，
进一步扩大间接税减免规模，打好税收优惠的"组合拳"以扩大产业集群的
规模效应。

3.2 中国产业链结构分析及其现代化

3.2.1 产业链形态与治理

3.2.1.1 产业链形态分析

刘大可（2001）指出，在由契约关系结成的产业链中，企业自主权的大小并不取决于企业的意愿，而是受到企业的资金、市场网络、技术垄断性等因素的制约。根据产业链中企业之间的相互依赖程度，将企业与其供应商的关系划分为供应商垄断型、目标企业垄断型、独立竞争型和相互依赖型四种类型，并运用新古典经济学的成本—收益分析方法，阐述了不同类型中目标企业与其供应商的制约关系，从而为产业链中企业控制权的安排提供了一个分析框架。王晰巍、靖继鹏和李思永（2010）从产业链的信息生态观入手，分析了产业链中的信息生态因子和信息生态链，重点分析了基于信息驱动的产业链成因，构建了包括信息生态因子、信息生态链和信息生态圈的产业链信息生态模型。在此基础上，构建以精炼贝叶斯博弈为核心的信息银行模型，提出围绕信息银行模型为驱动中心的产业链传导机制。赵付春和焦豪（2011）基于科尔曼的微观—宏观关系模型，尝试将产业和企业两个层面进行关联与对接，试图构建一个产业升级的跨层次模型，从而揭示产业升级的微观实现机制。具体而言，从双元性理论视角，强调产业升级是一个兼顾对现有产业的开发式创新和对新型产业的探索式创新的过程。在这个过程中，产业中的核心企业需要具备双元性的战略思维和能力，即通过流程、产品升级开发当前产业环节潜力，通过功能和链条升级探索新的产业环节与产业链两方面平衡的能力，从而带动整个产业的升级和持续竞争优势。

汤尚颖和孔雪（2011）指出，区域空间形态作为区域发展的依托是区域经济学研究的重要内容。20世纪后期，我国区域经济发展出现了大融合和大发展的态势，产业集聚区、城市集聚区、产业链等区域空间形态创新因素得到了快速发展，并成为推动区域经济发展的主导力量。这表明区域经济发展已经进入了以区域空间形态创新为主导的新时期，区域空间形态创新成为区域经济新的经济增长点。黄卫东和岳中刚（2011）认为，提升产业竞争力是发展战略性新兴产业的关键，物联网核心技术链的演进以及技术产业化过程中出现的问题值得注意。物联网这一新兴产业内生的"技术链"和外生的"产业政策"构成物联网产业创新系统。在借鉴美国、欧盟、日本等发达国家或地区物联网产业政策实践经验的基础上，针对我国物联网产业发展中的关键问题，提出产业自主化发展的政策选择。郑琼娥、林峰和许安心（2012）以供应链竞争时代为背景，基于对中国OEM企业在国际产业链分工地位的认识，探讨培育供应链整合能力将为中国OEM企业寻求升级路径提供新视野。在对中国OEM企业供应链整合现状了解的基础上，指出了OEM企业实施供应链整合战略将面临的困难。于斌斌（2012）以传统产业与战略性新兴产业融合发展为现实基础，以传统产业与战略性新兴产业进行创新链接的关键环节"谁负责创新"作为理论着力点，尝试运用数量生态学中的进化博弈模型，对区域经济中传统企业与新兴企业的创新链接机理进行了剖析和研究。结果显示，在区域经济群落中，传统企业与新兴企业的"创新型进化"都具有自我维持的特征；群落中已有的"创新型"企业的占有率、新兴企业对传统企业的依赖程度对传统企业与新兴企业的创新链接存在显著的正向影响；政府行为中的政府补贴、法制因素对传统企业向"创新型"企业"种群"方向演化具有催化作用。陈启斐和蔡璐（2020）分析了中国产业链长度延伸过程，发现从整体上看，服务外包对我国产业链长度攀升具有显著的促进作用，服务外包每提高10%，可以促进我国产业链长度提升0.62%；从细分类型的服务外包看，交通仓储外包对产业链长度延伸的促进作用最大；分地区研究发现，服务外包对中部地区产业链长度提升最大，其次是西部地区，东部地区最小；分行业研究发现，服务外包对制造业和服务业产业链长度均有提升作用，但是对服务业促进作用是制造业的近2.7倍。

3.2.1.2　产业链治理

汪延明和杜龙政（2010）立足于公司治理视角，从"公司治理、战略、技术、信息"四个维度，以哲理数学为工具，对我国产业链的统一度、对立度、关联偏差进行分析，提出技术和信息是产业链董事会进行决策的主要手段；指出公司治理力是产业链运动发展的动力，产业链治理应以技术董事和信息董事为主构建产业链董事会，以减小对立度、消除关联偏差，进而创造高效动力机制。高伟凯、徐力行和魏伟（2010）指出，产业集聚与产业竞争力有着深刻的内在联系。根据投入产出表计算并制作了中国产业链图谱，在此基础上划分了三种产业链类型，而后采用江苏采掘和制造业数据，测算了其产业集聚度和相对竞争力指数，按产业链三种类型分别分析了区域产业集聚度与竞争力的关系，指出区域产业竞争力提升必须强调产业链条上各链环产业的集中度配比合适、发展协调，不能推动单个产业的所谓的跨越式发展，但产业链交叉链环有着较高的集聚度选择弹性；选择哪些产业链或交叉链环重点发展，取决于当地的资源禀赋、经济发展阶段等多重因素。杜龙政、汪延明和李石（2010）提出，全球化的发展使得产业链日益成为竞争的主要形式，公司治理已由企业治理、企业集团治理，发展到了产业链的治理。通过界定产业链的三种基本类型，即资源驱动型、市场主导型和技术主导型，提炼出资源、市场、技术、协调四种关键要素；然后在此基础上构建产业链治理的架构及三种基本治理模式，重点是产业链董事会和经营层的结构安排和机制设计，对其构成要素和运行机制进行了系统阐述。曾楚宏和王斌（2010）指出，产业链整合的本质是链中的节点企业在应用功能各异的先进信息技术和设备之后，为节约交易费用和追求最大化利润，通过一体化、外包或结盟等方式对其与上下游企业之间的交易关系进行调整而导致的产业链条结构重构，以最终实现产业创新和价值创造的总体目标。节点企业的信息化阶段不同，产业链的整合方式也具有差异性，后者随着前者的发展而表现出有规律的演进趋势。

袁静和毛蕴诗（2011）探讨了产业链上纵向交易治理机制的类型，从供应商的角度分析中国制造业纵向交易中不同交易治理机制的绩效差异。将纵向交易的治理模式分为强契约型、强关系型、契约关系并重型和契约关系俱弱型四种类型。对107家制造业供应商的问卷调查结果发现，交易契约条款越明确，供应商响应客户的灵活性和交易产出绩效越差；供应商越早介入客户的新产品开发过程，其能够获得越好的交易产出绩效。在四种治理机制类型中，采用契约关系并重型治理模式的供应商比采用其他三种治理模式的供应商能更好地响应客户需求及其变动，投入成本比采用契约关系俱弱型治理机制的供应商更低，但投资回报率、利润率等交易产出绩效却比采用强关系型治理模式的供应商更差。何玉成、张倩和杨光（2011）指出，外资通过并购以获得垄断势力，进而形成产业控制力是对东道国农业产业安全的最大威胁。现代农业已经演变成一个由许多纵向活动组成的产业链，外资并购任何一个环节以获得市场势力都能够控制整个农业产业链，从而威胁农业产业的安全。在农业产业链的每一个环节上，外资根据并购的难易程度和可以获得的控制力大小，理性地选择上下游控制点，表现出较强的策略性。外资在中国几个重要农业产业的并购活动已经形成了安全威胁，我们可以从企业的反并购策略和政府的政策调控及安全审查两个层次设计相应的应对方略。徐从才和盛朝迅（2012）在全球价值链演化逐渐从生产者驱动向采购者驱动的大趋势下，受分工深化、交换协同、价值创新和市场化、国际化、信息化等内外因素交织影响，在部分行业形成大型零售商主导产业链的格局和趋势，成为中国产业转型升级的重要方向。该文系统阐述这一现象产生的背景、动因和发展条件，并对未来大型零售商主导产业链可能出现的全产业链控制、关键环节控制、标准和核心技术控制等重点形式进行剖析。

刘志迎和李芹芹（2012）提出，链合创新是一种基于产业链的纵向合作创新，是企业降低研发风险和减少研发成本的重要形式。针对存在一个上游供应商和一个下游制造商的两层产业结构，分析比较了当下游企业进行技术创新时，上下游企业非合作创新和合作创新博弈形式下各企业的选择策略及利润函数。提出合作创新是一种双赢的策略，制造商与供应商都能获得比非合作情况下更多的利润，同时产业链系统达到有效帕累托最优。最后，用罗宾斯坦（Rubinstein）讨价还价模型来确定剩余利润的分配和创新费用的分担问题。刘志彪（2012）构建了一个基于"链"的分析框架，从产业链、价值链、创新链、服务链和生态链五个方面，寻求推动战略性新兴产业高端化发展的政策取向和措施。根据比较优势的变化逐步切入全球产品内分工的高端环节，利用内需市场吸收全球高级生产要素，促使企业从加入 GVC 逐步走向主导全球创新链，大力发展知识、技能和人力资本密集的服务产业链，成为金融危机后时期我国新一轮国家竞争战略的逻辑选择。刘冰、王发明和毛荐其（2012）指出，国内外研究产业升级问题通常有两种思路：一是产业结构调整论；二是价值链升级论。从全球价值链背后隐含的全球技术链出发，结合中国台湾地区半导体照明产业升级历程，剖析产业升级的路径和方式，提出基于全球技术链下的产业升级理论，并就中国的产业升级问题提出政策建议。李雪和刘传江（2020）指出了中国产业链面临的风险，从中短期来看，主要是因为新冠肺炎疫情引发的市场型断链和卡链；从长期来看，主要是新的"二元全球化"格局下以美国为首的西方国家行政和政治干预引发的超市场力量型断链和卡链。新冠肺炎疫情后，中国经济发展"复键"的阶段性目标是：短期内修复重启产业链，中期通过"六链并举"重构产业链，长期通过发展绿色创新泛产业链实现产业链现代化，即提高"平台型产业""血液型产业""大脑型产业""牵引型产业"这四大板块的"互嵌"支撑度与"融合"发展度。

3.2.2　产业链现代化

产业链现代化是当今全球产业竞争中的新现象，也是产业经济学研究必须高度重视的新问题。推进产业链现代化，就是要推进基础产业高级化、强化企业间技术经济联系、提高产业链与创新链、资金链和人才链嵌入的紧密度，以此构建现代产业体系（刘志彪，2019）。王晓红和郭霞（2020）通过分析我国产业链的优势与短板发现，我国制造业体系完备，产业链相对完整；产业配套能力强，区域产业集群快速发展；零部件国产化率不断提升，价值链逐步升级；技术创新能力持续提升，促进产业链自主可控。但是，我国产业链具有一定可替代性，体现在以中间品进口为主，核心关键技术高度依赖国外，加工贸易国内增值率下降。同时，综合要素成本上升、中美贸易摩擦、新冠肺炎疫情因素推动产业链外移值得重视，并以我国集成电路产业链为例进行具体分析。提出强化核心关键技术创新能力，提高产业链的韧性；以产业集群为抓手，提高产业链供应链的黏合能力；提高对外开放水平，构建互利共赢的内外资产业链、供应链和创新链体系；构建以数字经济为主导的产业链体系等。刘怀德（2020）指出，产业链现代化是当下政府、企业和学术界高度关注的问题，已经超越生产组织的层面，提高到关系核心竞争力、国家经济安全的高度。该文认为，产业链建设是经济社会发展到一定阶段的产物，是政府发展地方经济行为得到企业利益最大化行为的积极响应并形成良性互动，因而运用博弈论的方法，分析产业链布局的基本行为及其动力机制。在产业政策受到国内外前所未有的关注、改革呼声很高的背景下，我们不能沿袭传统的产业发展方式，必须跟踪全球产业链演变趋势，树立现代治理思想，运用现代化理念和机制，既要积极主动作为，又要科学合理操作，确保产业链的稳定性和竞争力。

杨丹辉等（2021）指出，推动中国全产业链优化升级不仅对建设现代化经济体系、促进高质量发展至关重要，也是形成以国内大循环为主体、国内国际双循环相互促进的新发展格局的必然要求。现阶段，无论是在战略性新兴产业发展方面，还是在传统产业能级提升方面，全产业链发展均面临着诸如关键核心环节缺失导致产业链自主可控能力不强，产业链内外循环链接能力较弱导致产业链网络节点地位较低，产业生态松散导致产业链协同效应难以发挥，产业链韧性不足等问题。刘志彪、凌永辉（2021）从发展战略性产业、培育主导产业、产业组织机制、产业生态环境保护、产业安全五个角度进行理解，通过实施内需主导战略、新型国家创新战略、高水平经济开放战略构建新的产业链，支撑国际合作和竞争新优势。其内在逻辑是：通过有效市场和有为政府的结合，在高水平开放中不断推进产业链现代化。在新发展格局下，重塑新的产业链，要在产业链管理的"链长制"建设、产业链集群建设、防灾备灾体系和能力建设、维护全球产业链的国际公共品属性等四个方面进行重点部署。

余东华、李云汉（2021）分析了数字技术、数字经济、数字文化和数字基础设施共同构筑产业发展的数字生态，为产业链与产业集群的"多重嵌入"和融合发展提供了动力和平台，产业链与产业集群相互嵌入构建了产业生态圈，产业生态圈与创新生态链融合发展，形成产业链群生态体系。产业链群生态体系是以数字生态为平台、产业生态为核心、创新生态为动力、环境生态为背景的一种新型产业组织形态，具有互补性与合作性、根植性与聚集性、竞争性与演化性、多样性与层次性、开放性与共生性等特征。大数据、工业互联网、人工智能等数字技术能够直接驱动链群组织变革和创新，也能够通过改变企业生态位、加快组织创新、影响组织环境等途径推动产业链群生态体系演化，增强产业组织的环境适应能力。加快数字技术研发和应用，推进产业和产业组织数字化转型，构建产业链群生态体系，能够增强企业竞争优势，提升产业链供应链现代化水平和自主可控能力，提高产业国际竞争力，实现产业高质量发展。张其仔（2021）从构成主体层面和结构层面对产业链供应链现代化水平提升的内涵进行了界定，提出提升产业链供应链现代化水平就是要使其更适应中国新发展阶段的要求、国际环境不稳定性不确定性增加的要求和新一轮技术变革的要求，为此，产业链供应链的现代化水平提升应包括创新能力更强、附加价值更高、更加可持续、更加数字化、更加安全可靠、更加公平、更加协调顺畅等维度。在分析既有产业链供应链升级类型基础上，该文从较为基础的层面将驱动产业链供应链现代化水平提升区分为终端需求驱动、要素供给驱动、区域产业布局驱动和融入全球产业分工体系驱动四大基本动力机制。

3.3　中国供应链及其治理研究

3.3.1　供应链结构

张钦等（2002）考虑一个含有一个供应商和一个零售商的整个供应链中，供应商在链中占据垄断地位，它不仅拥有零售商相关的成本信息，还有交货时间的决策权。在这种条件下，该文研究零售商和供应商的最优交货时间和最优订货周期问题，给出了近似的最优解，并用数值方法分析了对交货时间的控制给供应商和给零售商带来的益处和损失。叶广宇和蓝海林（2002）在分析产品需求特性的基础上，指出企业供应链的选择必须与其产品需求特性相适应，进而说明企业基本竞争战略选择与实施的前提首先是对产品需求特性进行明确定位，其次是必须有与此相对应的供应链，才能保证基本竞争战略的有效实施。吴育华、赵强和王初（2002）指出，供应链使企业间能通过共享彼此的供求信息大大降低企业的库存量和库存成本，并以最快的速度、最好的质量赢得市场。合理的供应链利益分配机制是供应链上的各企业以及供应链系统自身能够持续稳定发展的基础。通过对供应链库存效益进行量化研究，并且应用多人合作理论，采用 τ 值法给出了供应链库存效益分配模型。孙会君和高自友（2002）从供应链的集成和协作角度出发，提出了在多工厂、多分销商条件下二级分销网络生产计划制定的双层规划模型，模型考虑了二级网络中制造商和分销商之间的信息共享，从而降低了整个链上的费用。

鲁其辉和朱道立（2010）分析了一个包含单个供应商和单个制造商的供应链，研究了关于供应商的产品质量和市场需求的信息质量改进的战略联盟策略的设计，分析了成本共担策略能提高供应链绩效的条件及其对供应链的影响和价值。在供应链联盟中制造商参与到供应商的质量改进活动中，使供应商具有改进质量水平的激励，相应地使市场需求均值增加或使需求信息精度提高，供应商的期望收益比分散决策的供应链中的收益增加，当质量成本共担参数满足某些条件时，制造商也将获得比无战略联盟情况中更高的收益。张红、黄嘉敏和崔琰琰（2018）以一个制造商、一个零售商和政府组成的三级绿色供应链为背景，建立了考虑供应链参与者具有公平偏好、产品绿色度和政府补贴的四种绿色供应链博弈模型：制造商具有公平偏好的 Stackelberg 博弈模型、零售商具有公平偏好的 Stackelberg 博弈模型、制造商与零售商均为公平中性的 Stackelberg 博弈模型和集中决策模型，并对四种博弈模型中各个参数进行比较。研究表明，在只有零售商具有公平偏好的情形中，政府补贴能减弱零售商公平偏好特性对供应链的消极作用，使产品绿色度和社会福利提高到与制造商和零售商均为公平中性的情形相等；而在只有制造商具有公平偏好的情形中，产品绿色度、社会福利等参数仍受公平偏好特性影响；最后，在只有制造商具有公平偏好的 Stackelberg 博弈模型基础上，进一步建立了成本共担的收益共享契约下的博弈模型并进行数值仿真。

3.3.2 供应链治理

供应链管理作为一种现代化管理思想，对于提高企业物流、资金流和信息流的运行效率都具有重要意义（赵林度，2001）。覃汉松和欧阳梓祥（2002）研究指出，在现代供应链管理中，为了使整条供应链达到最优以获得更大的利益，必须对供应链进行整合，即需要多方之间的合作，而合作关系的建立和发展是以信任关系为基础的。很多著作都论述了这方面的内容，但鲜有著作论述信任关系的构筑问题。徐宏玲、马长海和李双海（2010）指出，随着跨国企业全球本地化将全球生产网络和全球社会网络延伸拓展到更具挑战的非市场环境之中，"中国供应链"概念越来越清晰并受到了世人的关注。该文采用结构主义分析方法，运用全球生产网络理论和非市场策略理论，在剖析跨国企业全球生产网络构成基础上，总结了跨国企业全球本地化的非市场化影响因素、低成本制造——选择核心服务伙伴——完善供应链演进路径及其政治、公众和社会责任等非市场策略机理，提出了跨国企业市场—非市场策略模型，为中国供应链整合提供了一个崭新的实践视角。王影、张纯（2017）指出，供应链治理是一个包含层级、规范、市场三种机制维度，约束调整供应链利益相关主体双边或多边关系的治理机制综合体，供应链治理的兴起是经营环境或组织结构变迁的映射。因切入视角不同，供应链治理的概念可大致分为结构观、行为观、制度观三类，三者间并非孤立存在，而是有机联系相互交叉。三种典型的供应链治理机制会同时存在于一个供应链系统，其治理结果取决于三种机制作用强度的差异。根据治理模式中各治理机制相对重要性程度的不同，可分为随机交易型、核心领导型、多元协作型三种类型。在随机交易型治理模式中，市场机制是主流供应链治理机制；在核心领导型治理模式中，层级治理机制的表现更加突出；在多元协作型治理模式中，尽管以规范机制为主导，但其他机制也有发挥余地。供应链治理模式的演化会受到各种因素的影响，并不存在普适路径，只能以随机交易型治理模式为起点，以交互式创新与供应链治理机制的因果反馈为脉络，总结出随机交易型到核心领导型供应链治理模式演化、核心领导型向多元协作型供应链治理模式迁移、核心领导型回转随机交易型供应链治理模式等几种典型的供应链治理模式演化路径。宋华、杨璇（2018）基于供应链风险管理的一般性框架，应当从结构、流程和要素三个维度来考虑供应链金融的风险管理问题，以有效应对不同来源的供应链金融风险，实现一定的融资绩效。其中，结构维度包括供应链网络结构和业务结构两个方面，流程维度包括收入自偿导向下的交易流程和垂直化的管理结构，要素维度包括全供应链网络的信息治理和融资企业的声誉资产化。构建一个整合的供应链金融风险管理框架，可以体现供应链金融风险对供应链金融绩效的影响，有助于从结构、流程、要素等维度对风险进行管理和控制。林梦、李睿哲和路红艳（2020）指出，供应链不仅成为国家产业竞争力的重要影响因素，更直接影响整个国民经济的平稳运行。欧美主要发达国家较早认识到供应链的重要作用，纷纷制定供应链国家战略，以提升产业竞争力、维护经济安全。通过梳理发达国家供应链的发展特征，以及实施供应链国家战略的主要经验做法，结合中国供应链发展现状，从制定供应链安全国家战略、提升制造业供应链竞争力、优化供应链发展政策等方面提出相关政策思考。

3.4　参 与 全 球 价 值 链 及 其 治 理 研 究

3.4.1　全球价值链嵌入

改革开放以来，中国凭借生产要素低成本的竞争优势，以加工贸易方式嵌入了全球价值链，成就了制造业的大国地位。但伴随着国内外经济形势的变化，中国不仅出现了产能的结构性过剩，而且人口红利也在逐步耗尽。当前中国制造业正面临发达国家"高端回流"和发展中国家"中低端分流"的现状（刘志彪和吴福象，2018）。

许和连、成丽红和孙天阳（2018）结合双边出口增加值核算与社会网络分析方法，将 1995 ~ 2011 年 40 个国家的服务贸易网络重新解构为四种增加值网络，分析不同服务业增加值网络的结构特征，检验了承接国在离岸服务外包网络中的角色和地位对其在服务业全球价值链网络中地位的影响及作用机制。发现承接国服务外包网络地位的提高促进了其在服务业各增加值网络中地位的跃升，且对返回的国内增加值网络影响更显著。离岸服务外包网络特征对服务业全球价值链网络地位的影响，因承接离岸服务外包要素密集度和社团结构的差异而呈现异质性。影响机制检验发现，生产率提高和技术外溢是一国离岸服务外包网络联系广度、强度及网络中心性影响其服务业网络分工地位的主要渠道。张会清、翟孝强（2018）发现，中国在全球价值链（GVC）中的国际竞争力主要体现在制造业部门，已经具备"制造强国"的基本特征，接近 GVC 的中上游位置。大多数国家都对中国市场形成了高度的依赖性，同时中国成长为全球中间品的最大供应国，在 GVC 中扮演着关键的"枢纽"角色。

唐宜红、张鹏杨和梅冬州（2018）利用行业层面双边出口的增加值分解数据，从增加值贸易视角研究了 GVC 嵌入对国际经济周期联动的影响。结果表明，GVC 嵌入是促进经济周期联动的重要因素。从行业层面上看，同行业和跨行业的 GVC 嵌入均具有显著的积极影响，但同行业嵌入对国内增加值存在明显的"挤出效应"，而服务业与制造业的相互嵌入对经济周期联动的促进作用较大；从区域层面上看，欧盟、北美的区域内价值链以及欧盟、北美和亚太相互之间的区域间价值链嵌入程度较高，对经济周期联动的影响较大；从国别层面来看，垂直一体化程度最高的"南北国家嵌入"对经济周期联动影响最大。此外，对中国经验的考察也发现了 GVC 嵌入对经济周期联动总体上具有积极影响。诸竹君、黄先海和余骁（2018）在扩展的李和唐（Kee and Tang, 2016）模型框架下，分析进口中间品质量对企业出口国内增加值率（DVAR）的静态影响和动态效应。静态条件下进口中间品质量与企业出口 DVAR 负相关，其通过自主创新产生"加成率效应"和"相对价格效应"动态改进企业出口 DVAR。在此基础上，该文利用中国工业企业数据、海关数据和专利数据对理论假说进行了实证检验，发现进口中间品质量静态下与企业出口 DVAR 显著负相关，动态下全样本效应为负，一般贸易不显著，而加工贸易显著负相关；研发行为对一般贸易进口中间品质量的动态影响具有调节效应，较高研发程度的企业该效应显著为正；对影响渠道的检验发现，创新对企业出口 DVAR 作用的显著中介变量是加成率和相对价格；进一步分析发现，更高的显性比较优势、更低的与技术前沿差距和更优的省份市场化指数对创新活动具有明显的正向调节效应。上述结论表明，推动进口政策由出口导向向创新导向升级是建设更高全球价值链地位下贸易强国的有效途径。吕越、陈帅和盛斌（2018）基于 2000～2006 年的《中国知识产权数据库》《中国工业企业数据库》和《中国海关数据库》的高度细化合并数据，考察制造业企业嵌入全球价值链是否以及如何影响研发创新行为的问题。发现嵌入全球价值链对企业研发创新行为具有显著的抑制作用，对外资企业、加工贸易企业以及高技术企业的作用尤其明显。进一步，该文从技术外溢的过度依赖、技术吸收能力以及发达国家的"俘获效应"等三个角度，探究企业嵌入价值链没有产生预期的技术升级效应的原因。同时，该文还以中国加入 WTO 的外生冲击构建因果识别机制，采用双重差分法考察不同价值链嵌入程度企业的自主研发行为，发现在考虑 WTO 冲击后价值链嵌入仍然对制造业企业研发行为存在显著的抑制作用，且该效应对高价值链嵌入度企业的抑制作用呈现逐年递增的趋势。实现中国制造的价值链攀升，须不断提升企业自身的技术吸收能力，引入外部竞争机制以及更深度地参与国际经贸规则的全球治理。

3.4.2　全球价值链治理

杜宇玮和周长富（2012）指出，以代工模式嵌入全球价值链是后进国家实现工业化的有效战略和重要途径，但可能因锁定效应而不利于经济可持续发展与产业升级。该文首先从投入、需求与功能三个维度将代工产业的锁定效应分解为要素锁定效应、市场锁定效应和价值链锁定效应，进而利用 2001～2008 年中国制造业分行业面板数据，实证研究了国际代工模式下不同要素密集型产业的锁定效应。结果显示，劳动密集型制造业表现出要素锁定效应和市场锁定效应，资本密集型、技术密集型制造业则兼具上述三种锁定效应；外资代工促成了劳动密集型制造业的锁定效应，全球价值链分工因素对资本密集型制造业具有"双刃剑"作用，对技术密集型制造业则具有显著的锁定效应；工资水平对劳动密集型制造业的锁定效应具有显著影响，资本密集型制造业的锁定效应与工资水平、规模经济和创新强度显著相关，技术密集型制造业的锁定效应则受到创新强度和外部制度因素的显著影响。该文结论意味着不同类型的产业升级应当采取差异化的政策措施。马晓东、何伦志（2018）在测算"一带一路"沿线国家 1995～2015 年全球价值链嵌入度和产业结构水平的基础上，运用面板数据回归的固定效应与 2SLS 方法、PCSE 方法和时间序列数据处理的异方差自相关稳健的 Newey-West 方法，从沿线国家整体、划分四个区域和单独每个国家三个层面，探讨融入全球价值链能否促进产业结构升级。发现，从"一带一路"沿线国家整体层面来看，融入全球价值链并不能促进产业结构升级；分区域来看，仅中国所属的东亚、东南亚区域融入全球价值链能促进产业结构升级，其他三个区域都不能；具体到每个国家，"一带一路"沿线有 8 个国家融入全球价值链能显著地促进产业结构升级，10 个国家不能，其余国家融入全球价值链对产业结构升级的作用则不显著。潘文卿、李跟强（2018）利用包含中国不同区域的跨国投入产出表，从增加值供给与需求的双重视角考察在参与国家价值链（NVC）与全球价值链（GVC）的过程中，中国各区域之间以及它们与亚太各经济体的增加值互动关系，并从增加值绩效角度分析中国各区域参与 NVC 和 GVC 的增加值收益。基于对包括中国不同区域在内的亚太各区域出口增加值构成的完全分解，该文发现中国各区域在增加值地域分布上表现出明显的"向极性"。同时，中国内陆对沿海地区在增加值供求上的"礼尚往来"特征显著，沿海地区则对美国和日本而非对内陆地区在增加值供求上具有更为明显的"礼尚往来"特征。在参与价值链的增加值收益上，NVC 高于 GVC；在参与 NVC 的增加值收益率上，内陆区域基本都高于沿海区域，而在参与 GVC 的增加值收益率上则是沿海地区高于内陆地区；中国各区域参与价值链带来的增加值收益大部分来自参与本区域价值链；参与 NVC 以及 GVC 对中国各地区带来的增加值收益特征呈现与增加值供求特征的高度契合性，表明紧密的增加值供求关系可以更大程度地实现贸易双方的互利共赢。

李敦瑞（2018）在技术进步和设施联通的条件下，以全球价值链为主导的要素转移成为当前产业转移的主要特征。近年来，随着全球新科技革命的兴起，国内外产业转移呈现新趋势，并从优化要素供给、推动基础设施建设与互联互通、催生跨国企业、促进政府营造更加适应经济全球化的制度环境、推动社会治理创新等方面发挥对全球价值链地位的提升作用。在我国从"经济大国"迈向"经济强国"的过程中，应顺应技术潮流和经济发展趋势，依托产业转移，发挥其在构建国家价值链和"一带一路"大区域价值链中的作用，积极参与全球经济治理体系建设，着力培育高端要素，从而助推我国产业迈向全球价值链中高端。黄鹏、汪建新和孟雪（2018）指出，随着以全球价值链深化为特征的世界经济发展过程中各国收益不平衡的积累，美国以税改为起点启动了"再平衡"战略，并与中国发生大规模贸易摩擦。该文从经济全球化"再平衡"背景下中美经贸关系调整和基于全球价值链评估中美贸易摩擦的新视角出发，选取全球贸易分析模型（GTAP）并将其数据库加以更新，在中美两国已公布实际产品清单的基础上，详细分解了美国税改背景下中美贸易摩擦对两国乃至主要贸易伙伴全球价值链活动的影响效应，最终将解决问题的根本策略落脚在对经济全球化"再平衡"的中长期应对上。该文发现，全球价值链在中美贸易摩擦中起到了缓冲作用，但随着摩擦规模的扩大，中国受到的负面影响将会叠加。而作为美国"再平衡"的基石，税改是可能改变经济全球化进程的重要因素，而且美国的后续措施将是一个系统的"一揽子"方案。建议中国应基于全球价值链加强自贸区建设以寻求新的价值链闭合，并在继续深化内部经济结构调整的同时在加强知识产权保护等方面做好中美经贸关系调整的长期准备。针对上述建议进行的模拟分析表明，新的自贸区构建和加强知识产权保护不仅能够缓解中美贸易摩擦对中国的负面影响，而且能够形成新的增长点，促进中国经济增长。余振、周冰惠、谢旭斌和王梓楠（2018）通过三国模型从行业收益角度分析了全球价值链地位以及参与度的提升对贸易摩擦的影响，发现中国参与全球价值链重构对其自身遭遇的贸易摩擦有"催化剂效应"和"润滑剂效应"。基于2000～2014年TTBD与WIOD匹配的制造业数据，该文通过实证分析发现，中国与贸易伙伴在某行业全球价值链中分工地位越接近，中国与该贸易伙伴发生贸易摩擦的频率越高，体现在相关行业的贸易摩擦数量越多；中国某行业的相对全球价值链参与度越高，该行业的相关贸易摩擦越容易得到解决，体现为贸易摩擦的持续时间越短。将以上结论放在中美贸易摩擦的分析中也同样适用。因此，随着中国制造业在全球价值链上的赶超与攀升，中国与美国贸易摩擦的加剧有着内在的必然性，并且这个摩擦将呈现常态化、长期化、复杂化的趋势。对于中国而言，需要冷静对待参与全球价值链重构的"催化剂效应"，并重视参与价值链重构的"润滑剂效应"，保持自身的改革与开放战略定力，借助外力坚定不移地深化改革，继续提升自身在全球价值链中的地位。与此同时，积极参与国际经济规则的制定与完善，建立和完善政府的应对机制，构建国际贸易摩擦的企业应对体系，积极主动地应对国际贸易摩擦。

第4章 中国产业链竞争力：网络视角

4.1 研究背景

　　改革开放以来，中国凭借生产要素低成本优势，积极融入发达国家主导的全球产业链，成为制造业大国。但随着国内外经济形势的变化，近年来中国制造业正承受着发达国家"高端回流"和发展中国家"中低端分流"的双重压力，面临激烈的全球产业链竞争。而突如其来的新冠肺炎疫情给全球经济社会发展带来了前所未有的冲击，对全球产业链的竞争与稳定性也产生了巨大影响。2020年4月17日，中共中央政治局会议提出"六稳"和"六保"，其中一条就是保产业链供应链稳定。而保产业链供应链的稳定，就是要确保中国企业能够长期发展，减少对国外进口的依赖，防止在关键时期被国外的供应链"卡脖子"，由于其中的某一环节受制约导致整个供应链的瘫痪。所以我们必须通过内生技术的发展突破"卡脖子"问题，以内为主参与国际大循环，逐步解决我国经济内循环中存在的供给不匹配高层次需求，外循环中存在的制造业处于产业链低端、附加值低等问题。2020年5月14日，中共中央政治局常务委员会召开会议，明确指出，要从供需两个方面入手，通过深化供给侧结构性改革和发挥超大市场优势刺激内需，构建国内国际"双循环"相互促进的新发展格局。在新时期中国要取得技术创新优势，加大技术进步和获取竞争优势的实质性创新（陈永丽、李秋坛和陈欢，2020），必须要以国内市场作为广阔的大后方，"牢牢扭住扩大内需这个战略基点"进行"补短板、锻长板"的产业链升级，在补上中国经济产业链弱项的基础上，继续做大做强我国具有一定优势的产业，使其在全球产业链中所处的位置从下游逐渐向中上游发展并向高附加值两端延伸。尤其是在全球贸易环境恶化的背景下，只有以国内大循环为主体，国际国内双循环相互促进，重点攻克国内技术薄弱环节，通过全球生产网络以及国内融合发展的交互合作实现制造业产业升级，才能实现产业链和供应链的长期稳定。而事实上，保产业链供应链的稳定，最主要的就是保制造业的产业链供应链的稳定，稳步巩固和提升中国制造业在全球生产网络中的产业链竞争力。因此，研究全球生产网络下中国制造业的产业链竞争力具有重要的现实意义。

产业链竞争力，实际上就是指一国在全球产业链中的国际竞争力或国际分工地位（Criscuolo and Timmis，2018）。在全球价值链分工背景下，国际贸易规模和出口行业结构等传统方法难以评判一国的产业链竞争力（黎峰，2015；刘艳、王诏怡和李健欣，2020）。对此，部分文献从出口复杂度视角提出一国出口复杂度越高、产业链竞争力就越强（李小平、代智慧和彭书舟，2018），但该指标计算使用的大多是未剔除进口中间投入价值的出口数据而难以避免"统计假象"问题。近年来，随着全球投入产出数据的开发和附加值贸易测算方法的出现，库普曼等（Koopman et al.，2012）提出用 GVC 地位指数来衡量产业链竞争力，被国内学者广为接受和使用（王岚，2014；杨仁发和刘勤玮，2019）；安特拉斯等（Antràs et al.，2012）提出用上游度指数衡量一国产业链竞争力，也被国内不少文献引用（王金亮，2014）。但 GVC 地位指数和上游度指数主要关注的是一国（地区）在全球价值链而非全球价值网中的位置，忽略了价值网中各节点之间的相互关联，而且 GVC 地位指数和上游度指数都强调一国（地区）产业越处于全球产业链的上游，附加值就越高，其产业链竞争力就越强。然而，处于全球产业链上游环节的国家（地区）产业链竞争力并不一定都很强，处于全球产业链中下游的国家（地区）也有可能凭借配套齐全的产业体系和大规模装配制造能力而拥有较强的产业链竞争力（倪红福，2019）。因此，判断一国（地区）的产业链竞争力高低，不能仅依据其在全球产业链的上下游位置。近年来，美国等发达国家正因为意识到仅重视研发设计等上游环节而忽略装配制造等中下游环节而导致制造业"空心化"和产业链竞争力下降的问题，纷纷采取"再工业化"和制造业回流等举措，希望由此重振制造业和提升产业链竞争力。近年来，国外有一些学者利用网络分析方法研究发现，与其他企业或行业具有高度投入产出关联的少数企业或行业对一国总体经济波动具有很大的影响力（Acemoglu et al.，2012），并提出了一个特别的测度企业或行业在一国产业链中影响力的方法——博纳奇－卡茨特征向量中心度（Bonacich-KatzEigen vector centrality），该方法既可测度企业或行业在一国产业链中作为上游供应商的影响力，还可测度其作为下游购买方的影响力。克里斯库洛和蒂米斯（Criscuolo and Timmis，2018）提出把该方法与全球投入产出数据相结合，来测度一国在全球产业链中的位置，即产业链竞争力，可同时分析一国在全球产业链中作为上游供应商和下游购买方的影响力。

总之，现有文献大多侧重于从价值链环节来研究一国产业链竞争力，认为一国某产业越处于全球价值链上游环节，其产业链竞争力就越强。而本书认为与 GVC 地位指数和上游度指数相比，中心度指标可更为全面客观地评价一国的产业链竞争力，但克里斯库洛和蒂米斯（2018）并没有对中国的产业链竞争力进行具体测算。因此，本章借鉴阿西莫格鲁（Acemoglu，2012）、克里斯库洛和蒂米斯（2018）等的研究，首次运用网络分析方法测算中国制造业的产业链竞争力以及演变趋势并进行国际比较，进而分析中国制造业产业链竞争力巩固和提升面临的主要问题，希望找到提升中国制造业产业链竞争力的对策建议。

4.2 研究方法和数据来源

4.2.1 研究方法

与以往文献不同，本书从网络视角重新界定一国或地区产业链竞争力的内涵，认为一国或地区（产业）是全球生产网络中的节点，各国（产业）之间的投入产出关系是网络的结（边），一国或地区的产业链竞争力本质上就是该国或地区（产业）作为一个节点在全球产业链中的影响力和控制力。因此，一个节点在全球生产网络中占据的结构洞越多，与其他节点之间的直接与间接投入产出关联程度就越高，该节点的影响力与控制力就越大，其产业链竞争力就越强。因此，本章借鉴克里斯库洛和蒂米斯（2018）的方法，基于网络分析方法的博纳奇－卡茨特征向量中心度指标，测度中国制造业在全球产业链上的中心度，以此来衡量中国制造业的产业链竞争力，然后根据各制造行业的生产份额加权得到中国制造业整体的产业链竞争力。其中，产业链竞争力即中心度的具体计算公式见式（4－1）～式（4－3）。

$$CB = \eta (I - \lambda W^T)^{-1} l \qquad\qquad (4-1)$$

$$CF = \eta (I - \lambda W^T)^{-1} l \qquad\qquad (4-2)$$

$$C = (CB + CF)/2 \qquad\qquad (4-3)$$

其中，CB、CF 和 C 分别表示后向中心度、前向中心度和总中心度，本章以总中心度来衡量一国或地区的产业链竞争力。W 是全球中间投入系数矩阵，w^T 为 W 的转置矩阵，I 是对角元素为 1、其余元素为 0 的单位矩阵，其行数与 W 相同。η 和 λ 分别是反映规模因素和间接投入产出关联的参数，本章参照阿西莫格鲁等（2012）以及克里斯库洛和蒂米斯（2018）的处理方法，η 和 λ 取值皆为 0.5。

4.2.2　数据来源

按照以上方法计算一国或地区的产业链竞争力，需要用到全球投入产出数据。鉴于目前 WIOD 数据库只统计到了 2014 年及以前的投入产出数据，因此本章使用亚洲开发银行（ADB）编制的世界投入产出表来测算一国（或地区）在全球生产网络中的产业链竞争力，该产出表提供了 2020 年及以前年份62 个国家（地区）的 35 个行业（包括 15 个制造行业和 20 个其他行业）之间中间投入与最终产品的进出口贸易数据，可为我们测算各国（地区）制造业的产业链竞争力提供翔实数据，本章选取 2015～2020 年的亚洲开发银行投入产出数据以测算各国（地区）制造业的产业链竞争力。

4.3　全球生产网络下中国制造业产业链竞争力的测度与国际比较

4.3.1　中国制造业整体产业链竞争力的变化趋势

图 4 - 1 是依据前面提到的方法计算出的 2015 ~ 2020 年中国制造业[①]整体的前向中心度、后向中心度和总体中心度的变化趋势而绘制出来的趋势图。从图 4 - 1 可以看出：（1）中国制造业整体的全球产业链竞争力自 2015 年以来总体呈上升趋势。具体来说，中国制造业的总中心度在 2015 ~ 2020 年整体上升的趋势较为平缓，从 2015 年的 1.347 上升到 2020 年的 1.443，增幅为 7.13%，每年平均增幅为 1.43% 左右，说明中国制造业整体在全球生产网络中的产业链竞争力在这五年内稳定上升，这与我国在近几年提出的稳步发展经济的方针政策相吻合，将经济发展方式从高速发展转向高质量稳步发展政策取得显著成效。（2）中国制造业整体的产业链竞争力的整体地位主要归功于前向中心度的提高。由图 4 - 1 可发现，中国制造业整体的前向中心度和后向中心度 2015 ~ 2020 年呈现基本相同的增长趋势，其中前向中心度指数呈现逐年稳步上升的趋势，除了 2019 年由于新冠肺炎疫情造成的巨大经济冲击使中国乃至全球的经济下滑，从而使产业中心度指数有小幅度的下降。由于防控得力，这种下降只是小幅度的，仅变化了不到 0.04 个百分点；后向中心度也变化较小，在 0.80 ~ 0.81 小幅波动，2020 年与 2015 年相比仅变化了不到 0.5 个百分点。因此，中国制造业整体的总中心度数值大小和变化趋势主要取决于前向中心度，受后向中心度影响相对较小。2015 ~ 2020 年，中国制造业在全球生产网络中的产业链竞争力的总体地位主要归功于制造业在全球产业链中作为上游供应商（即中间品出口方）的影响力。

---

① 这里统计的中国制造业数据仅包括中国大陆。

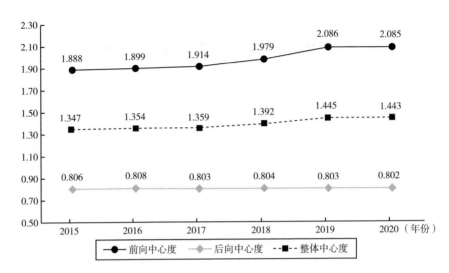

图 4－1　中国制造业整体的中心度指数（2015～2020 年）

资料来源：笔者计算所得。

4.3.2　制造业整体产业链竞争力的国际比较

　　仅从中国制造业中心度指数的变化趋势可能还不足以说明中国制造业产业链竞争力的真实变动情况，因为在中国制造业中心度指数提高的同时，其他经济体的制造业中心度指数或许也在提高。我们只有经过国际比较，才可以正确评判一个经济体的制造业在全球产业链中竞争力的强弱。因此，为更好地认识中国制造业中心度指数的真实变动趋势以及其现实的产业链竞争力，本章将对中国制造业中心度指数与其他经济体进行比较分析。限于篇幅，本章难以将中国与世界投入产出表中其他 62 个样本经济体的制造业中心度指数及排名在整个样本期间的各个年份都进行比较，为此本章选取 2020 年制造业整体中心度指数排名前二十位的经济体在 2015 年和 2020 年这两个年份的制造业中心度指数及其全球排名情况作对比，具体结果见表 4－1。

表 4 - 1　　　　　　　　　主要经济体的制造业整体中心度指数及排名

经济体	2020 年		2015 年		经济体	2020 年		2015 年	
	中心度	排名	中心度	排名		中心度	排名	中心度	排名
中国	1.443	1	1.347	1	中国台湾	0.837	11	0.835	10
德国	1.074	2	1.129	2	日本	0.833	12	0.883	6
俄罗斯	0.957	3	0.936	4	新加坡	0.808	13	0.816	12
美国	0.914	4	0.894	5	马尔代夫	0.775	14	0.664	50
泰国	0.882	5	0.866	7	西班牙	0.775	15	0.827	11
韩国	0.861	6	0.950	3	菲律宾	0.772	16	0.770	18
不丹	0.859	7	0.663	51	吉尔吉斯斯坦	0.767	17	0.686	43
印度	0.857	8	0.836	9	法国	0.766	18	0.777	14
意大利	0.851	9	0.854	8	瑞士	0.762	19	0.754	22
马来西亚	0.845	10	0.771	17	英国	0.756	20	0.776	15

资料来源：笔者计算所得。

　　由表 4 - 1 的计算结果可知，不同经济体制造业的中心度指数即产业链竞争力存在很大差异，具体而言：（1）中国制造业整体的产业链竞争力很强，稳居世界首位。2015 年和 2020 年中国制造业的总体中心度都稳居全球第一，这说明中国作为制造业生产和出口大国，制造业整体在全球产业链中的影响力和控制力稳居全球前列。这诱发欧美等发达经济体近年来提出"再工业化"和制造业回流等举措，希望借此重振制造业和提升产业链竞争力，重振本国制造业。（2）虽然具体的排名有些许变化，但是中国、美国、俄罗斯和德国作为工业制造大国，制造业中心度依然保持在前五之列。同时值得注意的是，某些发达经济体的产业竞争力有所下降，例如：韩国的产业链竞争力排名从 2015 年的第 3 名下降到 2020 年的第 6 名，日本的从 2015 年的第 6 名下降到 2020 年的第 12 名。（3）发展中经济体的制造业在全球产业链中的竞争力不断提升。2020 年制造业中心度指数排名前二十的经济体中，发达经济体（包括美国、德国、韩国、意大利、日本、新加坡、西班牙、法国、瑞士、英国）和发展中经济体（包括中国、俄罗斯、泰国、不丹、印度、马来西亚、中国台湾地区、马尔代夫、菲律宾、吉尔吉斯斯坦），这说明发展中经济体的制造业产业链竞争力与发达经济体差距越来越小，而且与 2015 年相比，2020 年大部分发展中经济体排名都比较靠前，尤其是中国连续稳居全球第一。（4）亚洲经济体的制造业在全球产业链中的竞争力越来越强。在全球排名前二十的经济体中，亚洲地区占了 10 个，包括东亚的中国、韩国、中国台湾地区和日本，东南亚的马来西亚、新加坡、泰国，南亚的印度和不丹，以及中亚的吉尔吉斯斯坦，这充分说明亚洲尤其是东亚和东南亚地区的制造业在全球产业链中的影响力越来越大。

4.3.3 主要制造业大国的产业链竞争力比较

在 2020 年制造业整体中心度指数排名前二十位的经济体中，与排在前五位的中国、德国、俄罗斯、美国、泰国等主要制造业经济体相比，其他经济体的制造业规模相对小很多。因此，对这五个制造业大国的中心度进行细致比较，对我们评判中国制造业在全球产业链中的竞争力可能更具有现实意义。表 4-2 展现了 2015~2020 年中国、美国、德国、俄罗斯、泰国等五个经济体的制造业整体中心度指数，由表 4-2 不难发现，除了德国的制造业中心度指数下降了 4.8% 左右，其他四个经济体制造业整体的中心度指数均呈现整体上升的趋势。其中，2015~2020 年这五年期间，各国中心度指数均稳步上升，但变化率最大的中国这五年的增长率为 7.1% 左右，变化最小的泰国五年的增长率仅为 1.8% 左右。说明这几年内，全球主要经济体的制造业发展趋势都较为平缓，全球经济进入了相对平稳发展阶段。

表 4-2　　五个主要制造业大国的整体中心度指数（2015~2020 年）

国家	2015 年	2016 年	2017 年	2018 年	2019 年	2020 年
中国	1.347	1.354	1.359	1.392	1.445	1.443
德国	1.129	1.117	1.131	1.076	1.056	1.074
俄罗斯	0.936	0.893	0.942	0.979	0.997	0.957
美国	0.894	0.895	0.899	0.961	0.943	0.914
泰国	0.866	0.866	0.875	0.855	0.896	0.882

资料来源：笔者计算所得。

为了更加细致地比较分析这五个制造业大国的产业链竞争力，本章接下来计算了制造业细分行业的中心度指数以及全球排名，具体见表 4 – 3。由表 4 – 3 我们可发现，各国细分制造行业的中心度即产业链竞争力存在很大差异，具体来说：（1）中国大部分制造行业的产业链竞争力很强，但部分高技术制造业①竞争力还有待进一步提升。在 15 个制造行业中，中国有 12 个行业的中心度指数均排名全球第一，产业链竞争力很强，但其他运输设备制造业和电气设备制造业这两个高技术制造行业以及焦炭和精炼石油产品业这个资源密集型行业的中心度排名稍微靠后，产业链竞争力仍需进一步提升。（2）德国大部分行业尤其是中高技术制造业的产业链竞争力较强。在高技术制造行业中，德国的电气设备制造业排名第六位，排名稍微靠后，但其他高技术行业的中心度都很高，产业链竞争力很强，德国的其他运输设备制造业排名全球第一，化学产品制造业、电子和光学设备制造业以及机械设备制造业均排名全球第二。在中低技术制造行业中，德国除了食品、饮料和烟草业、皮革与皮革制品业、焦炭和精炼石油产品业这三个行业中心度的排名比较靠后以外，其他行业的中心度排名均比较靠前。（3）俄罗斯资源密集型制造行业拥有很强的产业链竞争力。俄罗斯在焦炭和精炼石油产品业这个典型的资源密集型行业的中心度排名是世界第二，产业链竞争力很强；在基本金属制造业和电气设备制造业这两个具有一定资源密集型特征的行业也具有较强的竞争力，中心度排名比较靠前，分别排名世界第三和世界第二，但俄罗斯其他行业的中心度排名均比较靠后，尤其是纺织产业、皮革与皮革制品业及纸制品和印刷业的排名均不在全球前二十之列，产业链竞争力不高。（4）美国部分高技术制造业的产业链竞争力很强，但大部分制造行业尤其是中低技术制造业的产业链竞争力并无优势。在高技术制造行业中，美国的化学产品制造业、机械设备制造业、电器和光学设备制造业以及其他运输设备制造业的中心度指数排名均位于全球前五之列，产业链竞争力很强。在中低技术制造行业中，美国

---

① 其中，低技术制造业包括：食品、饮料和烟草业，纺织产业，皮革与皮革制品业，木材及软木制品业，纸制品和印刷业等 5 个行业；中技术制造业包括：焦炭和精炼石油产品业、橡塑制品业、其他非金属矿产品业、基本金属制造业和制造业回收利用等 5 个行业；高技术制造业包括：化学产品制造业、电子和光学设备制造业、电气设备制造业、机械设备制造业和其他运输设备制造业等 5 个行业。

在食品、饮料和烟草业、纸制品和印刷业以及橡胶和塑料制品业等三个行业的中心度指数也比较高，排名也均在前五之列；在纺织产业、皮革与皮革制品业、木材及软木制品业、其他非金属矿产品业等行业的中心度排名比较靠后，产业链竞争力不强。（5）泰国整体制造业处于全球中上游水平，其排名靠前的原因是其整体产业分布比较均匀。其中可以看到，其焦炭和精炼石油产品业、其他非金属矿物产品业和基本金属制造业在全球排名均比较靠前，分别排名全球第一、第二和第四。但其机械设备制造业、电子和光学设备制造产业、其他运输设备制造业以及电气设备制造业等高技术产业排名比较落后，有待提高。

表 4 - 3   2020 年五个主要制造业大国细分制造行业的中心度指数及排名

行业	中国		德国		俄罗斯		美国		泰国	
	中心度	排名	中心度	排名	中心度	排名	中心度	排名	中心度	排名
食品、饮料和烟草业	1.078	1	0.789	7	0.728	20	0.834	3	0.754	14
纺织产业	1.518	1	0.757	5	0.630	29	0.673	11	0.710	9
皮革与皮革制品业	0.861	1	0.648	10	0.618	34	0.610	46	0.624	24
木材及软木制品业	0.866	1	0.744	3	0.729	4	0.694	11	0.626	47
纸制品和印刷业	1.003	1	0.879	3	0.693	24	0.776	5	0.614	56
焦炭和精炼石油产品业	1.145	3	0.843	13	1.308	2	0.963	6	1.318	1
化学产品制造业	1.693	1	1.392	2	0.909	7	1.271	3	0.734	24
橡胶和塑料制品业	1.438	1	0.951	3	0.699	17	0.794	4	0.706	15
其他非金属矿产品业	0.908	1	0.735	4	0.695	10	0.672	18	0.807	2
基本金属制造业	1.954	1	1.303	2	1.206	3	1.010	8	1.132	4
机械设备制造业	1.197	1	1.082	2	0.678	19	0.857	4	0.646	31
电子和光学设备制造业	1.988	1	1.051	3	0.704	16	0.857	5	0.648	32
其他运输设备制造业	0.982	3	1.226	2	0.754	11	1.084	2	0.674	27
制造业回收利用	0.873	1	0.681	5	0.636	21	0.653	15	0.664	8
电气设备制造业	0.920	3	0.865	6	1.012	2	0.586	61	0.761	26

资料来源：笔者计算所得。

4.4　进一步提升中国制造业产业链竞争力面临的主要问题

前面对中国制造业产业链竞争力的测度与国际比较表明，2020 年中国制造业整体以及大部分细分行业的中心度指数排名全球第一，具有很强的产业链竞争力；高技术制造业的中心度指数排名靠前且不断提升，产业链竞争力也较强。然而，在目前中美贸易争端未根本扭转，部分发达国家发起的"逆全球化"国际背景下，中国制造业在全球产业链中竞争力的巩固和进一步提升面临很大的挑战：一方面，高技术制造业的关键核心技术和零部件高度依赖进口，易被其他国家"卡脖子"；另一方面，中低技术制造业向外转移的压力不断加大。

4.4.1　高技术制造业的关键核心技术和零部件高度依赖进口

尽管中国有几个高技术制造业中心度的全球排名比较靠前，甚至部分行业排名全球第一，但几乎所有高技术制造业的关键核心技术和零部件都高度依赖进口，这就使得在关键时期很容易被国外供应链"卡脖子"。其中，2020年中国电子和光学设备制造业的产业链竞争力排名全球第一，这说明我国该产业整体规模很大，产业链配套不断完善，在全球产业链中的影响力不断提升。但是，在该产业最重要的细分集成电路领域，尤其是在诸多核心集成电路如服务器微处理器（MPU）、个人电脑 MPU、现场可编程门阵列（FPGA）、数字信号处理（DSP）等领域，90% 的芯片依赖进口，自给比例仅为 10% 左右（见表 4 - 4），每年进口额超过 2000 亿美元[①]。此外，中国其他运输设备制造业排名为全球第三，在所有高技术制造业中排名最靠后，这表明与美国等发达国家相比，该产业无论是规模还是核心技术还不具备压倒性竞争力。以航空制造业为例，中美军用飞机与民用飞机存在巨大差异，而制约我国航空发

---

① 资料来源：《中国统计年鉴》。

展的主要因素之一是关键核心零部件——航空发动机的自主创新能力不强，新研制动力进程缓慢，现有发动机难以满足飞机日益增长的动力需求，动力多依靠进口。

表 4 – 4 核心集成电路领域的国产芯片占有率

系统	设备	核心集成电路	国产芯片占有率（%）
计算机系统	服务器	MPU	0
	个人电脑	MPU	0
	工业应用	MCU	2
通用电子系统	可编程逻辑设备	FPGA/EPLD	0
	数字信号处理设备	DSP	0
通信设备	移动通信终端	应用处理器	18
		通信处理器	22
		嵌入式 MPU	0
		嵌入式 DSP	0
	核心设备网络	NPU	15
内存设备	半导体储存器	DRAM	0
		NAND 快闪	0
		NOR 快闪	5
		图像处理器	5
显示视频系统	高清电视/智能电视	显示处理器	5
		显示驱动	0

资料来源：《中国统计年鉴》。

中国在芯片等高技术制造业的关键核心技术和零部件领域高度依赖进口的主要原因，是在集成电路等核心产业链环节缺少足够和长期的资本与研发投入（任泽平，2018）。一块小小的芯片集成了数十亿个晶体管，需要经历数百步工艺过程，任何一个步骤都需要经过漫长的研发、尝试与积累。这个过程需要在关键设备与原材料供应领域率先实现突破，这些都需要长期大量的资本和研发投入。而中国在这些关键领域的资本和研发投入与美国相比存在很大差距。2019 年美国芯片巨头英特尔研发支出达到 134 亿美元，高通、英伟达等芯片设计企业将 20% 左右的销售收入用于研发；而国内该领域的领军企业华为海思和联发科 2019 年研发投入仅为 24 亿美元左右。在航空航天领域，研发投入也不够，相关费用仅为美国的 1/8，这使得许多工作做得不深入不彻底，关键技术难以突破（任泽平，2018）。

4.4.2　中低技术制造业向外转移的压力不断加大

2020 年除焦炭和精炼石油产品业以外，中国其他中低技术制造行业的中心度都居全球第一位，具有很强的产业链竞争力。这是因为经过 40 多年的改革开放，中国已发展成为世界工厂，大部分中低技术制造业具有配套齐全的产业链和庞大的产业规模，在全球产业链中具有很强的影响力和控制力。然而，随着国内外经济形势的变化，近年来中国面临越南、印度等其他发展中国家的竞争压力，中低技术制造业向外转移的压力越来越大。据《中国对外直接投资统计公报》显示，2011 ~ 2019 年中国对印度尼西亚、越南、马来西亚、老挝等东盟主要发展中经济体直接投资逐年增加，对南亚的孟加拉国、印度等直接投资也是不断上升（见表 4 - 5），这说明中国制造业尤其是中低技术制造业的产业链正逐步向其他发展中经济体转移。

表 4 - 5　　中国对东盟及南亚主要发展中经济体直接投资额（2011 ~ 2019 年）

单位：亿美元

经济体	2011 年	2012 年	2013 年	2014 年	2015 年	2016 年	2017 年	2018 年	2019 年
印度尼西亚	5.92	13.61	15.63	12.72	14.51	14.61	16.82	18.65	22.23
马来西亚	0.95	1.99	6.16	5.21	4.89	18.30	17.22	16.63	11.10
越南	1.89	3.49	4.81	3.33	5.60	12.79	7.64	11.51	16.49
老挝	4.59	8.09	7.81	10.27	5.17	3.28	12.20	12.42	11.49
柬埔寨	5.66	5.60	4.99	4.38	4.20	6.26	7.44	7.78	7.46
泰国	2.30	4.79	7.55	8.39	4.07	11.22	10.58	7.37	13.72
缅甸	2.18	7.49	4.75	3.43	3.32	2.88	4.28	-1.97	-0.42
孟加拉国	0.10	0.33	0.41	0.25	0.31	0.41	0.99	5.44	3.75
印度	1.80	2.77	1.49	3.17	7.05	0.93	2.90	2.06	5.35

资料来源：《中国对外直接投资统计公报》。

中国制造业尤其是中低技术制造业的产业链之所以逐步向东盟及南亚发展中经济体转移，主要因为：一方面，中国劳动力、土地等要素成本以及环境成本上升，导致制造业生产成本快速上升，推动中低技术制造业向外转移；另一方面，越南、印度等其他更具有劳动力成本优势及优惠的外资政策的经济体，对中低技术制造业向外转移形成拉力。此外，中美贸易摩擦，美国刻意打压中国，对中国出口产品收取高额关税，意图迫使全球制造业的产业链逐步"去中国化"，这使得国内外资以及国内相关制造产业向外转移的压力不断加大。

4.5　巩固和提升中国制造业产业链竞争力的对策建议

当前全球新冠肺炎疫情尚未根本好转，国内外政治经济形势异常复杂，为确保产业链供应链稳定，巩固和提升中国制造业的产业链竞争力尤为重要。基于本章的研究结论，特提出以下四个方面的建议。

第一，加强对基础技术和关键核心技术的研发投入，提升高技术制造业的产业链竞争力。提升国家核心竞争力是建设社会主义现代化国家的集中体现（钞小静，2020）。目前我国之所以在部分高技术制造行业的产业链竞争力不够强，是因为不少关键核心技术和零部件没有掌握在自己手中，仍然高度依赖从美国等发达国家进口。因此，我们必须加大力度支持本国企业和机构的技术研发，鼓励自主技术创新，早日实现关键核心技术和零部件的突破，防止在关键时期被发达国家的供应链"卡脖子"。在技术差距很大时，发达国家按照要素禀赋和比较优势原理进行全球价值链分工，把中低技术产业或者高技术产业的非关键核心生产环节与流程转移到发展中国家，而保留关键核心技术和零部件的生产和出口；中国等发展中国家受要素禀赋限制，只能生产和出口中低技术制成品或高技术制成品的中低技术零部件，而关键核心技术和零部件高度依赖从发达国家进口。随着发展中国家的经济发展和技术进步，产业链不断升级，其与发达国家之间的技术差距不断缩小。此时，发达国家为保持其在全球产业链中的控制力，就会通过限制甚至取消产业链上关键核心技术和零部件的出口，导致发展中国家的整个供应链瘫痪，打压中国等发展中国家的技术进步与发展。从长远来看，我国不可完全遵循比较优势原理，必须靠自主研发，实现关键核心技术和零部件的生产与突破，否则无法维持现有的产业链竞争力，更不用说进一步提升发展了。而基础技术和关键核心技术的研发，要有长远规划。通过基础技术的突破，提升我国科技创新和产业创新能力，提高产业供给质量，以保障中国产业链在国际市场上的地位并满足国内消费者消费升级的要求。

第二，加强对中低技术制造业关键核心环节的控制，巩固和稳住现有产业链竞争力。本章研究显示，中国大部分制造行业具有很强的产业链竞争力，但 2018 年 3 月后中美经贸争端不断升级，导致国内部分产业链被迫往越南等东南亚国家转移，而且突如其来的新冠肺炎疫情又对全球经济发展带来了巨大冲击。这时候中国尤其需要巩固和提升现有制造业的国内产业链，一方面，要进一步扩大开放，进一步放开行业投资限制，加强知识产权保护，稳住和调动外资积极性，避免外资大量撤离；另一方面，国内产业即便为了回避美国高关税不得不往外转移，也要注意把重要核心生产环节留在国内，以加强对相关产业链和供应链的控制权。

第三，积极开拓内需市场，提高产业链供应链的稳定性和协同性。在全球贸易环境发生相对变化的大背景下，不能忽视我国在投资消费需求上的潜力。一方面，要立足我国大规模的内需市场，作为稳固我国产业链供应链稳定的重要基础，通过完善公共服务，优化收入分配结构，满足新时期的消费需求，实现提振消费和扩大投资的相互促进，有效结合，共同发挥内需市场对产业链和供应链的"稳定剂"作用；另一方面，积极改善国内区域营商环境，完善基础设施配套和提高地方政府的服务效率。在加强知识产权保护上下功夫，保护和激发市场主体活力，逐步提高区域间产业链供应链的协同性。借助工业互联网技术的快速发展，以 5G 为平台，加强数字经济在产业链上下游的需求对接，提升产业链和供应链的协同性和运转效率（王静，2021）。

第四，继续扩大开放，加强与其他经济体的经贸合作。不断鼓励加大和深化对外开放，重视和完善对外开放的相关政策（周升起、李昌琴，2021）。一方面，要加强与主要制造大国优势行业的合作与互补。本章研究显示，中、德、美、日、韩、俄等几个制造大国具有产业链竞争优势的行业各不相同，因此我们可与各国优势行业进行经贸和投资合作，如在焦炭和精炼石油产品业等资源密集型制造行业与俄罗斯合作，在高技术制造行业不同领域分别与德国、美国、日本和韩国进行合作等，以实现优势互补。另一方面，要加强与发展中经济体尤其是亚洲发展中经济体的经贸合作（邹国伟、刘艳和李文秀，2021）。目前发展中经济体尤其是亚洲发展中经济体的制造业在全球产业链中的影响力和控制力越来越大，因此，中国要加强与发展中经济体的经贸往来，促进"一带一路"倡议的实施，这有助于中国和其他发展中经济体在全球产业链中竞争力的共同提升。

第5章　中国制造业稳定性和竞争力：
全球价值链视角

5.1　研究背景

新冠肺炎疫情冲击叠加中美大国博弈，为中国经济战略重塑、产业链重构、贸易格局重建带来了重大影响。2020 年 5 月 14 日，中央政治局常委会召开会议，研究提升产业链供应链稳定性和竞争力（新华社，2020）。这既是应对外部冲击的短期策略，也是高质量发展的长期要求。此后，相关研究迅速展开。目前多见于报刊的定性讨论，且主要集中在以下三个方面。

一是新冠肺炎疫情冲击对保持产业链供应链稳定性的影响。赵忠秀（2020）指出，新冠肺炎疫情全球蔓延直接冲击了中国产业链供应链的稳定和安全，增加了"上游供给"和"下游需求"两头断链的风险。但盛朝迅（2020）认为，新冠肺炎疫情暴发是一个外生冲击事件，并不能从根本上改变各国的成本结构和技术能力。

二是全球产业链重构的新趋势和"去中国化"的影响。盛朝迅（2020）、刘志彪（2020）等指出，新冠肺炎疫情促使美欧等各国从战略层面重视供应链的安全性，全球产业链布局可能趋于内向化。中国须警惕全球产业链重构的影响，特别是个别国家所谓的产业链供应链"去中国化"。赵忠秀（2020）、孙日贵（2020）等认为，短期内产业链供应链"去中国化"已经开始，但其具有短期性、阶段性、局部性和策略性等特征，短期内不可能大规模与中国产业链实现"脱钩"。

三是提升产业链供应链稳定性和竞争力的基本路径。孙日贵（2020）、张占斌（2020）、顾强（2020）、蔡之兵（2020）等认为，推动中国产业迈向全球价值链中高端的基本途径包括：一方面，强化核心环节管控，维护其安全和稳定；另一方面，找准中国制造业迈向高端环节的制约因素，主动布局价值链高端环节，增强核心竞争力。

总体上，目前相关研究以全部产业的整体讨论为主，缺少细分行业的研究。研究方法以定性分析为主，缺少定量研究。本章以中国制造业为考察对象，定量评估我国制造业产业链供应链的稳定性和竞争力。因为制造业是国民经济的根基，其稳定性和竞争力对提升我国全球价值链地位至关重要，并且定量评估可提高研判实情和应对举措的精确性。

5.2　评估框架

评估一国制造业在全球产业链的稳定性和竞争力，有不同的角度和指标，但公认的标准均涉及本国在全球价值链上获得收入的增加。因此，本章以蒂默等（Timmer et al.，2020）提出的 GVC 收入（global value chain income）为主要指标，评估中国制造业的稳定性和竞争力。

GVC 收入指标基于增加值进行核算。核算的理论基础是里昂惕夫（Leontief）的投入—产出模型，使用该理论计算一国或地区的产业链竞争力，需要用到全球投入产出数据。鉴于目前 WIOD 数据库只统计到了 2014 年及以前的投入产出数据，因此本章仍使用亚洲开发银行（ADB）编制的世界投入产出表来测算一国（或地区）在全球生产网络中的产业链竞争力，该产出表提供了 2020 年及以前年份 62 个国家（或地区）的 35 个行业（包括 15 个制造行业和 20 个其他行业）之间中间投入与最终产品的进出口贸易数据，可为我们测算各国（或地区）制造业的产业链竞争力提供翔实的数据，本章选取 2015 ~ 2020 年的亚洲开发银行投入产出数据以测算各国（或地区）制造业的 GVC 收入。

令 $\hat{V}$ 表示由单位产出增加值构成的对角阵，$\hat{F}$ 表示最终需求对角阵，记

$B = (I - A)^{-1}$ 为著名的里昂惕夫逆矩阵，则增加值为：

$$\hat{V}B\hat{F} = \begin{bmatrix} \hat{V}_1 \\ \hat{V}_2 \\ \vdots \\ \hat{V}_G \end{bmatrix} \begin{bmatrix} B_{11} & \cdots & B_{1G} \\ \vdots & \ddots & \vdots \\ B_{G1} & \cdots & B_{GG} \end{bmatrix} \begin{bmatrix} \hat{F}_1 \\ \hat{F}_2 \\ \vdots \\ \hat{F}_G \end{bmatrix} \qquad (5-1)$$

该增加值矩阵的行追踪了某一国家—行业增加值（或国家—行业 GDP）被哪些国家—行业使用，即增加值使用分解。该增加值矩阵的列追踪了在某一特定国家—行业价值链上，其创造的增加值来源于哪些国家—行业，即最终品生产分解。本章以此增加值矩阵为分解基础，以 GVC 收入为指标，考察我国制造业价值链的稳定性和竞争力（Robert and Noguera，2012）。

5.3　中国制造业价值链稳定性评估

5.3.1　中国 GVC 收入演变趋势

在当前的全球制造业版图中，已形成三大区域中心，即中国、北美和欧盟 15 国（如图 5-1 所示），以及四大代表性国家：中国、美国、德国和日本（见表 5-1），这其中最引人注目的是中国。2015 年以来，中国在全球制造业价值链上获得的 GVC 收入持续增加（而北美、欧盟 15 国、东亚均在波动中下降），且增速较快。仅在 5 年间，中国在全球的份额由 2015 年的 23.09% 迅速跃升至 2020 年的 26.67%。中国在全球中的份额平均每年扩大 0.7 个百分点，甚至在 2019 年全球新冠肺炎疫情的冲击下，其他主要经济体的份额纷纷出现下滑的情况下，中国仍逆势上扬。2020 年中国 GVC 收入份额仍然远超全球其他主要经济体，稳居世界第一位，世界第一制造大国的地位稳步提升。

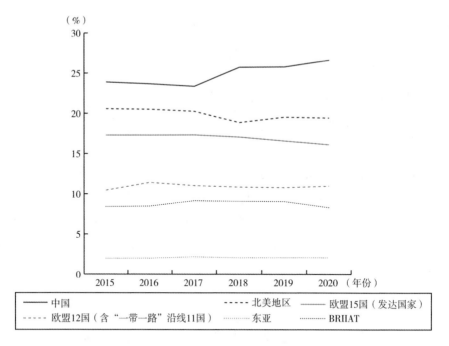

图5-1　主要区域在全球制造业 GVC 收入中的占比（2015~2020 年）

注：北美地区包括加拿大、美国、墨西哥。欧盟 15 国即传统认为的欧盟中 15 个发达经济体，以西欧发达国家为主。欧盟 12 国为欧盟 27 国中除去欧盟 15 国的国家，以中东欧国家为主，其中有 11 个国家加入了中国倡议的"一带一路"。东亚包括日本、韩国和中国台湾地区。BRIIAT 指巴西、俄罗斯、印度、印度尼西亚、澳大利亚和土耳其六国。

资料来源：世界银行 WDI 数据库。

表5-1　　　　　　　主要国家（地区）制造业实际 GVC 收入情况

2020 年实际 GVC 收入排序	国家/地区	实际 GVC 收入（百万美元）		全球中所占份额（%）		基于外国需求的实际 GVC 占比收入（%）	
		2015 年	2020 年	2015 年	2020 年	2015 年	2020 年
1	中国	3396300	4189067	23.90	26.67	17.68	18.85
2	美国	2730051	2869325	19.21	18.27	11.62	13.99
3	日本	900981.7	1044823	6.34	6.65	20.36	19.78
4	德国	770082.4	770617.2	5.42	4.91	42.08	48.11
5	韩国	414779.2	454001.9	2.92	2.89	33.07	26.61
6	印度	336649.2	406966.3	2.37	2.59	11.23	13.11

2020 年实际 GVC 收入排序	国家/地区	实际 GVC 收入（百万美元）		全球中所占份额（%）		基于外国需求的实际 GVC 占比收入（%）	
		2015 年	2020 年	2015 年	2020 年	2015 年	2020 年
7	意大利	296681	320996.2	2.09	2.04	36.40	40.28
8	英国	327222.5	289403	2.30	1.84	25.61	40.12
9	法国	305594.4	273881.1	2.15	1.74	33.57	44.55
10	俄罗斯	196308.2	234745.5	1.38	1.49	11.71	14.01
11	中国台湾	171427.4	226233.4	1.21	1.44	31.00	33.70
12	印度尼西亚	192722	223497.5	1.36	1.42	15.33	13.49
13	墨西哥	220257	209868.4	1.55	1.34	31.33	37.95
14	加拿大	196082.2	187996.6	1.38	1.20	24.20	29.19
世界		14212040	15709358	100	100		

资料来源：世界银行 WDI 数据库。

　　但应注意，"制造大国"并不完全意味着"制造强国"。GVC 收入份额的增加在内外冲击下也可能发生逆转。当前，新冠肺炎疫情全球蔓延和中美贸易摩擦使得中国部分制造业面临"脱钩""断链"的风险。中国能否保持在全球制造业价值链上的稳定性和竞争力取决于中国制造业 GVC 收入的来源是否坚实，即结构是否合理。因此，下面首先评估中国制造业 GVC 收入变化受生产结构变化和最终需求变化的影响。

5.3.2　中国 GVC 收入分解

　　将 GVC 收入变化分解为生产结构变化和最终需求变化两部分（见表 5 - 2），以评估制造业价值链受生产端和需求端波动的影响。其中，最终需求的变化反映了对某一国家—行业最终产出的世界需求结构的改变，而生产结构的变化反映了多种因素的改变，如技术进步、中间品的离岸外包等。

表5-2　制造业GVC收入变化分解（由生产结构和最终需求变化引起）

单位：百万美元

国家/地区	实际GVC收入变化（2015年与2020年）		
	总变化 （1）	保持最终需求不变 （2）	保持生产结构不变 （3）
中国	792766.1125	-917989.3449	1710755.457
美国	139273.2535	-362599.6626	501872.916
日本	143841.6381	-98258.93883	242100.5769
德国	534.8033524	-39484.43206	40019.23541
韩国	39222.7336	-44413.82953	83636.56314
印度	70317.12579	-35785.56357	106102.6894
意大利	24315.22646	-23852.11098	48167.33744
英国	-37819.47152	383.0362409	-38202.50777
法国	-31713.31766	-3407.387667	-28305.92999
俄罗斯	38437.24843	-50380.03572	88817.28415
中国台湾	54805.97806	-46106.3531	100912.3312
印度尼西亚	30775.49195	-35606.30573	66381.79768
墨西哥	-10388.68182	-11247.15314	858.4713187
加拿大	-8085.597261	-3035.482707	-5050.114554

注：实际GVC收入变化分解为两部分，即保持最终需求不变而生产结构变化，以及保持生产结构不变而最终需求变化。分解使用平均权重，分别保持2000年或2014年的变量为常量。

资料来源：根据世界银行WDI数据由笔者计算所得。

结果显示，2015～2020年，世界需求的变化（保持生产结构不变）会导致绝大多数国家GVC收入的正向增加（如表5-2第（3）列所示，这是因为当保持最终需求不变时多数国家的GVC收入变化为负，因此需求的变化使得多数国家的GVC收入将正向增加），尤其是中国。这表明世界（包括中国本国）对中国产品的需求显著增加，从而带动中国的GVC收入大幅增加。同时也表明中国GVC收入对世界总需求的依赖较大；反之，世界（包括中国本国）对中国产品总需求的下降会导致中国GVC收入大幅下滑。

值得注意的是生产结构的变化（如表5-2第（2）列所示），对绝大多数国家（地区）而言，全球生产结构的重塑会导致GVC收入下降，尤其是中国和美国下滑较大，其次是日本和印度，另外中国台湾、韩国和俄罗斯下降也较大。这可能与部分生产环节外包以及中间投入品更多从外国进口有关。出人意料的是，全球生产结构重塑并没有导致英国、法国以及加拿大三国的 GVC 收入下降，反而出现了正向增加。这表明这些国家开始向全球出口更多的中间产品，而不仅仅是在国内完成组装等环节后出口最终品。

　　总体而言，中国 GVC 收入受世界总需求变动的影响较大，但需进一步明确 GVC 收入主要基于本国需求还是外国需求产生。值得注意的是全球生产结构的重塑，这对中国而言机遇大于挑战，是中国深化改革、迈向全球价值链中高端的重要契机。

5.3.3　中国 GVC 收入的需求端分解

5.3.3.1　国别结构

　　为进一步判断中国制造业价值链需求端的冲击主要来源于本国还是外国，本章将 GVC 收入分解为基于本国需求和外国需求两部分（见表 5－1）。基于矩阵（5－1）的分解发现，2015～2020 年，大多数国家的制造业 GVC 收入对外国需求的依赖增加，但不同国家的依赖程度不同。多数欧盟国家更依赖外国需求来产生本国的制造业 GVC 收入。而对外国需求依赖度较低的是印度、中国、巴西、美国和墨西哥等国家，均未超过 20%。

　　值得注意的是，中、美、日、德四个 GVC 收入前四位国家的 GVC 收入更多的是基于本国需求（见表 5－3）。特别是中、美两国，即使在 2019 年全球遭受新冠肺炎疫情严重影响的背景下，其基于外国需求的 GVC 收入占比也没有显著提升，而是稳定在 20% 以下。这表明大国在冲击下有内部循环的优势，但也意味着"内倾性"政策的可能性增强，或者从外部市场获得制造业 GVC 收入的能力有所下降。但就稳定性而言，基于本国需求的占比较大将有力对冲外部冲击。与中美不同，这五年间德国基于外国需求的 GVC 收入占比变化为 6.03 个百分点，这表明相对大国而言，小国更依赖外部需求，但也意味着德国的国内制造业产品的竞争性在逐步减弱，德国国内制造业的稳定性略低。

表 5-3　中国、美国、日本、德国实际 GVC 收入基于本国和外国需求占比　　单位:%

2020 年排序	国家/地区	中国		国家/地区	美国		国家/地区	日本		国家/地区	德国	
		2015 年	2020 年		2015 年	2020 年		2015 年	2020 年		2015 年	2020 年
#	中国	82.32	81.15	美国	88.38	86.01	日本	79.64	80.22	德国	57.92	51.89
#	外国	17.68	18.85	外国	11.62	13.99	外国	20.36	19.78	外国	42.08	48.11
1	美国	3.58	3.89	加拿大	1.77	1.89	美国	4.61	4.90	美国	4.80	4.73
2	日本	1.38	1.15	中国台湾	1.26	1.60	中国	2.83	3.84	中国	3.64	3.82
3	德国	0.57	1.04	中国	0.95	1.04	中国台湾	0.49	0.92	法国	2.57	2.97
4	墨西哥	0.20	0.56	墨西哥	0.65	0.99	韩国	0.62	0.85	英国	2.87	2.80
5	英国	0.51	0.52	德国	0.45	0.83	德国	0.52	0.80	荷兰	1.19	2.47
6	加拿大	0.36	0.45	日本	0.43	0.59	澳大利亚	0.52	0.68	意大利	1.54	1.82
7	澳大利亚	0.35	0.45	韩国	0.19	0.36	加拿大	0.39	0.53	丹麦	1.13	1.76
8	韩国	0.46	0.45	澳大利亚	0.22	0.33	墨西哥	0.20	0.39	瑞士	1.36	1.59
9	俄罗斯	0.55	0.37	荷兰	0.15	0.32	泰国	0.24	0.32	奥地利	0.94	1.58
10	荷兰	0.26	0.35	英国	0.58	0.29	俄罗斯	0.56	0.32	波兰	1.18	1.45

资料来源：根据世界银行 WDI 数据由笔者计算所得。

同时，中国 GVC 收入中的外国需求来源地具有明显的区域化特征（美、德、日三国也是如此，见表 5-3）。除美国外，中国更依赖于日本和德国，其次是墨西哥。此外，2020 年中国对美国和欧盟需求的依赖略有上升，反而对日本、俄罗斯、韩国等国家需求的依赖有所下降，表明中国海外市场趋于多元化。反之，海外国家对中国市场的依赖逐步增加。其中，美国、日本和德国对中国市场的依赖稳步增加，即使 2019 年新冠肺炎疫情的冲击也未改变这一趋势，表明中国已广泛而深入地融入了全球产业链、供应链，外部冲击并不能完全令中国"脱钩"。总体上，区域化加全球化能够基本保持产业链的稳定性。

5.3.3.2　国内产业需求结构

鉴于中国制造业 GVC 收入更多基于国内市场产生，本章进一步细化国内的行业需求结构，即明确国内 GVC 收入主要基于国内哪些制造业的需求而产生。如表 5-4 所示，2020 年行业需求占比前五位的行业（总占比 54.7%）

中，排名第一位的是食品、饮料和烟草行业，所占比重为 12.77%，五年来食品、饮料和烟草行业所占比重降低了 1 个百分点左右，国内需求有所下降；排名第二位的是化学产品行业，2020 年所占比重为 12.58%，与第一名相差仅 0.19 个百分点，化学产品的比重五年间上升了大约 3 个百分点，表明国内需求强劲；第三位是电子和光学设备制造业，占比 10.82%，有小幅下降趋势；第四位是其他非金属矿产品业，较 2015 年出现了小幅上升；第五位是电气设备制造业，相比于 2015 年也有小幅度的上升。

表 5 – 4　　　　　中国制造业 GVC 收入中基于国内的分行业情况

行业名称	行业需求（百万美元）		行业需求占比（%）	
	2015 年	2020 年	2015 年	2020 年
食物、饮料和烟草业	387376	434062.9	13.86	12.77
纺织产品	136578.4	106729	4.89	3.14
皮革与皮革制品业	27379.68	21371.51	0.98	0.63
木材及软木制品业	83478.79	87661.24	2.99	2.58
纸制品和印刷业	72477.73	117234.7	2.60	3.45
焦炭和精炼石油等燃料	110641.7	197531.3	3.96	5.81
化学产品制造业	270113.3	427806.4	9.67	12.58
橡胶和塑料制品业	82724.67	293463.5	2.96	8.63
其他非金属矿产品业	218547.3	333643.8	7.83	9.81
基本金属制造业	357368.7	251236.3	12.80	7.39
机械设备制造业	218750.9	231890	7.83	6.82
电子和光学设备制造业	304357.4	367680.3	10.90	10.82
其他运输设备制造业	284726	215747.3	10.19	6.35
制造业回收利用	38610.66	17400.25	1.38	0.51
电气设备制造业	202796.1	296176.6	7.26	8.71
总和	2795927	3399635	100.00	100.00

资料来源：《中国统计年鉴》。

排名前五的行业中，除了食品、饮料和烟草行业及其他非金属矿产品业这两个行业外（共占比 22.58%），其他 3 个行业为高技术制造业（共占比 32.11%），这表明来自低技术的传统制造需求与高技术制造需求并重，而基于高技术制造业的需求略高。可以看出，在所有行业中，五个高技术制造业所占的比重为45.28%，几乎占了所有行业需求的一半。这意味着高技术制造业对中国制造业GVC收入的影响逐渐赶上中低技术产业，甚至随着国内经济技术的发展隐隐有赶超的趋势。

因此，中国制造业价值链的稳定性主要取决于"两头"，即中低技术制造业和高技术制造业需求。低技术制造业保证了较高的GVC收入，但高技术制造业是提升竞争力的核心，需要特别予以关注。但鉴于我国制造业GVC收入更多基于国内需求产生，因此稳定性能基本保持，但美国的需求波动影响较大，需要特别警惕。另外，新冠肺炎疫情的全球扩散，必然会使全球的产业布局发生变化，中国应趁机抓住机遇，提升中国各行业的安全性和竞争力。

5.3.4 中国GVC收入的生产端分解

对中国而言，虽然全球生产结构的调整并未造成GVC收入大幅下滑反而出现了小幅增加，但应注意的是，来自生产端的冲击更具根本性。因此，有必要考察中国制造业的生产链条上，其创造的增加值来源于哪些国家和行业。

5.3.4.1 国别结构

在完成国是中国的制造业价值链上，其增加值的61.83%主要是本国创造的（见表5-5），国外获得的增加值比重相对于2015年增加了近10个百分点。这意味着在完成国为中国的生产端供应能力减弱，国内制造业价值链更多收入流向外国。美国的情况则稳定得多，2020年美国的国内制造业价值链收入高达83.68%，比中国高出近20%个百分点，这体现了相对于中国，美国具有国内生产大循环的更大优势。而日本情形则相对稳定，其本国创造的增加值比重在逐步增加，这可能与其更多地从外国进口中间品有关。德国的情况与中国类似，五年间其基于国内循环的GVC收入占比也下降了近10个百分点，国内循环优势减弱。

对于外国创造的增加值，其地域分布具有明显的区域化特征。在完成国是中国的制造业价值链上，美国获得的增加值最高，其次就是东亚的日本和欧洲的德国，再次是墨西哥。除了这四个国家获得的增加值占比较高外，其他

表 5 - 5　　完成国为中、美、德、日的制造业价值链上各国（或地区）
创造的增加值占比　　　　　　单位：%

2020 年排序	国家/地区	中国		国家/地区	美国		国家/地区	日本		国家/地区	德国	
		2015 年	2020 年		2015 年	2020 年		2015 年	2020 年		2015 年	2020 年
#	中国	71.11	61.83	美国	86.34	83.68	日本	71.12	71.68	德国	43.21	32.86
#	外国	28.89	38.17	外国	13.66	16.32	外国	28.88	28.32	外国	56.79	67.14
1	美国	6.35	8.27	加拿大	3.01	3.26	美国	7.25	7.67	美国	6.71	5.93
2	日本	2.70	2.78	墨西哥	1.08	1.78	中国	4.52	6.64	中国	5.37	5.89
3	德国	1.05	2.35	中国	1.35	1.34	中国台湾	0.86	1.67	法国	4.20	4.99
4	墨西哥	0.36	1.20	德国	0.53	1.00	韩国	0.91	1.30	荷兰	1.97	4.33
5	澳大利亚	0.59	0.99	日本	0.63	0.80	德国	0.71	1.16	英国	4.21	4.15
6	英国	0.82	0.99	韩国	0.30	0.57	澳大利亚	0.83	1.14	意大利	2.44	2.98
7	加拿大	0.58	0.89	澳大利亚	0.29	0.45	加拿大	0.47	0.72	奥地利	1.57	2.79
8	韩国	0.74	0.88	荷兰	0.19	0.40	墨西哥	0.33	0.65	瑞士	2.05	2.55
9	俄罗斯	1.02	0.86	英国	0.92	0.38	泰国	0.41	0.56	波兰	1.81	2.42
10	荷兰	0.47	0.71	中国台湾	0.11	0.32	俄罗斯	0.92	0.52	西班牙	1.72	1.68

资料来源：世界银行 WDI 数据库。

均占比较低，不足 1%。另外，除了俄罗斯在中国制造业产业链上获得的增加值比重在缓慢下降外，其他国家的增加值比重都在缓慢上升，这表明中国中间品进口的来源地更加多元化，也意味着中国可以利用多元化的进口市场来缓解外部供给的冲击。

对中国的全球生产结构而言，在国内生产链条上，国内增加值占比逐渐下降，因此中国国内存在的生产和需求不匹配问题日渐突出，供给侧结构性改革迫在眉睫。而美国、日本等发达国家的国内需求占比相对稳定在高位，这表明中国与发达国家仍然存在一定的差距，中国的国内循环能力仍然有待加强。反过来，在完成国是美国、德国和日本的制造业价值链上，中国获得的增加值占比稳步增加，甚至全球的新冠肺炎疫情大爆发都未改变这一趋势，这表明外国生产更依赖中国产品，也意味着中国制造出口竞争力的增强。因此，在当前外界冲击下，制造能力提升、国内大市场循环、进出口来源的多元化将有力维护我国制造业价值链的稳定性。

5.3.4.2 国内产业贡献

鉴于国内产业增加值对 GVC 收入贡献较大，本部分进一步评估国内制造业各行业增加值的变化及其在制造业总收入中的占比，见表 5 - 6。

表 5 - 6 完成国是中国的制造业价值链上各行业贡献的增加值

行业名称	行业增加值（百万美元）		增加值占比（%）	
	2015 年	2020 年	2015 年	2020 年
食品、饮料和烟草业	684064.8	440555.983	27.33	19.29
纺织产业	137245.1	83113.9055	5.48	3.64
皮革与皮革制品业	56598.11	40022.2745	2.26	1.75
木材及软木制品业	8714.494	6688.76205	0.35	0.29
纸制品和印刷业	4238.849	3031.15691	0.17	0.13
焦炭和精炼石油产品业	37086.11	7512.50071	1.48	0.33
化学产品制造业	64988.1	50083.0605	2.60	2.19
橡胶和塑料制品业	5262.275	4683.84501	0.21	0.21
其他非金属矿产品业	7480.462	3817.87348	0.30	0.17
基本金属制造业	69718.92	56653.1293	2.78	2.48
机械设备制造业	379809.5	559958.642	15.17	24.51
电子和光学设备制造业	269214.9	281781.524	10.75	12.34
其他运输设备制造业	679408.5	684670.193	27.14	29.97
制造业回收利用	21421.71	1515.67872	0.86	0.07
电气设备制造业	78142.28	60180.4778	3.12	2.63
总和	2503394	2284269.01	100.00	100.00

资料来源：《中国统计年鉴》。

研究显示，制造业中增加值贡献较高的行业是高技术制造中的机械设备制造业和其他运输设备制造业，共占比 54% 左右，其次是低技术制造业中的食品、饮料和烟草业，占比 19.29%。这表明国内制造业增加值同时来自低技术制造业和高技术制造业，这两类行业的变动将大幅影响中国制造业的 GVC 收入。这也与前面关于需求端的分析结果类似，显示了生产与需求的相互依存。

值得注意的是，低技术制造业的食品、饮料和烟草业、纺织产业、皮革与皮革制品业的增加值占比五年来均呈现大幅度的下降趋势，而高技术制造业中机械设备制造业、电子和光学设备制造业等行业的增加值占比则大幅增加，表明中国制造业正在迈向全球价值链中高端，但高技术制造中的化学产品制造业、电气设备制造业等行业的增加值占比略有下降，表明中国在这些行业的竞争力有所下滑，中国应采取措施保持这些行业的稳定性。

总体而言，无论从生产端还是需求端来看，中国制造业 GVC 收入主要基于本国产生，这为构建国内大循环提供了基础和依据，也意味着我国制造业价值链的稳定性能够基本保持。虽然我国 GVC 收入对外国需求和供给的依赖不占主导，且美国的政策波动对我国的影响较大，但我国与东亚国家和地区的区域化发展，与欧盟和"一带一路"沿线国家的多元化合作可对冲美国的波动影响，这也是提升制造业价值链稳定性和竞争力的有力举措。另外，从国内各行业的生产贡献和需求结构来看，低技术制造业与高技术制造业并重。低技术制造业虽贡献了较高的 GVC 收入，但贡献占比在下降（特别是食品、饮料和烟草行业）；高技术制造业贡献的 GVC 收入虽然较低技术制造业略低，但贡献占比在逐渐增加，表明我国制造业正在向价值链中高端攀升，这也是提升价值链稳定性和竞争力的关键所在。

5.4　中国制造业价值链竞争力评估

本章基于增加值和 GVC 收入的概念计算了中国各制造行业的显性比较优势指数（revealed comparative advantage，RCA），以评估各行业的竞争力。这不同于传统的基于行业出口额的计算方法，因为传统统计中的出口额不仅包含本国增加值，也包含外国增加值，不能精确反映本国的实际贡献。RCA 指数的计算公式为某一国家某行业的增加值出口比重相比于全球该行业的增加值出口比重。若 RCA > 1，表示该国家该行业具有显性比较优势；反之，则不具有显性比较优势。鉴于全球制造业的代表性国家为中、美、日、德四国，表 5 - 7 计算了该四国的 RCA 指数。

表 5 - 7   中、美、日、德四国制造业 RCA 指数

行业名称	中国		美国		日本		德国	
	2015 年	2020 年	2015 年	2020 年	2015 年	2020 年	2015 年	2020 年
食品、饮料和烟草业	1.05	1.01	0.83	0.77	1.21	1.19	0.53	0.54
纺织产业	1.57	1.33	0.24	0.22	0.40	0.48	0.25	0.28
皮革与皮革制品业	1.77	1.43	0.07	0.21	0.23	0.11	0.17	0.18
木材及软木制品业	1.56	1.39	0.63	0.89	0.40	0.41	0.53	0.53
纸制品和印刷业	0.43	0.51	2.13	2.31	1.13	1.06	0.86	0.74
焦炭和精炼石油产品业	0.93	1.31	1.44	0.93	1.39	2.05	0.18	0.14
化学产品制造业	0.90	1.03	1.33	1.23	0.79	0.74	0.95	0.84
橡胶和塑料制品业	0.96	1.82	1.01	0.60	1.19	0.59	1.27	0.83
其他非金属矿产品业	1.74	1.81	0.48	0.50	0.65	0.57	0.65	0.52
基本金属制造业	1.19	0.81	0.72	0.82	1.25	1.39	1.06	1.19
机械设备制造业	1.01	0.97	0.79	0.74	0.99	1.12	2.06	2.17
电子和光学设备制造业	1.16	1.09	1.07	1.10	1.15	1.02	1.01	0.98
其他运输设备制造业	0.94	0.67	1.08	1.16	1.28	1.35	1.94	2.31
制造业回收利用	0.69	0.82	1.32	1.52	0.59	0.64	1.12	1.05
电气设备制造业	0.58	0.67	0.90	0.89	0.69	0.74	0.70	0.80

资料来源：笔者计算所得。

结果显示，中国具有比较优势的行业大致与美、德、日等制造强国的优势行业是分工互补的。中国的比较优势大多在中低端制造领域，而美、日、德的比较优势主要在中高端制造领域。

低技术制造业中，中国具有比较优势的行业有四个，分别为：食品、饮料和烟草业，纺织产业，皮革与皮革制品业，木材及软木制品业。其中后三个行业，仅中国具有比较优势（美、日、德三国均不具有比较优势），而食品、饮料和烟草行业，中国与日本存在竞争。中技术制造业中，中国的优势行业有四个，包括焦炭和精炼石油产品业、制造业回收利用，橡胶和塑料制品业及其他非金属矿产品业，主要竞争对象仍是日本。高技术制造业中，中国的优势行业有三个，分别为：化学产品制造业、电子和光学设备制造业、

其他运输设备制造业。其中，电子和光学设备制造业自 2015 年起一直具有比较优势，主要竞争对手是美国和德国。而电气设备制造业的发展一直处于比较劣势的地位，RCA 指数仅为 0.67，远远落后于其他发达国家。

2015～2020 年经济全球化的高度发展对于中国制造业是机遇与挑战并存。挑战指原先具有比较优势的行业在危机后竞争力下降，如中技术制造业的基本金属制造业、高技术制造业中的机械设备制造业在 2020 年不再具有比较优势，同时高技术制造业的其他运输设备、电气设备制造业一直以来均处于比较劣势，需要加紧转型升级。同时，这几年的发展也孕育着很多机遇，即原来不具有比较优势的高技术行业在金融危机后竞争力增强，如中技术制造业中的焦炭和精炼石油产品业，高技术制造业中的化学产品制造业在 2020 年 RCA 指数超过了 1。另外，机械设备制造业在 2015 年 RCA 指数超过 1，虽然 2020 年后略小于 1，但表明中国在该行业的竞争力开始崭露头角。这也意味着，当前的外部冲击对中国来说机遇大于挑战，正可趁机淘汰（或转移、升级）落后产业，迈向价值链高端。

另外，美、日、德三国的比较优势除了主要在中高端制造业外，美、德两国还分别有本国独具竞争力的行业，如美国的化学产品制造业、制造业回收利用行业；德国的机械设备制造业和其他运输设备制造业，而且德国制造的竞争力强劲，即便受新冠肺炎疫情的冲击，德国不仅没有在高技术制造业出现竞争力下降的行业，反而优势行业的竞争力还进一步增强。比如，机械设备制造业和其他运输设备制造业的 RCA 指数在 2020 年分别为 2.17 和 2.31，比较优势十分显著，在全球高技术制造业生产中德国依然地位坚实。同时，值得注意的是，在化学产品生产行业中，美国独具优势。这不仅是行业竞争力问题，而且会牵涉国家医药制造等领域的安全。因此，鉴于此次新冠肺炎疫情以及考虑到未来其他全球公共医药需求持续扩大的可能性，中国应加强该行业的发展，将核心竞争力掌握在自己手里。

总之，改革开放以来，特别是中国进入新时代以来，通过融入全球价值链，中国制造业稳定性和竞争力逐步增强。虽然目前主要处于中低技术制造领域，但在部分高技术制造领域开始突破。不过，这也意味着未来中国与美、日、德等制造强国的竞争会更加激烈。同时，在低技术制造领域，随着其他发展中国家的崛起，中国也将面临更大的竞争。因此，中国应抓住时机，长远谋划，由大变强。

5.5 政策建议及结论

新冠肺炎疫情冲击叠加中美两国博弈对全球产业结构重塑带来重大影响。本章基于 GVC 收入指标评估了中国制造业价值链的稳定性和竞争力。研究发现，中国制造业产业链供应链的稳定性能够基本保持，竞争力稳步提高，主要表现在以下方面。

首先，中国已成为全球制造业三大中心之一。近年来，中国 GVC 收入持续稳居世界第一，而且差距在稳步拉大，中国作为世界第一制造大国的地位稳步提升。

其次，无论从生产端还是需求端来看，中国制造业 GVC 收入主要基于国内大循环产生，因此外部冲击的影响有限，产业链供应链的稳定性能够保持。但须首要警惕美国的波动，其对我国的影响较大。反过来，以美、德、日为代表的制造强国的 GVC 收入对中国的依赖增加，甚至全球新冠肺炎疫情大爆发背景下都未改变这一趋势，美国等发达国家与中国全面"脱钩"的可能性较低，表明中国全球生产结构的合理性增强，稳定性和竞争力逐步提升。

最后，从产业角度看，无论是生产端还是需求端，其对 GVC 收入的贡献主要基于两大类行业——中低技术制造业（以食品、饮料和烟草业，纺织产业，皮革与皮革制品业为代表）和高技术制造业（以化学产品制造业、机械设备制造业、电子和光学设备制造业、电气设备制造业为代表），且高技术制造业的贡献稳步增加（张淑芹、王玉凤，2021）。另外，中国具有比较优势的行业大多是中低端制造业，但少数高技术制造业的竞争力在金融危机后开始显现或增强，如化学产品制造业、电子和光学设备制造业、电气设备制造业。综合来看，中国制造业价值链的稳定性能基本保持，竞争力也逐渐增强。值得注意的是，未来的进一步提升主要取决于高技术制造业的发展。

因此，提升制造业价值链的稳定性和竞争力，首先要稳住国内市场和高技术制造业，同时积极拓展海外市场。一方面，建立竞争为导向的市场激励机制，激发市场主体活力，促进"大循环"，构建"双循环"；另一方面，利用生产端和需求端的区域化特征，强化与东亚的日本、韩国和中国台湾地区的一体化发展，推进中日韩自由贸易区早日实现。同时，加强与"一带一路"沿线国家的经贸往来，降低对美欧等发达国家的依赖。

第6章 结 论

  本书前言首先论述了研究国际分工下的价值链与中国产业竞争力的背景，指出随着经济全球化和贸易自由化的飞速发展，跨国企业的经营和竞争方式从根本上得到改变并出现了一种组织分散和空间分散的国际商业活动模式。随着改革开放后我国经济深度融入世界，建成了门类完整、规模最大、竞争力强的工业体系，成为全球第一制造业大国和全球产业链供应链的重要一环。在政策主导下实现经济发展取得"新成效"的目标要求从中国产业部门分工及其治理的视角，分析全球分工下中国产业链与供应链动态，以把握当前经济结构转型、实现产业升级。同时，还指出了从产业角度分析全球分工下中国价值链供应链问题的四个应用价值和现实意义。

  第1章从三个方面对全球价值链动态和治理研究动态进行分析。首先，对全球价值链及其治理因素研究的综合论述，这部分在论述了全球价值链与生产网络发展过程的基础上，着重强调了价值链治理与全球生产网络2.0在现实中的理论价值和实用性，并在微观企业层面上对于切实推进全球价值链研究议程的必要性展开说明。本章还阐明了全球价值链治理的组成是最终实现全球价值链作为一个整体的长期可持续性目标的先决条件，在此条件上讨论全球价值链与宏观环境之间的相互影响从而影响企业之间的战略活动和全球价值链研究的拓展方向。其次，从全球生态资本与价值链治理、企业绿色治理化与可持续性、作为战略的可持续治理以及可持续治理的企业价值创造四个方面对全球价值链下的可持续性发展进行讨论。最后，将全球价值链与经济升级结合，提出了经济升级过程中所呈现的局限性及其所对应的拓展主题。

　　第2章阐述了与全球供应链动态与治理研究动态相关的四个方面。首先，对全球化背景下的供应链管理概念与升级策略进行研究，指出了其中的过程升级、产品升级、功能升级、链升级和环境与社会升级问题。其次，从供应商角度出发，提出了解决供应商问题的定性方法和定量方法，对全球供应链进行优化研究。再次，对供应链风险管理中的风险类别以及供应链管理的新兴争论和热点领域进行文献追踪。最后，将供应链弹性中所涉及的相关概念进行解释，具体说明了供应链中断和供应链弹性的定义，并列举了供应链弹性的推动因素和供应链重构的特征并对企业经营决策提出建议。

　　第3章着眼于中国产业部门的价值链与供应链研究动态分析。首先，从中国现代产业体系的构建历程及其内在结构进行分析，在此基础上总结中国现代产业政策如何推动产业结构升级以明晰中国产业体系与其在全球视角上的产业分工。其次，指出中国产业链结构升级及其现代化过程中面临的产业链形态与治理问题，指出妥善解决好这些问题是实现中国产业链现代化的必要条件。再次，从中国供应链结构入手，借以得出中国产业链供应链治理的相关举措和政策思考。最后，从全球视角分析中国价值链在全球价值链中所具有的优势和存在的不足之处，呼吁政府积极参与国际经济规则的制定与完善，建立和完善政府的应对机制，构建国际贸易摩擦的企业应对体系，积极主动地应对国际贸易摩擦。

　　第4章根据亚洲开发银行统计的全球投入产出数据，借鉴克里斯库洛和蒂米斯（Criscuolo and Timmis，2018）的方法，基于网络分析的博纳奇—卡茨特征向量中心度指标，对2015～2020年中国制造业在全球生产网络中的产业链竞争力进行了测度和国际比较，并分析了中国制造业产业链竞争力进一步提升面临的主要问题，研究结果显示，中国制造业整体以及大部分细分行业的产业链竞争力很强且不断提升，但部分行业尤其是高技术制造业的产业链竞争力还有待提高；中国制造业产业链竞争力提升主要面临高技术制造业的关键核心技术和零部件高度依赖进口，以及中低技术制造业向外转移的压力不断加大等问题。据此本书进一步提出了加强基础技术和关键核心技术研发投入，加强对中低技术制造业关键核心环节的控制，积极开拓内需市场以提高产业链供应链稳定性和协同性等政策建议。

第 5 章基于贸易增加值分解模型从生产端和需求端评估了中国制造业价值链的稳定性和竞争力。研究发现，中国制造业 GVC 收入主要基于国内大循环产生，外部冲击的影响有限，产业链供应链的稳定性能够基本保持，并且竞争力稳步提升，但须首要警惕美国政策变动产生的波动，其对中国的影响较大。另外，从产业角度看，中国制造业价值链的稳定性和竞争力主要取决于低技术制造业和高技术制造业，特别是高技术制造业。因此，稳定国内市场和高技术制造业是当下的首要举措。

参 考 文 献

[1] 白瑞雪，翟珊珊. 基于产业链视角的"十二五"时期产业结构优化升级研究 [J]. 中国特色社会主义研究，2012 (4).

[2] 蔡之兵. 提升产业链供应链稳定性和竞争力的根本路径 [N]. 河南日报，2020 – 06 – 03.

[3] 曹克瑜. 影响国家经济安全的生态环境问题 [J]. 统计研究，2003 (3).

[4] 钞小静. 未来十年增长潜力预测与"十四五"时期战略目标、战略重点 [J]. 浙江工商大学学报，2020 (5).

[5] 陈斌，程永林. 中国国家经济安全研究的现状与展望 [J]. 中国人民大学学报，2020 (1).

[6] 陈畴镛，陆锦洪. 基于数据挖掘方法的供应链合作伙伴选择 [J]. 数量经济技术经济研究，2002 (12).

[7] 陈平，赵昌平. 美元货币权力及其对中国的经济安全影响 [J]. 上海交通大学学报 (哲学社会科学版)，2016 (6).

[8] 陈启斐，蔡璐. 服务外包与产业链长度：来自中国的经验证据 [J]. 经济理论与经济管理，2020 (11).

[9] 陈启斐，潘茂启，王晶晶，王雷. 全球价值链重构、任务贸易与全要素生产率 [J]. 南开经济研究，2021 (2).

[10] 陈强远，钱则一，陈羽，施贞怀. FDI 对东道国企业的生存促进效应——兼议产业安全与外资市场准入 [J]. 中国工业经济，2021 (7).

[11] 陈曦. 构建协同发展现代产业体系的国际经验与启示 [J]. 宏观经济管理，2020 (6).

[12] 陈永丽，李秋坛，陈欢. 产能过剩、实质性创新与企业全要素生

产率——基于制造业上市公司的实证分析 [J]．重庆工商大学学报（社会科学版），2020（7）．

[13] 陈占夺，齐丽云，牟莉莉．价值网络视角的复杂产品系统企业竞争优势研究——一个双案例的探索性研究 [J]．管理世界，2013（10）．

[14] 崔静波，张学立，庄子银，程郁．企业出口与创新驱动——来自中关村企业自主创新数据的证据 [J]．管理世界，2021（1）．

[15] 戴翔，刘梦．人才何以成为红利——源于价值链攀升的证据 [J]．中国工业经济，2018（4）．

[16] 戴翔，宋婕．"一带一路"倡议的全球价值链优化效应——基于沿线参与国全球价值链分工地位提升的视角 [J]．中国工业经济，2021（6）．

[17] 丁德臣．美元周期及对中国经济安全的启示 [J]．宏观经济研究，2018（7）．

[18] 杜龙政，汪延明，李石．产业链治理架构及其基本模式研究 [J]．中国工业经济，2010（3）．

[19] 杜宇玮，周长富．锁定效应与中国代工产业升级——基于制造业分行业面板数据的经验研究 [J]．财贸经济，2012（12）．

[20] 段文奇，景光正．贸易便利化、全球价值链嵌入与供应链效率——基于出口企业库存的视角 [J]．中国工业经济，2021（2）．

[21] 范德成，杜明月．高端装备制造业技术创新资源配置效率及影响因素研究——基于两阶段 StoNED 和 Tobit 模型的实证分析 [J]．中国管理科学，2018（1）．

[22] 范合君，何思锦．现代产业体系的评价体系构建及其测度 [J]．改革，2021（8）．

[23] 傅元海，叶祥松，王展祥．制造业结构优化的技术进步路径选择——基于动态面板的经验分析 [J]．中国工业经济，2014（9）．

[24] 高培勇，杜创，刘霞辉，袁富华，汤铎铎．高质量发展背景下的现代化经济体系建设：一个逻辑框架 [J]．经济研究，2019（4）．

[25] 高伟凯，徐力行，魏伟．中国产业链集聚与产业竞争力 [J]．江苏社会科学，2010（2）．

［26］葛琛，葛顺奇，陈江滢．疫情事件：从跨国公司全球价值链效率转向国家供应链安全［J］．国际经济评论，2020（4）．

［27］顾海兵，段琪斐．中国经济安全冲击的国别来源研究［J］．经济学动态，2016（2）．

［28］顾海兵，张安军，薛珊珊．美国对中国经济安全影响的动态监测分析［J］．经济学家，2012（5）．

［29］顾海兵，张敏．中国经济安全研究：五大误区与辩证方法论反思［J］．经济学动态，2017（2）．

［30］郭凯明，杭静，颜色．中国改革开放以来产业结构转型的影响因素［J］．经济研究，2017（3）．

［31］郭克莎．中国产业结构调整升级趋势与"十四五"时期政策思路［J］．中国工业经济，2019（7）．

［32］郭连成，李卿燕．经济全球化与转轨国家经济安全相关性［J］．世界经济，2005（11）．

［33］韩永辉，黄亮雄，王贤彬．产业政策推动地方产业结构升级了吗？——基于发展型地方政府的理论解释与实证检验［J］．经济研究，2017（8）．

［34］何明珂，王文举．现代供应链发展的国际镜鉴与中国策略［J］．改革，2018（1）．

［35］何维达．中国"入世"后的产业安全问题及其对策［J］．经济学动态，2001（11）．

［36］何玉成，张倩，杨光．外资并购与农业产业安全［J］．广东社会科学，2011（6）．

［37］贺俊，吕铁，黄阳华，江鸿．技术赶超的激励结构与能力积累：中国高铁经验及其政策启示［J］．管理世界，2018（10）．

［38］贺晓宇，沈坤荣．现代化经济体系、全要素生产率与高质量发展［J］．上海经济研究，2018（6）．

［39］贺正楚，曹德，吴艳．中国制造业发展质量与国际竞争力的互动路径［J］．当代财经，2018（11）．

［40］胡晓鹏．经济全球化与中国食品加工业的产业安全［J］．国际贸

易问题，2006（2）．

[41] 黄鹏，汪建新，孟雪．经济全球化再平衡与中美贸易摩擦 [J]．中国工业经济，2018（10）．

[42] 黄群慧．改革开放40年中国的产业发展与工业化进程 [J]．中国工业经济，2018（9）．

[43] 黄群慧．新发展格局的理论逻辑、战略内涵与政策体系——基于经济现代化的视角 [J]．经济研究，2021（4）．

[44] 黄少安．从供求两侧考虑我国农业安全 [J]．农业经济问题，2021（8）．

[45] 黄卫东，岳中刚．物联网核心技术链演进及其产业政策研究 [J]．中国人民大学学报，2011（4）．

[46] 金京，戴翔，张二震．全球要素分工背景下的中国产业转型升级 [J]．中国工业经济，2013（11）．

[47] 经济日报评论员（赵忠秀，盛朝迅，孙日贵，等）．优化稳定产业链供应链推动经济高质量发展 [N]．经济日报，2020 - 07 - 03．

[48] 景玉琴．产业安全评价指标体系研究 [J]．经济学家，2006（2）．

[49] 黎峰．全球价值链下的国际分工地位：内涵及影响因素 [J]．国际经贸探索，2015（9）．

[50] 李敦瑞．国内外产业转移对我国产业迈向全球价值链中高端的影响及对策 [J]．经济纵横，2018（1）．

[51] 李海舰．"十五"时期保障我国经济安全的思路和对策 [J]．中国工业经济，2001（1）．

[52] 李虹林，陈文晖．新冠疫情对全球制造业供应链的影响及我国应对策略 [J]．价格理论与实践，2020（5）．

[53] 李静，楠玉．人力资本错配下的决策：优先创新驱动还是优先产业升级？[J]．经济研究，2019（8）．

[54] 李丽．低碳经济对国际贸易规则的影响及中国的对策 [J]．财贸经济，2014（9）．

[55] 李孟刚．产业安全理论的研究 [M]．北京：经济科学出版社，2006．

[56] 李善民，陈玉罡，辛宇．并购的价值创造、产业重组与经济安全国际会议综述［J］．管理世界，2010（1）．

[57] 李雯轩，李晓华．新发展格局下区域间产业转移与升级的路径研究——对"雁阵模式"的再探讨［J］．经济学家，2021（6）．

[58] 李小平，代智慧，彭书舟．出口复杂度影响了产出波动吗——来自中国制造业企业的证据［J］．国际贸易问题，2018（11）．

[59] 李雪，刘传江．新冠疫情下中国产业链的风险、重构及现代化［J］．经济评论，2020（4）．

[60] 林梦，李睿哲，路红艳．实施供应链安全国家战略：发达经济体样本解析［J］．国际经济合作，2020（4）．

[61] 刘冰，王发明，毛荐其．基于全球技术链的中国产业升级路径分析［J］．经济与管理研究，2012（4）．

[62] 刘春林，何建敏，施建军．供应链的协作供应问题研究［J］．管理科学学报，2002（2）．

[63] 刘大可．产业链中企业与其供应商的权力关系分析［J］．江苏社会科学，2001（3）．

[64] 刘怀德．推动产业链现代化闯出高质量发展新路子［J］．湖南社会科学，2020（6）．

[65] 刘明宇，芮明杰．价值网络重构、分工演进与产业结构优化［J］．中国工业经济，2012（5）．

[66] 刘明宇，芮明杰．全球化背景下中国现代产业体系的构建模式研究［J］．中国工业经济，2009（5）．

[67] 刘维林．劳动要素的全球价值链分工地位变迁——基于报酬份额与嵌入深度的考察［J］．中国工业经济，2021（1）．

[68] 刘艳，王诏怡，李健欣．投入服务化水平对中国不同贸易方式制造业国际分工地位影响［J］．广东行政学院学报，2020（2）．

[69] 刘奕，夏杰长，李垚．生产性服务业集聚与制造业升级［J］．中国工业经济，2017（7）．

[70] 刘志彪，凌永辉．论新发展格局下重塑新的产业链［J］．经济纵

横，2021（5）.

[71] 刘志彪，吴福象 . "一带一路"倡议下全球价值链的双重嵌入[J]. 中国社会科学，2018（8）.

[72] 刘志彪 . 战略性新兴产业的高端化：基于"链"的经济分析[J]. 产业经济研究，2012（3）.

[73] 刘志彪 . 产业链现代化的产业经济学分析[J]. 经济学家，2019（12）.

[74] 刘志彪 . 建设现代化经济体系：基本框架、关键问题与理论创新[J]. 南京大学学报（哲学·人文科学·社会科学），2018（3）.

[75] 刘志迎，李芹芹 . 产业链上下游链合创新联盟的博弈分析[J]. 科学学与科学技术管理，2012（6）.

[76] 鲁其辉，朱道立 . 供应链中产品与信息质量改进的战略联盟策略研究[J]. 管理科学学报，2010（10）.

[77] 吕越，陈帅，盛斌 . 嵌入全球价值链会导致中国制造的"低端锁定"吗？[J]. 管理世界，2018（8）.

[78] 马文军 . 产业安全水平测评方法研究——系统性评述与规范性重构[J]. 产业经济评论（山东大学），2015（4）.

[79] 马晓东，何伦志 . 融入全球价值链能促进本国产业结构升级吗——基于"一带一路"沿线国家数据的实证研究[J]. 国际贸易问题，2018（7）.

[80] 毛海欧，刘海云 . 中国制造业全球生产网络位置如何影响国际分工地位：基于生产性服务业的中介效应[J]. 世界经济研究，2019（3）.

[81] 倪红福，龚六堂，陈湘杰 . 全球价值链中的关税成本效应分析——兼论中美贸易摩擦的价格效应和福利效应[J]. 数量经济技术经济研究，2018（8）.

[82] 倪红福 . 全球价值链测度理论及应用研究新进展[J]. 中南财经政法大学学报，2019（3）.

[83] 潘文安 . 关系强度、知识整合能力与供应链知识效率转移研究[J]. 科研管理，2012（1）.

[84] 潘文卿，李跟强 . 中国区域的国家价值链与全球价值链：区域互

动与增值收益 [J]. 经济研究, 2018 (3).

[85] 任泽平. 中美科技实力对比: 关键领域视角 [J]. 发展研究, 2018 (9).

[86] 邵汉华, 刘克冲, 齐荣. 中国现代产业体系四位协同的地区差异及动态演进 [J]. 地理科学, 2019 (7).

[87] 沈国兵, 黄铄珺. 行业生产网络中知识产权保护与中国企业出口技术含量 [J]. 世界经济, 2019 (9).

[88] 盛朝迅. 构建现代产业体系的瓶颈制约与破除策略 [J]. 改革, 2019 (3).

[89] 盛朝迅. 新发展格局下推动产业链供应链安全稳定发展的思路与策略 [J]. 改革, 2021 (2).

[90] 史丹, 李鹏. 中国工业70年发展质量演进及其现状评价 [J]. 中国工业经济, 2019 (9).

[91] 史丹, 余菁. 全球价值链重构与跨国公司战略分化——基于全球化转向的探讨 [J]. 经济管理, 2021 (2).

[92] 史丹. 绿色发展与全球工业化的新阶段: 中国的进展与比较 [J]. 中国工业经济, 2018 (10).

[93] 宋华, 杨璇. 供应链金融风险来源与系统化管理: 一个整合性框架 [J]. 中国人民大学学报, 2018 (4).

[94] 苏杭, 郑磊, 牟逸飞. 要素禀赋与中国制造业产业升级——基于WIOD和中国工业企业数据库的分析 [J]. 管理世界, 2017 (4).

[95] 苏俊, 王永洵, 王强. 全球能源安全的格局演变与地缘博弈 [J]. 自然资源学报, 2020 (11).

[96] 孙会君, 高自友. 基于分布式工厂的供应链二级分销网络生产计划优化模型 [J]. 中国管理科学, 2002 (6).

[97] 覃汉松, 欧阳梓祥. 供应链中信任关系的建立和发展 [J]. 经济管理, 2002 (16).

[98] 汤铎铎, 刘学良, 倪红福, 杨耀武, 黄群慧, 张晓晶. 全球经济大变局、中国潜在增长率与后疫情时期高质量发展 [J]. 经济研究, 2020 (8).

［99］汤尚颖，孔雪．区域空间形态创新理论的发展与前沿［J］．数量经济技术经济研究，2011（2）．

［100］唐绍祥．基于资源及经济安全视角的中国对外投资合作研究［J］．上海经济研究，2012（7）．

［101］唐遥，陈贞竹，刘柯含．需求和供给冲击对企业投资以及价值链的影响——基于突发事件的研究［J］．金融研究，2020（6）．

［102］唐宜红，张鹏杨，梅冬州．全球价值链嵌入与国际经济周期联动：基于增加值贸易视角［J］．世界经济，2018（11）．

［103］汪延明，杜龙政．基于关联偏差的产业链治理研究［J］．中国软科学，2010（7）．

［104］王海兵，杨蕙馨．创新驱动与现代产业发展体系——基于我国省际面板数据的实证分析［J］．经济学（季刊），2016（4）．

［105］王金亮．基于上游度测算的我国产业全球地位分析［J］．国际贸易问题，2014（3）．

［106］王金强．大宗商品定价中的美元霸权分析［J］．社会科学，2019（5）．

［107］王静．产业链供应链"逆卷化"研究［J］．上海经济研究，2021（7）．

［108］王静．提升产业链供应链现代化水平的共融路径研究［J］．中南财经政法大学学报，2021（3）．

［109］王岚．融入全球价值链对中国制造业国际分工地位的影响［J］．统计研究，2014（5）．

［110］王丽杰，郑艳丽．绿色供应链管理中对供应商激励机制的构建研究［J］．管理世界，2014（8）．

［111］王晰巍，靖继鹏，李思永．基于信息生态视角的产业链形成及传导机理研究［J］．情报理论与实践，2010（4）．

［112］王晓红，郭霞．新冠疫情后我国产业链外移及产业链竞争力研究——以集成电路产业链为例［J］．国际贸易，2020（11）．

［113］王燕梅．我国制造业的对外开放与国家经济安全［J］．中国工业经济，2004（12）．

［114］王一鸣．百年大变局、高质量发展与构建新发展格局［J］．管理

世界，2020（12）.

[115] 王瑛，邵亚良. 经济高速增长下的产业安全分析 [J]. 财贸经济，2005（12）.

[116] 王迎军，高峻峻. 供应链分销系统优化及仿真 [J]. 管理科学学报，2002（5）.

[117] 王影，张纯. 供应链治理模式及其演化 [J]. 中国流通经济，2017（2）.

[118] 魏浩. 经济全球化、金融危机与发展中国家的外贸安全 [J]. 中国经济问题，2009（3）.

[119] 吴育华，赵强，王初. 基于多人合作理论的供应链库存利益分配机制研究 [J]. 中国管理科学，2002（6）.

[120] 新华社. 中共中央政治局常务委员会召开会议 [EB/OL]. 新华网，http：//www. xinhuanet. com/politics/leaders/2020－05/14/c_1125986000. htm.

[121] 邢超. 创新链与产业链结合的有效组织方式——以大科学工程为例 [J]. 科学学与科学技术管理，2012（10）.

[122] 徐传谌，张行. 国有企业海外并购中的经济安全问题研究 [J]. 经济体制改革，2015（2）.

[123] 徐从才，盛朝迅. 大型零售商主导产业链：中国产业转型升级新方向 [J]. 财贸经济，2012（1）.

[124] 徐宏玲，马长海，李双海. 跨国企业本地化与非市场策略——兼论中国供应链本质 [J]. 中国工业经济，2010（3）.

[125] 许和连，成丽红，孙天阳. 离岸服务外包网络与服务业全球价值链提升 [J]. 世界经济，2018（6）.

[126] 许圣道，王千. 虚拟经济全球化与国家经济安全研究 [J]. 中国工业经济，2009（1）.

[127] 杨丹辉，戴魁早，赵西三，余典范，黄寰. 推动中国全产业链优化升级 [J]. 区域经济评论，2021（2）.

[128] 杨仁发，刘勤玮. 生产性服务投入与制造业全球价值链地位：影响机制与实证检验 [J]. 世界经济研究，2019（4）.

［129］杨云霞. 当代霸权国家经济安全泛化及中国的应对［J］. 马克思主义研究，2021（3）.

［130］姚星，王博，王磊. 中国服务业在全球产业支撑体系中的地位及其影响因素［J］. 财贸经济，2021（3）.

［131］姚战琪. 数字贸易、产业结构升级与出口技术复杂度——基于结构方程模型的多重中介效应［J］. 改革，2021（1）.

［132］叶广宇，蓝海林. 供应链分析与基本竞争战略的选择［J］. 南开管理评论，2002（1）.

［133］叶建亮. 积极应对全球产业链重构［N］. 中国社会科学报，2020 - 8 - 23.

［134］叶卫平. 国家经济安全定义与评价指标体系再研究［J］. 中国人民大学学报，2010（4）.

［135］易信，刘凤良. 金融发展与产业结构转型——理论及基于跨国面板数据的实证研究［J］. 数量经济技术经济研究，2018（6）.

［136］于斌斌. 传统产业与战略性新兴产业的创新链接机理——基于产业链上下游企业进化博弈模型的分析［J］. 研究与发展管理，2012（3）.

［137］余东华，李云汉. 数字经济时代的产业组织创新——以数字技术驱动的产业链群生态体系为例［J］. 改革，2021（7）.

［138］余振，周冰惠，谢旭斌，王梓楠. 参与全球价值链重构与中美贸易摩擦［J］. 中国工业经济，2018（7）.

［139］袁航，朱承亮. 国家高新区推动了中国产业结构转型升级吗［J］. 中国工业经济，2018（8）.

［140］袁静，毛蕴诗，产业链纵向交易的契约治理与关系治理的实证研究［J］. 学术研究，2011（3）.

［141］张红，黄嘉敏，崔琰琰. 考虑政府补贴下具有公平偏好的绿色供应链博弈模型及契约协调研究［J］. 工业技术经济，2018（1）.

［142］张辉. 建设现代化经济体系的理论与路径初步研究［J］. 北京大学学报（哲学社会科学版），2018（1）.

［143］张会清，翟孝强. 中国参与全球价值链的特征与启示——基于生

产分解模型的研究 [J]. 数量经济技术经济研究, 2018 (1).

[144] 张金清, 吴有红. 外资并购对我国经济安全的潜在威胁分析 [J]. 复旦学报 (社会科学版), 2010 (2).

[145] 张鹏杨, 唐宜红. FDI 如何提高我国出口企业国内附加值? —— 基于全球价值链升级的视角 [J]. 数量经济技术经济研究, 2018 (7).

[146] 张钦, 达庆利, 沈厚才. 供应链中基于 Stackelberg 博弈的 EOQ 模型 [J]. 中国管理科学, 2002 (3).

[147] 张淑芹, 王玉凤. 中国制造业稳定性和竞争力评估——基于全球价值链视角 [J]. 技术经济与管理研究, 2021 (2).

[148] 张一弓, 高昊, 崔俊富. 中国国家经济安全战略的演进及内涵 [J]. 财经问题研究, 2010 (3).

[149] 张义博. 产业链安全内涵与评价体系 [J]. 中国经贸导刊, 2021 (10).

[150] 赵付春, 焦豪. 产业升级的微观实现机制研究: 基于双元性理论的视角 [J]. 科学学与科学技术管理, 2011 (5).

[151] 赵林度. 供应链节点企业技术创新方法研究 [J]. 科研管理, 2001 (6).

[152] 赵惟. 国家经济安全与产业安全研究综述 [J]. 首都经济贸易大学学报, 2005 (3).

[153] 赵玉婷. 环保背景下低碳经济与产业安全研究与探索——评《低碳经济视角下我国产业安全评价指标体系研究》 [J]. 中国安全科学学报, 2020 (8).

[154] 赵云鹏, 叶娇. 对外直接投资对中国产业结构影响研究 [J]. 数量经济技术经济研究, 2018 (3).

[155] 郑江淮, 郑玉. 新兴经济大国中间产品创新驱动全球价值链攀升—— 基于中国经验的解释 [J]. 中国工业经济, 2020 (5).

[156] 郑琼娥, 林峰, 许安心. 基于供应链整合能力的中国 OEM 企业升级路径探究 [J]. 宏观经济研究, 2012 (4).

[157] 中国社会科学院工业经济研究所课题组, 张其仔. 提升产业链供

应链现代化水平路径研究 ［J］. 中国工业经济，2021（2）.

［158］周升起，李昌琴. 对外开放对服务业全球价值链分工地位的影响研究——基于门槛效应模型的实证检验 ［J］. 重庆理工大学学报（社会科学），2021（3）.

［159］周新苗，冷军. 贸易自由化政策与产业经济安全研究 ［J］. 上海经济研究，2013（1）.

［160］诸竹君，黄先海，余骁. 进口中间品质量、自主创新与企业出口国内增加值率 ［J］. 中国工业经济，2018（8）.

［161］卓丽洪. 互联网金融与经济安全构成要素关联度实证研究 ［J］. 数量经济技术经济研究，2020（2）.

［162］邹国伟，刘艳，李文秀. 中国制造业的产业链竞争力研究——基于全球生产网络背景 ［J］. 东岳论丛，2021（7）.

［163］Accenture. Long-Term Growth, Short-Term Differentiation and Profits from Sustainable Products and Services ［J］. A Global Survey of Business Executives, 2012, 1442 (12): 1186 – 1207.

［164］Acemoglu, D., et al. The Network Origins of Aggregate Fluctuations ［J］. Econometrica, 2012, 80 (5): 1977 – 2016.

［165］Aghapour, A. H., Yazdani, M., Jolai, F., Mojtahedi, M. Capacity Planning and Reconfiguration for Disaster-Resilient Health Infrastructure ［J］. Journal of Building Engineering, 2019, 26, 100853.

［166］Ahiska, S. S., Appaji, S. R., King, R. E., Warsing, D. P, Jr.. A Markov Decision Process-Based Policy Characterization Approach for a Stochastic Inventory Control Problem with Unreliable Sourcing ［J］. International Journal of Production Economics, 2013, 144: 485 – 496.

［167］Aichele, R., Heiland, I. Where Is the Value Added? Trade Liberalization and Production Networks ［J］. Journal of International Economics, 2018, 115: 130 – 144.

［168］Aitken, J., A. Harrison. Supply Governance Structures for Reverse Logistics Systems ［J］. International Journal of Operations & Production Management, 2013, 33: 745 – 64.

［169］Akkermans, H. , Bogerd, P. , Vos, B. Virtuous and Vicious Cycles on the Road towards International Supply Chain Management ［J］. International Journal of Operations & Production Management, 1999, 19 (5/6): 565 – 582.

［170］Al Naimi, M. , Faisal, M. N. , Sobh, R. , Bin Sabir, L. A Systematic Mapping Review Exploring 10 Years of Research on Supply Chain Resilience and Reconfiguration ［J］. International Journal of Logistics Research and Applications, 2021: 1 – 28.

［171］Alcantara, P. , G. Riglietti. Supply Chain Resilience Report 2015 ［M］. London: Business Continuity Zurich, 2015.

［172］Alexandre, D. , I. Dmitry, S. Boris. Ripple Effect in the Supply Chain: An Analysis and Recent Literature ［J］. International Journal of Production Research, 2017, 56 (1 – 2): 414 – 430.

［173］Ali, I. , I. Gölgeci. Where Is Supply Chain Resilience Research Heading? A Systematic and Co-occurrence Analysis ［J］. International Journal of Physical Distribution & Logistics Management, 2019, 49 (8): 793 – 815.

［174］Alinezad, A. , Seif, A. , Esfandiari, N. Supplier Evaluation and Selection with QFD and FAHP in a Pharmaceutical Company ［J］. International Journal Advanced Manufacturing Technology, 2013, 68: 355 – 364.

［175］Altenburg, T. , H. Schmitz, A. Stamm. Breakthrough? China's and India's Transition from Production to Innovation ［J］. World Development, 2008, 36 (2): 325 – 344.

［176］Ambulkar, S. , J. Blackhurst, S. Grawe. Firm's Resilience to Supply Chain Disruptions: Scale Development and Empirical Examination ［J］. Journal of Operations Management, 2015: 33 – 34, 111 – 122.

［177］Amendolagine, V. , Presbitero, A. F. , Rabellotti, R. , Sanfilippo, M. Local Sourcing in Developing Countries: The Role of Foreign Direct Investments and Global Value Chains ［J］. World Development, 2019, 113: 73 – 88.

［178］Amsden, A. H. Asia's Next Giant ［M］. Oxford: Oxford University

Press, 1992.

[179] Ancarani, A., Di Mauro, C., Mascali, F. Backshoring Strategy and the Adoption of Industry 4.0: Evidence from Europe [J]. Journal of World Business, 2019, 54 (4): 360 – 371.

[180] Anderson, P. Perspective: Complexity Theory and Organization Science [J]. Organization Science, 1999, 10 (3): 216 – 232.

[181] Antra`s, P., Chor, D. Organizing the Global Value Chain [J]. Econometrica, 2013, 81 (6): 2127 – 2204.

[182] Antràs P., Chor D., Fally T., Hillberry R. Measuring the Upstreamness of Production and Trade Flows [J]. The American Economic Review, 2012, 102 (3): 412 – 416.

[183] Arcelus, F. J., Kumar, S., Srinivasan, G. Risk Tolerance and a Retailer's Pricing and Ordering Policies within a Newsvendor Frame Work [J]. Omega, 2012, 40: 188 – 198.

[184] Arias, M., R. Saavedra, M. R. Marques, J. Munoz-Gama, M. Sepúlveda. Human Resource Allocation in Business Process Management and Process Mining [J]. Management Decision, 2018, 56 (2): 376 – 405.

[185] Ariffin, N. Globalisation of Innovative Capabilities: Evidence from Local and Foreign Firms in the Electronics Industry in Malaysia and Brazil [J]. Science Technology and Society, 2006, 11 (1): 191 – 227.

[186] Arkan, A., Hejazi, S. R., Golmah, V. Supplier Selection in Supply Chain Management with Disruption Risk and Credit Period Concepts [J]. Journal of Industrial Engineering International, 2011, 7 (15): 51 – 59.

[187] Arksey, H., L. O'Malley. Scoping Studies: Towards a Methodological Framework [J]. International Journal of Social Research Methodology, 2005, 8 (1): 19 – 32.

[188] Arrighi, G. The Developmentalist Illusion: A Reconceptualization of the Semiperiphery [M] //W. Martin (ed.). Semiperipheral States in the World-Economy, Westport. CT: Greenwood Press, 1990.

[189] Ascani, A. , Crescenzi, R. , Iammarino, S. Economic Institutions and the Location Strategies of European Multinationals in Their Geographic Neighborhood [J]. Economic Geography, 2016, 92 (4): 401 –429.

[190] Asmussen, C. G. , Pedersen, T. , Petersen, B. How Do We Capture "Global Specialization" When Measuring Firms' Degree of Globalization? [J]. Management International Review, 2017, 47 (6): 791 –813.

[191] Auld, G. Constructing Private Governance: The Rise and Evolution of Forest, Coffee, and Fisheries Certification [J]. Review of Policy Research, 2014, 32 (2): 269 –271.

[192] Awasthi, A. , Chauhan, S. S. , Goyal, S. K. , Proth, J. M. Supplier Selection Problem for a Single Manufacturing Unit under Stochastic Demand [J]. International Journal of Production Economics, 2019, 117: 229 –233.

[193] Azadeh, A. , Alem, S. A. A Flexible Deterministic, Stochastic and Fuzzy Data Envelopment Analysis Approach for Supply Chain Risk and Vendor Selection Problem: Simulation Analysis [J]. Expert Systems with Applications, 2010, 37: 7438 –7448.

[194] Azaron, A. , Brown, K. N. , Tarim, S. A. , Modarres, M. A Multi-Objective Stochastic Programming Approach for Supply Chain Design Considering Risk [J]. International Journal of Production Economics, 2008, 116: 129 –138.

[195] Bacharach, S. B. Organizational Theories: Some Criteria for Evaluation [J]. Academy of Management Review, 1989, 14 (4): 496 –515.

[196] Bachrach, D. G. , Bendoly, E. Rigor in Behavioral Experiments: A Basic Primer for Supply Chain Management Researchers [J]. Journal of Supply Chain Management, 2011, 47 (3): 5 –8.

[197] Baghalian, A. , Rezapour, S. , Farahani, R. Z. Robust Supply Chain Network Design with Service Level Against Disruptions and Demand Uncertainties: A Real-life Case [J]. European Journal of Operational Research, 2013, 227: 199 –215.

[198] Bair, J. , G. Gereffi. Local Clusters in Global Chains: The Causes

and Consequences of Export Dynamism in Torreon's Blue Jeans Industry [J]. World Development, 2001, 29 (11): 1885 – 1903.

[199] Bair J, Gereffi G. Towards Better Work in Central America: Nicaragua and the CAFTA Context [J]. Palgrave Macmillan UK, 2014.

[200] Bair, J. , M. Werner. The Place of Disarticulations: Global Commodity Production in La Laguna, Mexico [J]. Environment and Planning A, 2011, 43 (5): 998 – 1015.

[201] Bair, J. Regional Trade and Production Blocs in a Global Industry: Towards a Comparative Framework for Research [J]. Environment and Planning A, 2006, 38 (12): 2233 – 2252.

[202] Baldwin, R. The Great Convergence [M]. Cambridge: Harvard University Press, 2016.

[203] Bansal, P. , Corley, K. The Coming of Age for Qualitative Research: Embracing the Diversity of Qualitative Methods [J]. Academy of Management Journal, 2011, 54 (2): 233 – 237.

[204] Barnett, M. L. Why Stakeholders Ignore Firm Misconduct: A Cognitive View [J]. Journal of Management, 2014, 40 (3): 676 – 702.

[205] Barrientos, S. , Knorringa, P. , Evers, B. , Visser, M. , Opondo, M. Shifting Regional Dynamics of Global Value Chains: Implications for Economic and Social Upgrading in African Horticulture [J]. Environment and Planning A, 2016, 48 (7): 1266 – 1283.

[206] Bartlett, C. A. , Ghoshal, S. Managing across Borders: The Transnational Solution [M]. Boston. MA: Harvard Business Press, 1989.

[207] Baryannis, G. , Validi, S. , Dani, S. , Antoniou, G. Supply Chain Risk Management and Artificial Intelligence: State of the Art and Future Research Directions [J]. International Journal of Production Research, 2019, 57 (7): 2179 – 2202.

[208] Battiti, R. , Tecchiolli, G. The Reactive Tabu Search [J]. ORSA Journal on Computing, 1994, 6 (2): 126 – 140.

［209］ Behzadi, G. , M. J. O'Sullivan, T. L. Olsen, F. Scrimgeour, and A. Zhang. Robust and Resilient Strategies for Managing Supply Disruptions in an Agribusiness Supply Chain ［J］. International Journal of Production Economics, 2017, 191: 207 –220.

［210］ Bell, J. E. , Griffis, S. E. Swarm Intelligence: Application of the Ant Colony Optimization Algorithm to Logistics-Oriented Vehicle Routing Problems ［J］. Journal of Business Logistics, 2010, 31 (2): 157 –175.

［211］ Bell, M. , M. Albu. Knowledge Systems and Technological Dynamism in Industrial Clusters in Developing Countries ［J］. World Development, 1999, 27 (9): 1715 –1734.

［212］ Bell, M. , Pavitt, K. Accumulating Technological Capability in Developing Countries ［J］. The World Bank Economic Review, 1992, 6 (1): 257 –281.

［213］ Bell, M. Time and Technological Learning in Industrialising Countries: How Long Does It Take? How Fast Is It Moving (If At All)?［J］. International Journal of Technology Management, 2006, 36 (1/2/3): 25 –39.

［214］ Bell, M. Innovation Capabilities and Directions of Development ［J］. Steps Centre, 2009.

［215］ Ben-Daya, M. , Hassini, E. , Bahroun, Z. Internet of Things and Supply Chain Management: A Literature Review ［J］. International Journal of Production Research, 2019, 57: 1 –24.

［216］ Benito, G. R. , Petersen, B. , Welch, L. S. The Global Value Chain and Internalization Theory ［J］. Journal of International Business Studies, 2019, 50 (8): 1414 –1423.

［217］ Bennedsen, M. , Foss, N. Family Assets and Liabilities in the Innovation Process ［J］. California Management Review, 2015, 58 (1): 65 –81.

［218］ Benstead, A. V. , Hendry, L. C. , Stevenson, M. Horizontal Collaboration in Response to Modern Slavery Legislation: An Action Research Project ［J］. International Journal of Operations & Production Management, 2018, 38

(12), 2286 - 2312.

[219] Benton, W. C. , Maloni, M. The Influence of Power Driven Buyer/ Seller Relationships on Supply Chain Satisfaction [J]. Journal of Operations Management, 2005, 23 (1), 1 - 22.

[220] Berger, P. D. , Zeng, A. Z. Single Versus Multiple Sourcing in the Presence of Risks [J]. Journal of the Operational Research Society, 2006, 57: 250 - 261.

[221] Berger, P. D. , Gerstenfeld, A. , Zeng, A. Z. How Many Suppliers Are Best? A Decision-Analysis Approach [J]. Omega, 2004, 32: 9 - 15.

[222] Berman, O. , Krass, D. , Mahdi Tajbakhsh, M. On the Benefits of Risk Pooling in Inventory Management [J]. Production and Operations Management, 2011, 20 (1): 57 - 71.

[223] Bhaskar, R. The Possibility of Naturalism: A Philosophical Critique of the Contemporary Human Sciences (3rd ed.) [M] . London: Routledge, 1998.

[224] Bhattacharya, A. , Geraghty, J. , Young, P. Supplier Selection Paradigm: An Integrated Hierarchical QFD Methodology under Multiple-Criteria Environment [J]. Applied Soft Computing, 2010, 10: 1013 - 1027.

[225] Bies, R. J. Interactional Justice: Communication Criteria of Fairness [J]. Research on Negotiation in Organizations, 1986, 1: 43 - 55.

[226] Bilsel, R. U. , Ravindran, A. A Multiobjective Chance Constrained Programming Model for Supplier Selection under Uncertainty [J]. Transportation Research Part B, 2011, 45: 1284 - 1300.

[227] Blackhurst, J. , K. S. Dunn, C. W. Craighead. An Empirically Derived Framework of Global Supply Resiliency [J]. Journal of Business Logistics, 2011, 32 (4), 374 - 391.

[228] Blažek, J. Towards a Typology of Repositioning Strategies of GVC/ GPN Suppliers: The Case of Functional Upgrading and Downgrading [J]. Journal of Economic Geography, 2016, 16: 849 - 869.

[229] Blondel, V. D. , Guillaume, J. L. , Lambiotte, R. , Lefebvre, E.

Fast Unfolding of Communities in Large Networks [J]. Journal of Statistical Mechanics: Theory and Experiment, 2008 (10): 10008.

[230] Bode, C., Macdonald, J. R. Stages of Supply Chain Disruption Response: Direct, Constraining, and Mediating Factors for Impact Mitigation [J]. Decision Sciences, 2017, 48 (5): 836–874.

[231] Bode, C., S. M. Wagner. Structural Drivers of Upstream Supply Chain Complexity and the Frequency of Supply Chain Disruptions [J]. Journal of Operations Management, 2015, 36 (5): 215–228.

[232] Bode, C., S. M. Wagner, K. J. Petersen, and L. M. Ellram. Understanding Responses to Supply Chain Disruptions: Insights from Information Processing and Resource Dependence Perspectives [J]. Academy of Management Journal, 2011, 54 (4): 833–856.

[233] Bogataj, D., M. Bogataj. Measuring the Supply Chain Risk and Vulnerability in Frequency Space [J]. International Journal of Production Economics, 2007, 108 (1–2): 291–301.

[234] Bollen, K. A., Stine, R. Direct and Indirect Effects: Classical and Bootstrap Estimates of Variability [J]. Sociological Methodology, 1990, 20: 115–140.

[235] Bonnín-Roca, J., P. Vaishnav, J. Mendonça, G. Morgan. Getting Past the Hype about 3-D Printing [J]. MIT Sloan Management Review, 2017, 58 (3): 57–62.

[236] Bowen, F. After Greenwashing: Symbolic Corporate Environmentalism and Society [M]. Cambridge: Cambridge University Press, 2014.

[237] Bowen, S. The Importance of Place: Re-territorialising Embeddedness [J]. Sociologia Ruralis, 2010, 51: 325–348.

[238] Boyack, K. W., Klavans, R. Co-citation Analysis, Bibliographic Coupling, and Direct Citation: Which Citation Approach Represents the Research Front Most Accurately? [J]. Journal of the American Society for Information Science and Technology, 2010, 61 (12): 2389–2404.

［239］Bozarth, C. C. , Warsing, D. P. , Flynn, B. B. , Flynn, E. J. The Impact of Supply Chain Complexity on Manufacturing Plant Performance ［J］. Journal of Operations Management, 2009, 27 (1): 78 – 93.

［240］Brancati, E. , Brancati, R. , Maresca, A. Global Value Chains, Innovation and Performance: Firm-level Evidence from the Great Recession ［J］. Journal of Economic Geography, 2017, 17 (5): 1039 – 1073.

［241］Brandon-Jones, E. , B. Squire, C. W. Autry, K. J. Petersen. A Contingent Resource-based Perspective of Supply Chain Resilience and Robustness ［J］. Journal of Supply Chain Management, 2014, 50 (3): 55 – 73.

［242］Braunscheidel, M. J. , Suresh, N. C. The Organizational Antecedents of a Firm's Supply Chain Agility for Risk Mitigation and Response ［J］. Journal of Operations Management, 2009, 27 (2): 119 – 140.

［243］Bregman, R. Utopia for Realists: And How We Can Get There ［M］. London: Bloomsbury Publishing, 2017.

［244］Brennan, L. , K. Ferdows and J. Godsell et al. Manufacturing in the World: Where Next?［J］. International Journal of Operations & Production Management, 2015, 35: 1253 – 1274.

［245］Brewer, B. D. Global Commodity Chains and World Income Inequalities: The Missing Link of Inequality and the "Upgrading" Paradox ［J］. Journal of World-Systems Research, 2011, 17 (2): 308 – 327.

［246］Briant, O. , Naddef, D. , Mounié, G. Greedy Approach and Multicriteria Simulated Annealing for the Car Sequencing Problem ［J］. European Journal of Operational Research, 2008, 191 (3): 993 – 1003.

［247］Brun, A. , C. Castelli. Supply Chain Strategy in the Fashion Industry: Developing a Portfolio Model Depending on Product, Retail Channel and Brand ［J］. International Journal of Production Economics, 2008, 116: 169 – 181.

［248］Brusset, X. , C. Teller. Supply Chain Capabilities, Risks, and Resilience ［J］. International Journal of Production Economics, 2017, 184: 59 – 68.

［249］Brynjolfsson, E. , Y. J. Hu, M. S. Rahman. Competing in the Age of

Omnichannel Retailing [J]. MIT Sloan Management Review, 2013, 54: 23 – 29.

[250] Buckley, P. J. , Tian, X. Transnationality and Financial Performance in the Era of the Global Factory [J]. Management International Review, 2017, 57 (4): 501 – 528.

[251] Buckley, P. J. Forty Years of Internalization Theory and the Multinational Enterprise [J]. Multinational Business Review, 2014, 22 (3): 227 – 245.

[252] Bunge, M. Mechanism and Explanation [J]. Philosophy of the Social Sciences, 1997, 27 (4): 410 – 465.

[253] Burgess, K. , P. J. Singh, R. Koroglu. Supply Chain Management: A Structured Literature Review and Implications for Future Research [J]. International Journal of Operations & Production Management, 2006, 26: 703 – 729.

[254] Burke, G. J. Sourcing Decisions, with Stochastic Supplier Reliability and Stochastic Demand [J]. Production and Operations Management, 2009, 18 (4): 475 – 484.

[255] Burke, G. J. , Carrillo, J. , Vakharia, A. J. Heuristics for Sourcing from Multiple Suppliers with Alternative Quantity Discounts [J]. European Journal of Operational Research, 2008, 186: 317 – 329.

[256] Burke, G. J. , Erenguc, S. S. , Vakharia, A. J. Optimal Requirement Allocation among Quantity-Discount Quoting Suppliers [J]. Operations Management Research, 2008, 1: 53 – 60.

[257] Burnes, B. Complexity Theories and Organizational Change [J]. International Journal of Management Reviews, 2005, 7 (2): 73 – 90.

[258] Busemeyer, J. R. , Townsend, J. T. Decision Field Theory: A Dynamic Cognitive Approach to Decision Making in an Uncertain Environment [J]. Psychological Review, 1993, 100 (3): 432 – 459.

[259] Busse, C. , M. C. Schleper, J. Weilenmann, S. M. Wagner. Extending the Supply Chain Visibility Boundary: Utilizing Stakeholders for Identifying Supply Chain Sustainability Risks [J]. International Journal of Physical Distribution & Logistics Management, 2017, 47: 18 – 40.

［260］Cagliano, R. , F. Caniato, G. Spina. E-business Strategy: How Companies Are Shaping Their Supply Chain through the Internet ［J］. International Journal of Operations & Production Management, 2003, 23: 1142 – 1162.

［261］Cagliano, R. , F. Caniato, R. Golini et al. Supply Chain Configurations in a Global Environment: A Longitudinal Perspective ［J］. Operations Management Research, 2008, 1: 86 – 94.

［262］Caniato, F. , R. Cagliano, M. Kalchschmidt et al. Evolutionary Patterns in E-business Strategy ［J］. International Journal of Operations & Production Management, 2009, 29: 921 – 945.

［263］Caniato, F. , R. Golini, M. Kalchschmidt. The Effect of Global Supply Chain Configuration on the Relationship between Supply Chain Improvement Programs and Performance ［J］. International Journal of Production Economics, 2013, 143: 285 – 293.

［264］Capaldo, A. Network Structure and Innovation: The Leveraging of a Dual Network as a Distinctive Relational Capability ［J］. Strategic Management Journal, 2007, 28 (6): 585 – 608.

［265］Carnovale, S. , Yeniyurt, S. The Role of Ego Networks in Manufacturing Joint Venture Formations ［J］. Journal of Supply Chain Management, 2014, 50 (2): 1 – 17.

［266］Carrera, D. A. , Mayorga, R. V. Supply Chain Management: Amodular Fuzzy Inference System Approach in Supplier Selection for New Product Development ［J］. Journal of Intelligent Manufacturing, 2008, 19: 1 – 12.

［267］Carter, C. R. , Kaufmann, L. , Wagner, C. M. Reconceptualizing Intuition in Supply Chain Management ［J］. Journal of Business Logistics, 2017, 38 (2): 80 – 95.

［268］Carter, C. R. , D. S. Rogers, T. Y. Choi. Toward the Theory of the Supply Chain ［J］. Journal of Supply Chain Management, 2015, 51: 89 – 97.

［269］Casciaro, T. , Piskorski, M. J. Power Imbalance, Mutual Dependence, and Constraint Absorption: A Closer Look at Resource Dependence Theory

[J]. Administrative Science Quarterly, 2005, 50 (2): 167 – 199.

[270] Casselman, B. Will the Coronavirus Cause a Recession? Keep Your Eye on the Barbershops [N]. The New York Times, 2020 – 03 – 05.

[271] Cattaneo, O. , Gereffi, G. , Staritz, C. Global Value Chains in a Post-crisis World: Resilience, Consolidation, and Shifting End Marketz [J]. Global Value Chains in a Postcrisis World: A Development Perspective, 2010: 3 – 20.

[272] Chai, J. , James, N. K. L. , Eric, W. T. N. Application of Decision-Making Techniques in Supplier Selection: A Systematic Review of Literature [J]. Expert Systems with Applications, 2013, 40: 3872 – 3885.

[273] Chaminade, C. , J. Vang. Upgrading in Asian Clusters: Rethinking the Importance of Interactive Learning [J]. Science Technology and Society, 2008, 13 (6): 61 – 94.

[274] Chaminade, C. , M. Plechero. Do Regions Make a Difference? Regional Innovation Systems and Global Innovation Networks in the ICT Industry [J]. European Planning Studies, 2015, 3 (2): 215 – 237.

[275] Chamodrakas, I. , Batis, D. , Martakos, D. Supplier Selection in Electronic Marketplaces Using Satisficing and Fuzzy AHP [J]. Expert Systems with Applications, 2010, 37: 490 – 498.

[276] Chan, F. T. S. , Kumar, N. Global Supplier Development Considering Risk Factors Using Fuzzy Extended AHP-based Approach [J]. Omega, 2007, 35: 417 – 431.

[277] Chandra, C. , J. Grabis. Configurable Supply Chain: Framework, Methodology and Application [J]. International Journal of Manufacturing Technology and Management, 2009, 17 (1 – 2): 5 – 22.

[278] Chaturvedi, A. , Martínez-de-Albéniz, V. Optimal Procurement Design in the Presence of Supply Risk [J]. Manufacturing & Service Operations Management, 2011, 13 (2): 227 – 243.

[279] Chen, D. , Wei, W. , Hu, D. , Muralidharan, E. Survival Strategy of OEM Companies: A Case Study of the Chinese Toy Industry [J]. International

Journal of Operations & Production Management, 2016, 36 (9): 1065 – 1088.

[280] Chen, H. , P. J. Daugherty, T. D. Landry. Supply Chain Process Integration: A Theoretical Framework [J]. Journal of Business Logistics, 2009, 30: 27 – 46.

[281] Chen, J. , Zhao, X. , Zhou, Y. A Periodic-Review Inventory System with a Capacitated Backup Supplier for Mitigating Supply Disruptions [J]. European Journal of Operational Research, 2012, 219: 312 – 323.

[282] Chen, K. , Zhuang, P. Disruption Management for a Dominant Retailer with Constant Demand-Stimulating Service Cost [J]. Computers & Industrial Engineering, 2011, 61: 936 – 946.

[283] Chen, T. J. Network Resources for Internationalization: The Case of Taiwan's Electronics Firms [J]. Journal of Management Studies, 2003, 40 (5): 1107 – 1130.

[284] Chen, Y. S. , Cheng, C. H. , Lai, C. J. Extracting Performance Rules of Suppliers in the Manufacturing Industry: An Empirical Study [J]. Journal of Intelligent Manufacturing, 2012: 2037 – 2045.

[285] Cheng, L. , Wan, Z. , Wang, G. Bilevel Newsvendor Models Considering Retailer with CVaR Objective [J]. Computers & Industrial Engineering, 2009, 57: 310 – 318.

[286] Chiarvesio, M. , Di Maria, E. Internationalization of Supply Networks Inside and Outside Clusters [J]. International Journal of Operations & Production Management, 2009, 29 (11).

[287] Chiu, M. C. , Okudan, G. An Investigation on the Impact of Product Modularity Level on Supply Chain Performance Metrics: An Industrial Case Study [J]. Journal of Intelligent Manufacturing, 2014, 25: 129 – 145.

[288] Choi, T. Y. , Krause, D. R. The Supply Base and Its Complexity: Implications for Transaction Costs, Risks, Responsiveness, and Innovation [J]. Journal of Operations Management, 2006, 24 (5): 637 – 652.

[289] Choi, T. M. , Li, D. , Yan, H. Mean-variance Analysis of a Single

Supplier and Retailer Supply Chain under a Returns Policy [J]. European Journal of Operational Research, 2008, 184: 356 – 376.

[290] Choi, T. Y., K. Dooley. Supply Networks: Theories and Models [J]. Journal of Supply Chain Management, 2008, 44 (1): 84.

[291] Chopra, S., Sodhi, M. S. Reducing the Risk of Supply Chain Disruptions [J]. MIT Sloan Management Review, 2014, 55 (3): 73 – 80.

[292] Choudhary, D., Shankar, R. Joint Decision of Procurement Lot-size, Supplier Selection, and Carrier Selection [J]. Journal of Purchasing & Supply Management, 2013, 19: 16 – 26.

[293] Choudhary, D., Shankar, R. A Goal Programming Model for Joint Decision Making of Inventory Lot-size, Supplier Selection and Carrier Selection [J]. Computers & Industrial Engineering, 2014, 71: 1 – 9.

[294] Chowdhury, M. M. H., M. A. Quaddus. Supply Chain Readiness, Response and Recovery for Resilience [J]. Supply Chain Management: An International Journal, 2016, 21 (6): 709 – 731.

[295] Chowdhury, M. M. H., M. A. Quaddus. Supply Chain Resilience: Conceptualization and ScaleDevelopment Using Dynamic Capability Theory [J]. International Journal of Production Economics, 2017, 188: 185 – 204.

[296] Christopher, M., H. Peck. Building the Resilient Supply Chain [J]. The International Journal of Logistics Management, 2004, 15 (2): 1 – 14.

[297] Clauset, A., Newman, M. E. J., Moore, C. Finding Community Structure in Very Large Networks [J]. Physical Review E, 2004, 70 (6): 066111.

[298] Coe, N. M., Yeung, H. W. C. Global Production Networks: Theorizing Economic Development in an Interconnected World [M]. Oxford: Oxford University Press, 2015.

[299] Coe, N. M., Yeung, H. W. C. Global Production Networks: Mapping Recent Conceptual Developments [J]. Journal of Economic Geography, 2019, 19 (4): 775 – 801.

[300] Colicchia, C., Strozzi, F. Supply Chain Risk Management: A New

Methodology for a Systematic Literature Review [J]. Supply Chain Management: An International Journal, 2012, 17 (4): 403 – 418.

[301] Colicchia, C. Information Sharing in Supply Chains: A Review of Risks and Opportunities Using the Systematic Literature Network Analysis (SLNA) [J]. Supply Chain Management: An International Journal, 2019, 24 (1): 5 – 21.

[302] Colicchia, C. , A. Creazza, D. A. Menachof. Managing Cyber and Information Risks in Supply Chains: Insights from an Exploratory Analysis [J]. Supply Chain Management: An International Journal, 2019, 24 (2): 215 – 240.

[303] Colquitt, J. A. On the Dimensionality of Organizational Justice: A Construct Validation of a Measure [J]. Journal of Applied Psychology, 2001, 86 (3): 386 – 400.

[304] Cooke, P. Regional Innovation Systems, Clusters and the Knowledge Economy [J]. Industrial & Corporate Change, 2001, 10 (4): 945 – 974.

[305] Cooper, M. C. , L. M. Ellram. Characteristics of Supply Chain Management and the Implications for Purchasing and Logistics Strategy [J]. The International Journal of Logistics Management, 1993, 4: 13 – 24.

[306] Cooper, M. C. , D. M. Lambert, J. D. Pagh. Supply Chain Management: More than a New Name for Logistics [J]. The International Journal of Logistics Management, 1997, 8: 1 – 14.

[307] Corbin, J. , Strauss, A. Basics of Qualitative Research: Techniques and Procedures for Developing Grounded Theory [M]. Los Angeles, CA: Sage Publications, 2008.

[308] Cousins, P. D. , B. Lawson, B. Squire. Supply Chain Management: Theory and Practice-the Emergence of an Academic Discipline?[J]. International Journal of Operations & Production Management, 2006, 26: 697 – 702.

[309] Coviello, N. , Kano, L. , Liesch, P. W. Adapting the Uppsala Model to a Modern World: Macro-context and Microfoundations [J]. Journal of International Business Studies, 2017.

[310] Craighead, C. W. , Blackhurst, J. , Rungtusanatham, M. J. ,

Handfield, R. B. The Severity of Supply Chain Disruptions: Design Characteristics and Mitigation Capabilities [J]. Decision Sciences, 2007, 38 (1): 131 – 156.

[311] Criscuolo C, J. Timmis. GVCs and Centrality: Mapping Key Hubs, Spokes and the Periphery, OECD Productivity Working Papers [M]. Paris: OECD Publishing, 2018.

[312] Croson, R. , Donohue, K. , Katok, E. , Sterman, J. D. Order Stability in Supply Chains: Coordination Risk and the Role of Coordination Stock [J]. Production and Operations Management, 2014, 23 (2): 176 – 196.

[313] Crutzen, P. J. , E. F. Stoermer. The Anthropocene [J]. IGBP Global Change Newsletter, 2000, 41: 17 – 18.

[314] Da Silva, E. M. , Ramos, M. O. , Alexander, A. , Jabbour, C. J. C. A Systematic Review of Empirical and Normative Decision Analysis of Sustainability Related Supplier Risk Management [J]. Journal of Cleaner Production, 2020, 244: 118808.

[315] Dahlman, C. J. , B. Ross-Larson, L. E. Westphal. Managing Technological Development: Lessons from the Newly Industrializing Countries [J]. World Development, 1987, 15 (6): 759 – 775.

[316] Dallas, M. P. , Ponte, S. , Sturgeon, T. J. Power in Global Value Chains [J]. Review of International Political Economy, 2019, 26 (4): 666 – 694.

[317] Dane, E. , Pratt, M. G. Exploring Intuition and Its Role in Managerial Decision Making [J]. Academy of Management Review, 2007, 32 (1): 33 – 54.

[318] Darby, J. L. , Ketchen Jr, D. J. , Williams, B. D. , Tokar, T. The Implications of Firm-Specific Policy Risk, Policy Uncertainty, and Industry Factors for Inventory: A Resource Dependence Perspective [J]. Journal of Supply Chain Management, 2020, 56 (4): 3 – 24.

[319] Dauvergne, P. , J. Lister. Eco-Business: A Big-Brand Takeover of Sustainability [M]. Cambridge: MIT Press, 2013.

[320] Dauvergne, P. Environmentalism of the Rich [M]. Cambridge: MIT Press, 2016.

［321］Davarzani，H. ，Zegordi，S. H. ，Norrman，A. Contingent Management of Supply Chain Disruption：Effects of Dual or Triple Sourcing ［J］. Scientia Iranica E，2011，18（6）：1517 – 1528.

［322］Davis，J. P. ，K. M. Eisenhardt，C. B. Bingham. Optimal Structure，Market Dynamism，and the Strategy of Simple Rules ［J］. Administrative Science Quarterly，2009，54（3）：413 – 452.

［323］Davis，J. ，K. Mengersen，S. Bennett，L. Mazerolle. Viewing Systematic Reviews and Meta-analysis in Social Research Through Different Lenses ［J］. Springer Plus，2014，3（1）：511 – 519.

［324］Dawes，R. ，Faust，D. ，Meehl，P. . Clinical versus Actuarial Judgment ［J］. Science，1989，243（4899）：1668 – 1674.

［325］Day，J. M. ，Melnyk，S. A. ，Larson，P. D. ，Davis，E. W. ，Whybark，D. C. Humanitarian and Disaster Relief Supply Chains：A Matter of Life and Death ［J］. Journal of Supply Chain Management，2012，48（2）：21 – 36.

［326］De Marchi，V. Environmental Innovation and R&D Cooperation：Empirical Evidence from Spanish Manufacturing Firms ［J］. Research Policy，2012，41：614 – 623.

［327］De Marchi，V. ，E. Di Maria，S. Ponte. The Greening of Global Value Chains：Insights from the Furniture Industry ［J］. Competition & Change，2013，17：299 – 318.

［328］De Marchi，V. ，E. Giuliani，R. Rabellotti. Do Global Value Chains Offer Developing Countries Learning and Innovation Opportunities?［J］. The European Journal of Development Research，2018，30（3）：389 – 407.

［329］De Véricourt，F. ，Jain，K. ，Bearden，J. N. ，Filipowicz，A. Sex，Risk and the Newsvendor ［J］. Journal of Operations Management，2013，31（1 – 2）：86 – 92.

［330］Demirtas，E. A. ，Ustun，O. An Integrated Multi-Objective Decision Making Process for Supplier Selection and Order Allocation ［J］. Omega-International Journal of Management Science，2006，36（1）：79 – 90.

[331] Demirtas, E. A., Ustun, O. Analytic Network Process and Multi-Period Goal Programming Integration in Purchasing Decisions [J]. Computers & Industrial Engineering, 2009, 56: 677 –690.

[332] Dev, N. K., R. Shankar, P. Kumar Dey. Reconfiguration of Supply Chain Network: An ISM-based Roadmap to Performance [J]. Benchmarking: An International Journal, 2014, 21 (3): 386 –411.

[333] DeVellis, R. F. Scale Development: Theory and Applications [M]. Los Angeles, CA: Sage Publications, 2016.

[334] Dhanaraj, C., Parkhe, A. Orchestrating Innovation Networks [J]. Academy of Management Review, 2006, 31 (3): 659 –669.

[335] Dicken, P. Global Shift: Mapping the Changing Contours of the World Economy (7th ed.) [M]. London: Sage Publications, 2015.

[336] Dickson, G. W. An Analysis of Vendor Selection Systems and Decisions [J]. Journal of Purchasing, 1966, 2 (1): 5 –17.

[337] Dolan, C., J. Humphrey. Changing Governance Patterns in the Trade in Fresh Vegetables between Africa and the United Kingdom [J]. Environment and Planning A, 2004, 36 (3): 491 –509.

[338] Donaldson, T., Preston, L. E. The Stakeholder Theory of the Corporation: Concepts, Evidence, and Implications [J]. Academy of Management Review, 1995, 20 (1): 65 –91.

[339] Dooley, K. J., Ven, A. H. V. D. Explaining Complex Organizational Dynamics [J]. Organisation Science, 1999, 10 (3): 358 –372.

[340] Dorigo, M., Stützle, T. The Ant Colony Optimization Metaheuristic: Algorithms, Applications, and Advances. In F. Glover & G. A. Kochenberger (Eds.). Handbook of Metaheuristics [M]. Boston, MA: Springer US, 2003.

[341] Dorigo, M., Caro, G. D., Gambardella, L. M. Ant Algorithms for Discrete Optimization [J]. Artificial Life, 1999, 5 (2): 137 –172.

[342] Dosi, G., C. Freeman, G. Nelson et al. Technical Change and Economic Theory [M]. London: Pinter, 1988.

[343] Dowlatshahi, S. Implementing Early Supplier Involvement: A Conceptual Framework [J]. International Journal of Operations & Production Management, 1998, 18: 143 – 167.

[344] Drees, J. M., Heugens, P. P. M. A. R. Synthesizing and Extending Resource Dependence Theory: A Meta-Analysis [J]. Journal of Management, 2013, 39 (6): 1666 – 1698.

[345] Duan, Q., Liao, T. W. Optimization of Replenishment Policies for Decentralized and Centralized Capacitated Supply Chains under Various Demands [J]. International Journal of Production Economics, 2013, 142: 194 – 204.

[346] DuHadway, S., Carnovale, S., Kannan, V. R. Organizational Communication and Individual Behavior: Implications for Supply Chain Risk Management [J]. Journal of Supply Chain Management, 2018, 54 (4): 3 – 19.

[347] Dunning, J. H. The Eclectic Paradigm of International Production: A Restatement and Some Possible Extensions [J]. Journal of International Business Studies, 1988, 19 (1): 1 – 31.

[348] Dussel Peters E. GCCs and Development: A Conceptual and Empirical Review [J]. Competition and Change, 2008, 12 (1): 11 – 27.

[349] Dyer, J. H., D. S. Cho, W. Cgu. Strategic Supplier Segmentation: The Next "Best Practice" in Supply Chain Management [J]. California Management Review, 1998, 40: 57 – 77.

[350] Eckerd, S., Hill, J., Boyer, K. K., Donohue, K., Ward, P. T. The Relative Impact of Attribute, Severity, and Timing of Psychological Contract Breach on Behavioral and Attitudinal Outcomes [J]. Journal of Operations Management, 2013, 31 (7 – 8): 567 – 578.

[351] Edwards, J. R., Lambert, L. S. Methods for Integrating Moderation and Mediation: A General Analytical Framework Using Moderated Path Analysis [J]. Psychological Methods, 2007, 12 (1): 1 – 22.

[352] Eglese, R. W. Simulated Annealing: A Tool for Operational Research [J]. European Journal of Operational Research, 1990, 46 (3): 271 – 281.

[353] Eisenhardt, K. M. Building Theories from Case Study Research [J]. Academy of Management Review, 1989, 14 (4): 532 –550.

[354] Elliott, D. , Swartz, E. , Herbane, B. Business Continuity Management: A Crisis Management Approach [M]. London: Routledge, 2010.

[355] Ellis, S. C. , Henry, R. M. , Shockley, J. Buyer Perceptions of Supply Disruption Risk: A Behavioral View and Empirical Assessment [J]. Journal of Operations Management, 2010, 28 (1): 34 –46.

[356] Ellis, S. C. , J. Shockley, R. M. Henry. Making Sense of Supply Disruption Risk Research: A Conceptual Framework Grounded in Enactment Theory [J]. Journal of Supply Chain Management, 2011, 47 (2): 65 –96.

[357] Ellram, L. M. , M. C. Cooper. Supply Chain Management: It's All about the Journey, Not the Destination [J]. Journal of Supply Chain Management, 2014, 50: 8 –20.

[358] Emerson, R. M. Power-Dependence Relations [J]. American Sociological Review, 1962, 27 (1): 31 –41.

[359] Enderwick, P. The Scope of Corporate Social Responsibility in Networked Multinational Enterprises [J]. International Business Review, 2018, 27 (2): 410 –417.

[360] Eng, S. W. L. , Chew, E. P. , Lee, L. H. Impacts of Supplier Knowledge Sharing Competences and Production Capacities on Radical Innovative Product Sourcing [J]. European Journal of Operational Research, 2013, 232 (1): 41 –51.

[361] Eng, T. Y. , Spickett-Jones, J. G. An Investigation of Marketing Capabilities and Upgrading Performance of Manufacturers in Mainland China and Hong Kong [J]. Journal of World Business, 2009, 44 (4): 463 –475.

[362] Enos, J. L. The Creation of Technological Capability in Developing Countries [M]. London: Pinter, 1991.

[363] Ericsson, K. A. , Smith, J. Prospects and Limits of the Empirical Study of Expertise: An Introduction [M]. Cambridge, UK: Cambridge University

Press, 1991.

[364] Ericsson, K. A. The Influence of Experience and Deliberate Practice on the Development of Superior Expert Performance [J]. The Cambridge Handbook of Expertise and Expert Performance, 2006, 38 (685 – 705): 2.

[365] Eriksson, T. , Nummela, N. , Saarenketo, S. Dynamic Capability in a Small Global Factory [J]. International Business Review, 2014, 23 (1): 169 – 180.

[366] Evenett, S. J. Protectionism, State Discrimination, and International Business Since the Onset of the Global Financial Crisis [J]. Journal of International Business Policy, 2019, 2 (1): 9 – 36.

[367] Fahimnia, B. , Pournader, M. , Siemsen, E. , Bendoly, E. , Wang, C. Behavioral Operations and Supply Chain Management—A Review and Literature Mapping [J]. Decision Sciences, 2019, 50 (6): 1127 – 1183.

[368] Fahimnia, B. , Sarkis, J. , Davarzani, H. Green Supply Chain Management: A Review and Bibliometric Analysis [J]. International Journal of Production Economics, 2015, 162: 101 – 114.

[369] Federgruen, A. , Yang, N. Selecting a Portfolio of Suppliers under Demand and Supply Risks [J]. Operations Research, 2008, 56 (4): 916 – 936.

[370] Ferdows, K. , Vereecke, A. , De Meyer, A. Delayering the Global Production Network into Congruent Subnetworks [J]. Journal of Operations Management, 2016, 41 (1): 63 – 74.

[371] Figueiredo, P. N. Learning, Capability Accumulation and Firms' Differences: Evidence from Latecomer Steel [J]. Industrial and Corporate Change, 2003, 12 (3): 607 – 643.

[372] Finke, G. R. , Schmitt, A. J. , Singh, M. Modeling and Simulating Supply Chain Schedule Risk [R]. Proceedings of the Winter Simulation Conference, 2010, 3472 – 3481.

[373] Flyvbjerg, B. Five Misunderstandings about Case-Study Research [J]. Qualitative Inquiry, 2006, 12 (2): 219 – 245.

［374］Foerstl, K. , Azadegan, A. , Leppelt, T. , Hartmann, E. Drivers of Supplier Sustainability: Moving beyond Compliance to Commitment ［J］. Journal of Supply Chain Management, 2015, 51 (1): 67 – 92.

［375］Foster, C. , Graham, M. , Mann, L. , Waema, T. , Friederici, N. Digital Control in Value Chains: Challenges of Connectivity for East African Firms ［J］. Economic Geography, 2018, 94 (1): 68 – 86.

［376］Fransen, L. , Schalk, J. , Auld, G. Community Structure and the Behavior of Transnational Sustainability Governors: Toward a Multi-Relational Approach ［J］. Regulation & Governance, 2020, 14 (1): 3 – 25.

［377］Freidberg, S. Calculating Sustainability in Supply Chain Capitalism ［J］. Economy and Society, 2013, 42: 571 – 596.

［378］French, J. R. , Raven, B. , Cartwright, D. The Bases of Social Power ［J］. Classics of Organization Theory, 1959, 7: 311 – 320.

［379］Fu, X. China's Path to Innovation ［M］. Cambridge, UK: Cambridge University Press, 2015.

［380］Fuller, C. , Phelps, N. A. Revisiting the Multinational Enterprise in Global Production Networks ［J］. Journal of Economic Geography, 2018, 18 (1): 139 – 161.

［381］Funk, C. A. , Arthurs, J. D. , Treviño, L. J. , Joireman, J. Consumer Animosity in the Global Value Chain: The Effect of International Production Shifts on Willingness to Purchase Hybrid Products ［J］. Journal of International Business Studies, 2010, 41 (4): 639 – 651.

［382］Gabler, C. B. , Richey, Jr, R. G. , Stewart, G. T. Disaster Resilience through Public-Private Short-Term Collaboration ［J］. Journal of Business Logistics, 2017, 38 (2): 130 – 144.

［383］Gan, X. , Sethi, S. P. , Yan, H. Channel Coordination with a Risk Neutral Supplier and a Downside-Risk-Averse Retailer ［J］. Production and Operations Management, 2005, 14: 80 – 89.

［384］Gaonkar R, Viswanadham N. A Conceptual and Analytical Framework for the Management of Risk in Supply Chains ［C］// IEEE International Conference on Robotics & Automation. IEEE, 2004.

［385］Garfield, E. Is Citation Analysis a Legitimate Evaluation Tool?［J］. Scientometrics, 1979, 1 (4): 359 – 375.

［386］Genovese, A. , A. A. Acquaye, A. Figueroa, S. C. L. Koh. Sustainable Supply Chain Management and the Transition towards a Circular Economy: Evidence and Some Applications ［J］. Omega, 2017, 66: 344 – 57.

［387］Gereffi, G. , J. Lee. Why the World Suddenly Cares about Global Supply Chains ［J］. Journal of Supply Chain Management, 2012, 48 (3): 24 – 32.

［388］Gereffi, G, Fernandez-Stark, K. Global Value Chain Analysis: A Primer, 2nd Edition ［M］. Edward Elgar Publishing, 2016.

［389］Gereffi, G. , M. Korzeniewicz (eds). Commodity Chains and Global Capitalism ［M］. Westport, CT: Praeger, 1994.

［390］Gereffi, G. The Organization of Buyer-Driven Global Commodity Chains: How US Retailers Shape Overseas Production Networks ［J］. Contributions in Economics and Economic History, 1994: 95.

［391］Gereffi, G. International Trade and Industrial Upgrading in the Apparel Commodity Chain ［J］. Journal of International Economics, 1999, 48 (1): 37 – 70.

［392］Gereffi, G. The Handbook of Economic Sociology, 2nd edition ［M］. Princeton, NJ: Princeton University Press, 2005.

［393］Gereffi, G. Global Value Chains in a Post-Washington Consensus World ［J］. Review of International Political Economy, 2014, 21 (1): 9 – 37.

［394］Gereffi, G. Global Value Chains and International Development Policy: Bringing Firms, Networks and Policy-Engaged Scholarship Back In ［J］. Journal of International Business Policy, 2019, 2 (3): 195 – 210.

［395］Gereffi, G. , Humphrey, J. , Kaplinsky, R. , Sturgeon, T. J. Introduction: Globalisation, Value Chains and Development ［J］. IDS Bulletin, 2001, 32 (3): 1 – 8.

［396］Gereffi, G. , J. Humphrey, T. Sturgeon. The Governance of Global

Value Chains [J]. Review of International Political Economy, 2005, 12 (1): 78 – 104.

[397] Ghadge, A., Wurtmann, H., Seuring, S. Managing Climate Change Risks in Global Supply Chains: A Review and Research Agenda [J]. International Journal of Production Research, 2020, 58 (1): 44 – 64.

[398] Ghemawat, P. The Forgotten Strategy [J]. Harvard Business Review, 2003, 81 (11): 76 – 84.

[399] Giannakis, M., Papadopoulos, T. Supply Chain Sustainability: A Risk Management Approach [J]. International Journal of Production Economics, 2016, 171: 455 – 470.

[400] Gibbon, P., Ponte, S. Global Value Chains: From Governance to Govern Mentality?[J]. Economy and Society, 2008, 37 (3): 365 – 392.

[401] Gibbon, P., J. Bair, S. Ponte. Governing Global Value Chains: An Introduction [J]. Economy and Society, 2008, 37: 315 – 338.

[402] Gigerenzer, G., Goldstein, D. G. Reasoning the Fast and Frugal Way: Models of Bounded Rationality [J]. Psychological Review, 1996, 103 (4): 650 – 669.

[403] Gino, F., Pisano, G. Toward a Theory of Behavioral Operations [J]. Manufacturing & Service Operations Management, 2008, 10 (4): 676 – 691.

[404] Gioia, D. A., Corley, K. G., Hamilton, A. L. Seeking Qualitative Rigor in Inductive Research: Notes on the Gioia Methodology [J]. Organizational Research Methods, 2013, 16 (1): 15 – 31.

[405] Giri, B. C. Managing Inventory with Two Suppliers under Yield Uncertainty and Risk Aversion [J]. International Journal of Production Economics, 2011, 133: 80 – 85.

[406] Giuliani, E., C. Pietrobelli, R. Rabellotti. Upgrading in Global Value Chains: Lessons from Latin American Clusters [J]. World Development, 2005, 33 (4): 549 – 573.

[407] Godsell, J., A. Birtwistle, van Hoek R. Building the Supply Chain to

Enable Business Alignment: Lessons from British American Tobacco (BAT) [J]. Supply Chain Management: An International Journal, 2010, 15 (1): 10 – 15.

[408] Goebel, P., Reuter, C., Pibernik, R., Sichtmann, C., Bals, L. Purchasing Managers' Willingness to Pay for Attributes that Constitute Sustainability [J]. Journal of Operations Management, 2018, 62: 44 – 58.

[409] Golini, R., Gualandris, J. An Empirical Examination of the Relationship between Globalization, Integration and Sustainable Innovation within Manufacturing Networks [J]. International Journal of Operations & Production Management, 2018, 38 (3): 874 – 894.

[410] Golini, R., Deflorin, P., Scherrer, M. Exploiting the Potential of Manufacturing Network Embeddedness: An OM Perspective [J]. International Journal of Operations & Production Management, 2016, 36 (12): 1741 – 1768.

[411] Golini, R., F. Caniato, M. Kalchschmidt. Linking Global Value Chains and Supply Chain Management: Evidence from the Electric Motors Industry [J]. Production Planning & Control, 2016, 27: 934 – 951.

[412] Gooris, J., Peeters, C. Fragmenting Global Business Processes: A Protection for Proprietary Information [J]. Journal of International Business Studies, 2016, 47 (5): 535 – 562.

[413] Grabs, J. Assessing the Institutionalization of Private Sustainability Governance in a Changing Coffee Sector [J]. Regulation & Governance, 2020, 14 (2): 362 – 387.

[414] Grant, M. J., A. Booth. A Typology of Reviews: An Analysis of 14 Review Types and Associated Methodologies [J]. Health Information and Libraries Journal, 2009, 26 (2): 91 – 108.

[415] Gray, J. V., K. Skowronski, G. Esenduran, M. J. Rungtusanatham. The Reshoring Phenomenon: What Supply Chain Academics Ought to Know and Should Do [J]. Journal of Supply Chain Management, 2013, 49: 27 – 33.

[416] Griffith, D. A., Myers, M. B. The Performance Implications of Strategic Fit of Relational Norm Governance Strategies in Global Supply Chain Relation-

ships [J]. Journal of International Business Studies, 2005, 36 (3): 254 – 269.

[417] Griffith, D. A., Harvey, M. G., Lusch, R. F. Social Exchange in Supply Chain Relationships: The Resulting Benefits of Procedural and Distributive Justice [J]. Journal of Operations Management, 2006, 24 (2): 85 – 98.

[418] Grimes, S., C. Yang. From Foreign Technology Dependence towards Greater Innovation Autonomy: China's Integration into the Information and Communications Technology (ICT) Global Value Chain (GVC) [J]. Area Development and Policy, 2018, 3 (1): 132 – 148.

[419] Grimes, S., Y. Sun. China's Evolving Role in Apple's Global Value Chain [J]. Area Development and Policy, 2016, 1 (1): 94 – 112.

[420] Grgaard B, Rygh A, Benito G. Bringing Corporate Governance into Internalization Theory: State Ownership and Foreign Entry Strategies [J]. Journal of International Business Studies, 2019, 50 (8): 1310 – 1337.

[421] Grossman, G. M., Rossi-Hansberg, E. Trading Tasks: A Simple Theory of Offshoring [J]. American Economic Review, 2008, 98 (5): 1978 – 1997.

[422] Gualandris, J. and M. Kalchschmidt. Developing Environmental and Social Performance: The Role of Suppliers' Sustainability and Buyer-Supplier Trust [J]. International Journal of Production Research, 2016, 54: 2470 – 2486.

[423] Gualandris, J., Klassen, R. D., Vachon, S., et al. Sustainable Evaluation and Verification in Supply Chains: Aligning and Leveraging Accountability to Stakeholders [J]. Journal of Operations Management, 2015, 38 (2015): 1 – 13.

[424] Gualandris, J., R. Golini, M. Kalchschmidt. Do Supply Management and Global Sourcing Matter for Firm Sustainability Performance? An International Study [J]. Supply Chain Management: An International Journal, 2014, 19: 258 – 274.

[425] Gulbrandsen L H. Transnational Environmental Governance [J]. Global Environmental Politics, 2010, 11 (3Part2): 108 – 113.

[426] Gunasekaran, A., E. W. T. Ngai. Build-to-order Supply Chain Management: A Literature Review and Framework for Development [J]. Journal of

Operations Management, 2005, 23: 423 – 451.

[427] Gunasekaran, A., H. Subramanian, H. S. Rahman. Supply Chain Resilience: Role of Complexities and Strategies [J]. International Journal of Production Research, 2015, 53 (22): 6809 – 6819.

[428] Guo, C., Li, X. A Multi-echelon Inventory System with Supplier Selection and Order Allocation under Stochastic Demand [J]. International Journal of Production Economics, 2014, 151: 37 – 47.

[429] Guo, W., Q. Tian, Z. Jiang, H. Wang. A Graph-based Cost Model for Supply Chain Reconfiguration [J]. Journal of Manufacturing Systems, 2018, 48: 55 – 63.

[430] Gurnani, H., Ramachandran, K., Ray, S., Xia, Y. Ordering Behavior under Supply Risk: An Experimental Investigation [J]. Manufacturing & Service Operations Management, 2014, 16 (1): 61 – 75.

[431] Habermann, M., Blackhurst, J., Metcalf, A. Y. Keep Your Friends Close? Supply Chain Design and Disruption Risk [J]. Decision Sciences, 2015, 46 (3): 491 – 526.

[432] Hajmohammad, S., Vachon, S. Mitigation, Avoidance, or Acceptance? Managing Supplier Sustainability Risk [J]. Journal of Supply Chain Management, 2016, 52 (2): 48 – 65.

[433] Hamdi, F., Ghorbel, A., Masmoudi, F., Dupont, L. Optimization of a Supply Portfolio in the Context of Supply Chain Risk Management: Literature Review [J]. Journal of Intelligent Manufacturing, 2018, 29 (4): 763 – 788.

[434] Hammami, R., Y. Frein. Redesign of Global Supply Chains with Integration of Transfer Pricing: Mathematical Modeling and Managerial Insights [J]. International Journal of Production Economics, 2014, 158: 267 – 277.

[435] Hammami, R., Frein, Y., Hadj-Alouane, A. B. An International Supplier Selection Model with Inventory and Transportation Management Decisions [J]. Journal of Flexible Service Manufacturing, 2012, 24: 4 – 27.

[436] Hammami, R., Temponi, C., Frein, Y. A Scenario-Based Stochas-

tic Model for Supplier Selection in Global Context with Multiple Buyers, Currency Fluctuation Uncertainties, and Price Discounts [J]. European Journal of Operational Research, 2014, 233: 159 – 170.

[437] Handley, S. M. , Jr W. The Influence of Exchange Hazards and Power on Opportunism in Outsourcing Relationships [J]. Journal of Operations Management, 2012, 30 (1 – 2): 55 – 68.

[438] Haraway, D. Anthropocene, Capitalocene, Plantationocene, Chthulucene: Making kin [J]. Environmental Humanities, 2015, 6: 159 – 165.

[439] Haren, P. , Simchi-Levi, D. How Coronavirus Could Impact the Global Supply Chain by Mid-march [J]. Harvard Business Review, 2020, 28.

[440] Harland, C. , Brenchley, R. , Walker, H. Risk in Supply Networks [J]. Journal of Purchasing & Supply Management, 2003, 9 (2): 51 – 62.

[441] Hatani, F. The Logic of Spillover Interception: The Impact of Global Supply Chains in China [J]. Journal of World Business, 2009, 44 (2): 158 – 166.

[442] Havice, E. , L. Campling. Where Chain Governance and Environmental Governance Meet: Interfirm Strategies in the Canned Tuna Global Value Chain [J]. Economic Geography, 2017, 93 (3): 292 – 313.

[443] Haworth, N. Compressed Development: Global Value Chains, Multinational Enterprises and Human Resource Development in 21st Century Asia [J]. Journal of World Business, 2013, 48 (2): 251 – 259.

[444] He, J. , Chang, D. , Mi, W. , Yan, W. A Hybrid Parallel Genetic Algorithm for Yard Crane Scheduling [J]. Transportation Research Part E: Logistics and Transportation Review, 2010, 46 (1): 136 – 155.

[445] He, Y. , Zhao, X. Coordination in Multi-echelon Supply Chain under Supply and Demand Uncertainty [J]. International Journal of Production Economics, 2012, 139: 106 – 115.

[446] Heckmann, I. , Comes, T. , Nickel, S. A Critical Review on Supply Chain Risk-Definition, Measure and Modeling [J]. Omega, 2015, 52: 119 – 132.

［447］ Hemsley-Brown, J. , I. Oplatka. University Choice: What Do We Know, What Don't We Know and What Do We Still Need to Find Out?［J］. International Journal of Educational Management, 2015, 29 (3): 254 – 274.

［448］ Henderson, D. , Jacobson, S. H. , Johnson, A. W. The Theory and Practice of Simulated Annealing ［M］//F. Glover & G. A. Kochenberger (Eds.), Handbook of Metaheuristics. Boston, MA: Springer US, 2003.

［449］ Hendricks, K. B. , Singhal, V. R. Association between Supply Chain Glitches and Operating Performance ［J］. Management Science, 2005, 51 (5): 695 – 711.

［450］ Hendricks, K. B. , Singhal, V. R. , Zhang, R. The Effect of Operational Slack, Diversification, and Vertical Relatedness on the Stock Market Reaction to Supply Chain Disruptions ［J］. Journal of Operations Management, 2009, 27 (3): 233 – 246.

［451］ Hendricks, K. B. , V. R. Singhal. An Empirical Analysis of the Effect of Supply Chain Disruptions on Long Run Stock Price Performance and Equity Risk of the Firm ［J］. Production and Operations Management, 2005, 14 (1): 35 – 52.

［452］ Hennart, J. F. Explaining the Swollen Middle: Why Most Transactions Are a Mix of "Market" and "Hierarchy" ［J］. Organization Science, 1993, 4 (4): 529 – 547.

［453］ Hennart, J. F. The "Comparative Institutional" Theory of the Firm: Some Implications for Corporate Strategy ［J］. Journal of Management Studies, 1994, 31 (2): 193 – 208.

［454］ Hennart, J. F. Down with MNE-Centric Theories! Market Entry and Expansion as the Bundling of MNE and Local Assets ［J］. Journal of International Business Studies, 2009, 40 (9): 1432 – 1454.

［455］ Henriksen, L. F. , S. Ponte. Public Orchestration, Social Networks and Transnational Environmental Governance: Lessons from the Aviation Industry ［J］. Regulation & Governance, 2018, 12 (1): 23 – 45.

［456］ Hillemann, J. , Gestrin, M. The Limits of Firm-Level Globalization:

Revisiting the FSA/CSA Matrix [J]. International Business Review, 2016, 25 (3): 767 – 775.

[457] Hillman, A. J. , Withers, M. C. , Collins, B. J. Resource Dependence Theory: A Review [J]. Journal of Management, 2009, 35 (6): 1404 – 1427.

[458] Ho, W. , Zheng, T. , Yildiz, H. , Talluri, S. Supply Chain Risk Management: A Literature Review [J]. International Journal of Production Research, 2015, 53 (16): 5031 – 5069.

[459] Hoetker, G. The Use of Logit and Probit Models in Strategic Management Research: Critical Issues [J]. Strategic Management Journal, 2007, 28 (4): 331 – 343.

[460] Hofmann, H. , Busse, C. , Bode, C. , Henke, M. Sustainability-Related Supply Chain Risks: Conceptualization and Management [J]. Business Strategy and the Environment, 2014, 23 (3): 160 – 172.

[461] Hohenstein, N. O. , E. Feisel, E. Hartmann, L. Giunipero. Research on the Phenomenon of Supply Chain Resilience: A Systematic Review and Paths for Further Investigation [J]. International Journal of Physical Distribution & Logistics Management, 2015, 45 (1 – 2): 90 – 117.

[462] Holmström, J. , G. Liotta, A. Chaudhuri. Sustainability Outcomes Through Direct Digital Manufacturing based Operational Practices: A Design Theory Approach [J]. Journal of Cleaner Production, 2017, 167: 951 – 961.

[463] Horner, R. , Murphy, J. T. South-North and South-South Production Networks: Diverging Socio-spatial Practices of Indian Pharmaceutical Firms [J]. Global Networks, 2018, 18 (2): 326 – 351.

[464] Hou, J. , Zeng, A. Z. , Zhao, L. Coordination with a Backup Supplier through Buy-Back Contract under Supply Disruption [J]. Transportation Research Part E, 2010, 46: 881 – 895.

[465] Hsieh, C. C. , Chang, Y. L. , Wu, C. H. Competitive Pricing and Ordering Decisions in a Multiple-channel Supply Chain [J]. International Journal of Production Economics, 2014, 154: 156 – 165.

［466］Hsieh，C. C. H. ，Lu，Y. T. Manufacturer's Return Policy in a Two-stage Supply Chain with Two Risk-averse Retailers and Random Demand ［J］. European Journal of Operational Research，2010，207：514 – 523.

［467］Huang，H. ，Li，Z. ，Xu，H. Wholesale Price Auctions for Dual Sourcing under Supply Risk ［J］. Decision Sciences，2018，49 （4）：754 – 780.

［468］Hult，G. T. M. ，Craighead，C. W. ，Ketchen，D. J. Risk Uncertainty and Supply Chain Decisions：A Real Options Perspective ［J］. Decision Sciences，2010，41 （3）：435 – 458.

［469］Humphrey，J. ，H. Schmitz. Governance in Global Value Chains ［J］. IDS Bulletin，2001，32 （3）：19 – 29.

［470］Humphrey，J. ，H. Schmitz. How Does Insertion in Global Value Chains Affect Upgrading in Industrial Clusters?［J］. Regional Studies，2002，36 （9）：1017 – 1027.

［471］Humphrey，J. ，K. Ding，M. Fujita et al. Platforms，Innovation and Capability Development in the Chinese Domestic Market ［J］. European Journal of Development Research，2018，30 （3）：408 – 423.

［472］Hunt，S. D. ，Nevin，J. R. Power in a Channel of Distribution：Sources and Consequences ［J］. Journal of Marketing Research，1974，11 （2）：186 – 193.

［473］Inkpen，A. C. ，Tsang，E. W. K. Social Capital，Networks，and Knowledge Transfer ［J］. Academy of Management Review，2005，30 （1）：146 – 165.

［474］Ishfaq，R. Resilience Through Flexibility in Transportation Operations ［J］. International Journal of Logistics Research and Applications，2012，15 （4）：215 – 229.

［475］Ivanov，D. In Structural Dynamics and Resilience in Supply Chain Risk Management ［M］. Springer，Cham，2018.

［476］Ivanov，D. Viable Supply Chain Model：Integrating Agility，Resilience and Sustainability Perspectives-lessons from and Thinking Beyond the COVID – 19

Pandemic [J]. Annals of Operations Research, 2020: 1 – 21.

[477] Ivanov, D., A. Dolgui, B. Sokolov. Scheduling of Recovery Actions in the Supply Chain with Resilience Analysis Considerations [J]. International Journal of Production Research, 2018, 56 (19): 6473 – 6490.

[478] Ivanov, D., A. Dolgui. Viability of Intertwined Supply Networks: Extending the Supply Chain Resilience Angles Towards Survivability. A Position Paper Motivated by COVID – 19 Outbreak [J]. International Journal of Production Research, 2020, 58 (10): 2904 – 2915.

[479] Ivanov, D., Dolgui, A., Sokolov, B. The Impact of Digital Technology and Industry 4.0 on the Ripple Effect and Supply Chain Risk Analytics [J]. International Journal of Production Research, 2019, 57: 829 – 846.

[480] Ivarsson, I., Alvstam, C. G. Upgrading in Global Value Chains: A Case Study of Technology-Learning among IKEA Suppliers in China and Southeast Asia [J]. Journal of Economic Geography, 2011, 11 (4): 731 – 752.

[481] Jacobides, M. G., Tae, C. J. Kingpins, Bottlenecks, and Value Dynamics along a Sector [J]. Organization Science, 2015, 26 (3): 889 – 907.

[482] Jacobs, M. A., Swink, M. Product Portfolio Architectural Complexity and Operational Performance: Incorporating the Roles of Learning and Fixed Assets [J]. Journal of Operations Management, 2011, 29 (7): 677 – 691.

[483] Jaeggi, D. M., Parks, G. T., Kipouros, T., Clarkson, P. J. The Development of a Multi-objective Tabu Search Algorithm for Continuous Optimization Problems [J]. European Journal of Operational Research, 2008, 185 (3): 1192 – 1212.

[484] Jain, R., Singh, A. R., Yadav, H. C., Mishra, P. K. Using Data Mining Synergies for Evaluating Criteria at Pre-qualification Stage of Supplier Selection [J]. Journal of Intelligent Manufacturing, 2014, 25: 165 – 175.

[485] Jain, V., S. Kumar, U. Soni, C. Chandra. Supply Chain Resilience: Model Development and Empirical Analysis [J]. International Journal of Production Research, 2017, 55 (22): 6779 – 6800.

［486］Jean, R. J. B. What Makes Export Manufacturers Pursue Functional Upgrading in an Emerging Market? A Study of Chinese Technology New Ventures ［J］. International Business Review, 2014, 23 (4): 741 – 749.

［487］Jia, F. , R. Lamming, M. Sartor et al. Global Purchasing Strategy and International Purchasing Offices: Evidence from Case Studies ［J］. International Journal of Production Economics, 2014, 154: 284 – 298.

［488］Johns, L. , Wellhausen, R. Under One Roof: Supply Chains and the Protection of Foreign Investment ［J］. American Political Science Review, 2016, 110 (1): 31 – 51.

［489］Johnson, N. , D. Elliott, P. Drake. Exploring the Role of Social Capital in Facilitating Supply Chain Resilience ［J］. Supply Chain Management: An International Journal, 2013, 18 (3): 324 – 336.

［490］Johnson, R. C. , Noguera, G. Accounting for Intermediates: Production Sharing and Trade in Value Added ［J］. Journal of International Economics, 2012, 86 (2): 224 – 236.

［491］Kache, F. , S. Seuring. Challenges and Opportunities of Digital Information at the Intersection of Big Data Analytics and Supply Chain Management ［J］. International Journal of Operations & Production Management, 2017, 37: 10 – 36.

［492］Kahneman, D. A Perspective on Judgment and Choice: Mapping Bounded Rationality ［J］. American Psychologist, 2003, 58 (9): 697 – 720.

［493］Kahneman, D. , Knetsch, J. L. , Thaler, R. H. Anomalies: The Endowment Effect, Loss Aversion, and Status Quo Bias ［J］. The Journal of Economic Perspectives, 1991, 5 (1): 193 – 206.

［494］Kalkanci, B. , Chen, K. Y. , Erhun, F. Contract Complexity and Performance under Asymmetric Demand Information: An Experimental Evaluation ［J］. Management Science, 2011, 57 (4): 689 – 704.

［495］Kamalahmadi, M. , M. M. Parast. A Review of the Literature on the Principles of Enterprise and Supply Chain Resilience: Major Findings and Directions for Future Research [J]. International Journal of Production Economics, 2016, 171: 116 – 133.

[496] Kang, H. Y., Lee, A. H. I., Yang, C. Y. A Fuzzy ANP Model for Supplier Selection as Applied to IC Packaging [J]. Journal of Intelligent Manufacturing, 2012, 23: 1477 – 1488.

[497] Kano, L., Verbeke, A. Family Firm Internationalization: Heritage Assets and the Impact of Bifurcation Bias [J]. Global Strategy Journal, 2018, 8 (1): 158 – 183.

[498] Kano, L., Verbeke, A. Theories of the Multinational Firm: A Micro-foundational Perspective [J]. Global Strategy Journal, 2019, 9 (1): 117 – 147.

[499] Kano, L. Global Value Chain Governance: A Relational Perspective [J]. Journal of International Business Studies, 2018, 49 (6): 684 – 705.

[500] Kano, L., Tsang, E. W., Yeung, H. W. C. Global Value Chains: A Review of the Multi-disciplinary Literature [J]. Journal of International Business Studies, 2020, 51 (4): 577 – 622.

[501] Kaplinsky, R., M. Morris. Value Chain Analysis: A Tool for Enhancing Export Supply Policies [J]. International Journal of Technological Learning, Innovation and Development, 2008, 1: 283 – 308.

[502] Kaplinsky, R., M. Morris. Thinning and Thickening: Productive Sector Policies in the Era of Global Value Chains [J]. European Journal of Development Research, 2016, 28 (4): 625 – 645.

[503] Kaplinsky, R. Globalisation and Unequalisation: What Can Be Learned from Value Chain Analysis? [J]. Journal of Development Studies, 2000, 37 (2): 117 – 146.

[504] Katz, J. M. Domestic Technological Innovations and Dynamic Comparative Advantage: Further Reflections on a Comparative Case-Study Program [J]. Journal of Development Economics, 1984, 16 (1 – 2): 13 – 37.

[505] Kergosien, Y., Lenté, C., Piton, D., Billaut, J. C. A Tabu Search Heuristic for the Dynamic Transportation of Patients between Care Units

［J］. European Journal of Operational Research, 2011, 214 (2): 442 – 452.

［506］Ketokivi, M. , V. Turkulainen and T. Seppälä et al. Why Locate Manufacturing in a High-Cost Country? A Case Study of 35 Production Location Decisions ［J］. Journal of Operations Management, 2017, 49: 20 – 30.

［507］Khan, O. , C. Martin, A. Creazza. Aligning Product Design with the Supply Chain: A Case Study ［J］. Supply Chain Management: An International Journal, 2012, 17 (3): 323 – 336.

［508］Khan, Z. , Lew, Y. K. , Marinova, S. Exploitative and Exploratory Innovations in Emerging Economies: The Role of Realized Absorptive Capacity and Learning Intent ［J］. International Business Review, 2019, 28 (3): 499 – 512.

［509］Khan, Z. , Lew, Y. K. , Sinkovics, R. R. International Joint Ventures as Boundary Spanners: Technological Knowledge Transfer in an Emerging Economy ［J］. Global Strategy Journal, 2015, 5 (1): 48 – 68.

［510］Khan, Z. , Rao-Nicholson, R. , Tarba, S. Y. Global Networks as a Mode of Balance for Exploratory Innovations in a Late Liberalizing Economy ［J］. Journal of World Business, 2018, 53 (3): 392 – 402.

［511］KhorramNiaki, M. , Nonino, F. Additive Manufacturing Management: A Review and Future Research Agenda ［J］. International Journal of Production Research, 2017, 55 (5): 1419 – 1439.

［512］Kim, I. S. , Milner, H. V. , Bernauer, T. , Osgood, I. , Spilker, G. , Tingley, D. Firms and Global Value Chains: Identifying Firms' Multidimensional Trade Preferences ［J］. International Studies Quarterly, 2019, 63 (1): 153 – 167.

［513］Kim, S. , Wagner, S. M. , Colicchia, C. The Impact of Supplier Sustainability Risk on Shareholder Value ［J］. Journal of Supply Chain Management, 2019, 55 (1): 71 – 87.

［514］Kim, Y. H. , Henderson, D. Financial Benefits and Risks of Dependency in Triadic Supply Chain Relationships ［J］. Journal of Operations Management, 2015, 36: 115 – 129.

［515］King, G. , Tomz, M. , Wittenberg, J. Making the Most of Statistical Analyses: Improving Interpretation and Presentation ［J］. American Journal of Political Science, 2000, 44 (2): 347 –361.

［516］Kinkel, S. Trends in Production Relocation and Backshoring Activities. Changing Patterns in the Course of the Global Economic Crisis ［J］. International Journal of Operations and Production Management, 2012, 32 (6): 696 –720.

［517］Kirkpatrick, S. , Gelatt, C. D. , Vecchi, M. P. Optimization by Simulated Annealing ［J］. Science, 1983, 220 (4598): 671 –680.

［518］Kitchenham, B. , S. Charters. Guidelines for Performing Systematic Literature Reviews in Software Engineering ［J］. Technical Report, 2007: 1 –57.

［519］Klassen, R. D. , S. Vachon. Collaboration and Evaluation in the Supply Chain: The Impact on Plant-level Environmental Investment ［J］. Production and Operations Management, 2009, 12: 336 –352.

［520］Knemeyer, A. M. , Naylor, R. W. Using Behavioral Experiments to Expand Our Horizons and Deepen Our Understanding of Logistics and Supply Chain Decision Making ［J］. Journal of Business Logistics, 2011, 32 (4): 296 –302.

［521］Knemeyer, A. M. , Zinna, W. , Eroglu, C. Proactive Planning for Catastrophic Events in Supply Chains ［J］. Journal of Operations Management, 2009, 27 (2): 141 –153.

［522］Kochan, C. G. , D. R. Nowicki. Supply Chain Resilience: A Systematic Literature Review and Typological Framework ［J］. International Journal of Physical Distribution & Logistics Management, 2018, 48 (8): 842 –865.

［523］Kokangul, A. , Susuz, Z. Integrated Analytical Hierarch Process and Mathematical Programming to Supplier Selection Problem with Quantity Discount ［J］. Applied Mathematical Modelling, 2009, 33 (3): 1417 –1429.

［524］Kolk, A. , Rivera-Santos, M. , Rufín, C. Multinationals, International Business, and Poverty: A Cross-disciplinary Research Overview and Conceptual Framework ［J］. Journal of International Business Policy, 2018, 1 (1 –2):

92 – 115.

［525］ Kouvelis, P., Zhao, W. Financing the Newsvendor: Supplier vs. Bank, and the Structure of Optimal Trade Credit Contracts ［J］. Operations Research, 2012, 60 (3): 566 – 580.

［526］ Kovács, G., Tatham, P. Responding to Disruption in the Supply Network form Dormant to Action ［J］. Journal of Business Logistics, 2011, 30 (2): 215 – 229.

［527］ Kraljic, P. Purchasing Must Become Supply Management ［J］. Harvard Business Review, 1983, 61: 109 – 117.

［528］ Kristianto, Y., A. Gunasekaran, P. Helo, M. Sandhu. A Decision Support System for Integrating Manufacturing and Product Design Into the Reconfiguration of the Supply Chain Networks ［J］. Decision Support Systems, 2012, 52 (4): 790 – 801.

［529］ Kubat, C., Yuce, B. A Hybrid Intelligent Approach for Supply Chain Management System ［J］. Journal of Intelligent Manufacturing, 2012, 23: 1237 – 1244.

［530］ Kull, T. J., Ellis, S. C. Coping with Dependence: A Logistics Strategy Based on Interorganizational Learning for Managing Buyer-Supplier Relations ［J］. Journal of Business Logistics, 2016, 37 (4): 346 – 363.

［531］ Kull, T. J., Talluri, S. A Supply Risk Reduction Model Using Integrated Multicriteria Decision Making ［J］. IEEE Transactions on Engineering Management, 2008, 55 (3): 409.

［532］ Kull, T., Closs, D. The Risk of Second-tier Supplier Failures in Serial Supply Chains: Implications for Order Policies and Distributor Autonomy ［J］. European Journal of Operational Research, 2008, 186: 1158 – 1174.

［533］ Kumar, V., Bak, O., Guo, R., Shaw, S. L., Colicchia, C., Garza Reyes, J. A., et al. An Empirical Analysis of Supply and Manufacturing Risk and Business Performance: A Chinese Manufacturing Supply Chain Perspective ［J］. Supply Chain Management: An International Journal, 2018, 23 (6):

461 – 479.

［534］Kumaraswamy, A., Mudambi, R., Saranga, H., Tripathy, A. Catch-up Strategies in the Indian Auto Components Industry: Domestic Firms' Responses to Market Liberalization ［J］. Journal of International Business Studies, 2012, 43 (4): 368 – 395.

［535］Lall, S. Technological Capabilities and Industrialization ［J］. World Development, 1992, 20 (2): 165 – 186.

［536］Lampel, J., Giachetti, C. International Diversification of Manufacturing Operations: Performance Implications and Moderating Forces ［J］. Journal of Operations Management, 2013, 31 (4): 213 – 227.

［537］Laplume, A. O., Petersen, B., Pearce, J. M. Global Value Chains from a 3D Printing Perspective ［J］. Journal of International Business Studies, 2016, 47 (5): 595 – 609.

［538］Lawson, B., P. D. Cousins, R. B. Handfield, K. J. Petersen. Strategic Purchasing, Supply Management Practices and Buyer Performance Improvement: An Empirical Study of UK Manufacturing Organisations ［J］. International Journal of Production Research, 2009, 47 (10): 2649 – 2667.

［539］Le, H. Q., Arch-int, S., Nguyen, H. X., Arch-int, N. Association Rule Hiding in Risk Management for Retail Supply Chain Collaboration ［J］. Computer Industry, 2013, 64 (7): 776 – 784.

［540］Lee, A. H. L. A Fuzzy Supplier Selection Model with the Consideration of Benefits, Opportunities, Costs and Risks ［J］. Expert Systems with Applications, 2009, 36: 2879 – 2893.

［541］Lee, E., Yi, K. M. Global Value Chains and Inequality with Endogenous Labour Supply ［J］. Journal of International Economics, 2018, 115: 223 – 241.

［542］Lee, H. L. Aligning Supply Chain Strategies with Product Uncertainties ［J］. California Management Review, 2002, 44: 105 – 119.

［543］Lee, H. L., V. Padmanabhan, S. Whang. Information Distortion in a

Supply Chain: The Bullwhip Effect [J]. Management Science, 2004, 50: 1875 – 1886.

[544] Lee, J., H. Cho, Y. S. Kim. Assessing Business Impacts of Agility Criterion and Order Allocation Strategy in Multi-criteria Supplier Selection [J]. Expert Systems with Applications, 2015, 42 (3): 1136 – 1148.

[545] Lee, K. Schumpeterian Analysis of Economic Catch-up: Knowledge, Path-creation, and the Middle-income Trap [M]. Cambridge, UK: Cambridge University Press, 2013.

[546] Lee, K., M. Szapiro, Z. Mao. From Global Value Chains (GVC) to Innovation Systems for Local Value Chains and Knowledge Creation [J]. The European Journal of Development Research, 2018, 30 (3): 424 – 441.

[547] Lee, S. M., J. S. Rha. Ambidextrous Supply Chain as a Dynamic Capability: Building a Resilient Supply Chain [J]. Management Decision, 2016, 54 (1): 2 – 23.

[548] Lema, R., R. Quadros and H. Schmitz. Reorganising Global Value Chains and Building Innovation Capabilities in Brazil and India [J]. Research Policy, 2015, 44 (7): 1376 – 1386.

[549] Lema, R., R. Rabellotti, P. Gehl Sampath. Innovation Trajectories in Developing Countries: Coevolution of Global Value Chains and Innovation Systems [J]. The European Journal of Development Research, 2018, 30 (3): 345 – 363.

[550] Li, B., Chen, P., Li, Q., Wang, W. Dual-channel Supply Chain Pricing Decisions with a Risk-Averse Retailer [J]. International Journal of Production Research, 2014, 52 (23): 7132 – 7147.

[551] Li, F., Frederick, S., Gereffi, G. E-commerce and Industrial Upgrading in the Chinese Apparel Value Chain [J]. Journal of Contemporary Asia, 2019, 49 (1): 24 – 53.

[552] Li, J., Chen, L., Yi, J., Mao, J., Liao, J. Ecosystem-specific Advantages in International Digital Commerce [J]. Journal of International Business Studies, 2019, 50 (9): 1448 – 1463.

［553］ Li, J. , Wang, S. , Cheng, T. C. E. Competition and Cooperation in a Single-retailer Two-supplier Supply Chain with Supply Disruption ［J］. International Journal of Production Economics, 2010, 124: 137 – 150.

［554］ Li, L. , Zabinsky, Z. B. Incorporating Uncertainty into a Supplier Selection Problem ［J］. International Journal of Production Economics, 2011, 134: 344 – 356.

［555］ Li, M. , Petruzzi, N. C. , Zhang, J. Overconfident Competing Newsvendors ［J］. Management Science, 2017, 63 （8）: 2637 – 2646.

［556］ Li, S. , Zeng, W. Risk Analysis for the Supplier Selection Problem Using Failure Modes and Effects Analysis （FMEA） ［J］. Journal of Intelligent Manufacturing, 2016, 27 （6）: 1309 – 1321.

［557］ Lieberman, M. D. Social Cognitive Neuroscience: A Review of Core Processes ［J］. Annual Review of Psychology, 2007, 58 （1）: 259 – 289.

［558］ Lieberson, S. Einstein, Renoir, and Greeley: Some Thoughts about Evidence in Sociology ［J］. American Sociological Review, 1992, 57 （1）: 1 – 15.

［559］ Lima Flávia Renata, P. D. , A. L. Da Silva, F. M. Godinho, E. M. Dias. Systematic Review: Resilience Enablers to Combat Counterfeit Medicines ［J］. Supply Chain Management: An International Journal, 2018, 12 （2）: 117 – 135.

［560］ Lim-Camacho, L. , ÉE Plagányi, S. Crimp, J. H. Hodgkinson, A. J. Hobday, S. M. Howden, B. Loechel. Complex Resource Supply Chains Display Higher Resilience to Simulated Climate Shocks ［J］. Global Environmental Change, 2017, 46: 126 – 138.

［561］ Lindell, M. K. , Whitney, D. J. Accounting for Common Method Variance in Cross-sectional Research Designs ［J］. Journal of Applied Psychology, 2001, 86 （1）: 114 – 121.

［562］ Lipparini, A. , Lorenzoni, G. , Ferriani, S. From Core to Periphery and Back: A Study on the Deliberate Shaping of Knowledge Flows in Interfirm Dyads and Networks ［J］. Strategic Management Journal, 2014, 35 （4）: 578 – 595.

［563］Liu，C. L. E.，Zhang，Y. Learning Process and Capability Formation in Cross-border Buyer-Supplier Relationships：A Qualitative Case Study of Taiwanese Technological Firms ［J］. International Business Review，2014，23（4）：718 – 730.

［564］Liu，C. L.，M. Y. Lee. Integration，Supply Chain Resilience，and Service Performance in Third-party Logistics Providers ［J］. The International Journal of Logistics Management，2018，29（1）：5 – 21.

［565］Liu，W.，Dicken，P. Transnational Corporations and "Obligated Embeddedness"：Foreign Direct Investment in China's Automobile Industry ［J］. Environment and Planning A，2006，38（7）：1229 – 1247.

［566］Lojacono，G.，Misani，N.，Tallman，S. Offshoring，Local Market Entry，and the Strategic Context of Cross-border Alliances：The Impact on the Governance Mode ［J］. International Business Review，2017，26（3）：435 – 447.

［567］López，C.，A. Ishizaka. A Hybrid FCM-AHP Approach to Predict Impacts of Offshore Outsourcing Location Decisions on Supply Chain Resilience ［J］. Journal of Business Research，2019，103：495 – 507.

［568］Lund-Thomsen，P.，Coe，N. M. Corporate Social Responsibility and Labour Agency：The Case of Nike in Pakistan ［J］. Journal of Economic Geography，2015，15（2）：275 – 296.

［569］Ma，L.，Liu，F.，Li，S.，Yan，H. Channel Bargaining with Riskaverse Retailer ［J］. International Journal of Production Economics，2012，139：155 – 167.

［570］Ma，L.，Zhao，Y.，Xue，W.，Cheng，T. C. E.，Yan，H. Lossaverse Newsvendor Model with Two Ordering Opportunities and Market Information Updating ［J］. International Journal of Production Economics，2012，140：912 – 921.

［571］MacCarthy，B. L.，Blome，C.，Olhager，J.，Srai，J. S.，Zhao，X. Supply Chain Evolution—Theory，Concepts and Science ［J］. International Journal of Operations & Production Management，2016，36（12）：1696 – 1718.

［572］Macdonald, J. R. , Zobel, C. W. , Melnyk, S. A. , Griffis, S. E. Supply Chain Risk and Resilience: Theory Building through Structured Experiments and Simulation ［J］. International Journal of Production Research, 2018, 56 (12): 4337 – 4355.

［573］Makadok, R. Toward a Synthesis of the Resource-based and Dynamic Capability Views of Rent Creation ［J］. Strategic Management Journal, 2001, 22 (5): 387 – 401.

［574］Malerba, F. Sectoral Systems of Innovation and Production ［J］. Research Policy, 2002, 31 (2): 247 – 264.

［575］Malesky, E. J. , Mosley, L. Chains of Love? Global Production and the Firm-Level Diffusion of Labour Standards ［J］. American Journal of Political Science, 2018, 62 (3): 712 – 728.

［576］Mandal, S. , R. Sarathy, V. R. Korasiga, S. Bhattacharya, S. G. Dastidar. Achieving Supply Chain Resilience: The Contribution of Logistics and Supply Chain Capabilities ［J］. International Journal of Disaster Resilience in the Built Environment, 2016, 7 (5): 544 – 562.

［577］Manerba, D. , Mansini, R. An Effective Matheuristic for the Capacitated Total Quantity Discount Problem ［J］. Computers & Operations Research, 2014, 41: 1 – 11.

［578］Manhart, P. , Summers, J. K. , Blackhurst, J. A Meta-analytic Review of Supply Chain Risk Management: Assessing Buffering and Bridging Strategies and Firm Performance ［J］. Journal of Supply Chain Management, 2020, 56 (3): 66 – 87.

［579］Mansini, R. , Savelsbergh, M. W. P. , Tocchella, B. The Supplier Selection Problem with Quantity Discounts and Truckload Shipping ［J］. Omega, 2012, 40: 445 – 455.

［580］Manuj, I. , Mentzer, J. T. Global Supply Chain Risk Management ［J］. Journal of Business Logistics, 2008, 29 (1): 133 – 155.

［581］March, J. G. , Shapira, Z. Managerial Perspectives on Risk and Risk

Taking [J]. Management Science, 1987, 33 (11): 1404 – 1418.

[582] Marin, A. , L. Navas-Alemán and C. Perez. Natural Resource Indus-tries as a Platform for the Development of Knowledge Intensive Industries [J]. Tijdschrift Voor Economische en Sociale Geografie, 2015, 106 (2): 154 – 168.

[583] Martín-Martín, A. , Orduna-Malea, E. , Thelwall, M. , Delgado López-Cózar, E. Google Scholar, Web of Science, and Scopus: A Systematic Comparison of Citations in 252 Subject Categories [J]. Journal of Informetrics, 2018, 12 (4): 1160 – 1177.

[584] McCarter, M. W. , Fudge Kamal, D. Recognizing and Resolving Social Dilemmas in Supply Chain Public-Private Partnerships [J]. Journal of Busi-ness Logistics, 2013, 34 (4): 360 – 372.

[585] McCutcheon, D. M. , Meredith, J. R. Conducting Case Study Research in Operations Management [J]. Journal of Operations Management, 1993, 11 (3): 239 – 256.

[586] McDermott, G. A. , Corredoira, R. A. Network Composition, Collab-orative Ties, and Upgrading in Emerging Market Firms: Lessons from the Argen-tine Autoparts Sector [J]. Journal of International Business Studies, 2010, 41 (2): 308 – 329.

[587] Meena, P. L. , Sarmah, S. P. Multiple Sourcing under Supplier Fail-ure Risk and Quantity Discount: A Genetic Algorithm Approach [J]. Transporta-tion Research Part E, 2013, 50: 84 – 97.

[588] Meena, P. L. , Sarmah, S. P. , Sarkar, A. Sourcing Decisions under Risks of Catastrophic Event Disruptions [J]. Transportation Research Part E, 2011, 47: 1058 – 1074.

[589] Melnyk, S. A. , D. J. Closs, S. E. Griffis, C. W. Zobel, and J. R. Macdonald. Understanding Supply Chain Resilience [J]. Supply Chain Manage-ment Review, 2014, 18 (1): 34 – 41.

[590] Memili, E. , Chrisman, J. J. , Chua, J. H. Transaction Costs and Outsourcing Decisions in Small-and Medium-Sized Family Firms [J]. Family Busi-

ness Review, 2011, 24 (1): 47 –61.

[591] Mendonça, D. Decision Support for Improvisation in Response to Ex-treme Events: Learning from the Response to the 2001 World Trade Center Attack [J]. Decision Support Systems, 2007, 43 (3): 952 –967.

[592] Mentzer, J. T. , M. B. Myers, T. P. Stank. Handbook of Global Sup-ply Chain Management, Thousand Oaks [M]. CA: Sage Publications, 2006.

[593] Meredith, J. Building Operations Management Theory through Case and Field Research [J]. Journal of Operations Management, 1998, 16 (4): 441 –454.

[594] Mikkola, J. H. , T. Skjøtt-Larsen. Supply-chain Integration: Implica-tions for Mass Customization, Modularization and Postponement Strategies [J]. Production Planning and Control, 2004, 15 (4): 352 –361.

[595] Milberg, W. , D. Winkler. Outsourcing Economics: Global Value Chains in Capitalist Development [M]. New York: Cambridge University Press, 2013.

[596] Milberg, W. Shifting Sources and Uses of Profits: Sustaining US Financialization with Global Value Chains [J]. Economy and Society, 2008, 37 (3): 420 –451.

[597] Miller, D. , Wright, M. , Le Breton-Miller, I. , Scholes, L. Resources and Innovation in Family Businesses. The Janus-face of Socioemotional Preferences [J]. California Management Review, 2015, 58 (1): 20 –40.

[598] Mir, S. , Aloysius, J. A. , Eckerd, S. Understanding Supplier Switc-hing Behavior: The Role of Psychological Contracts in a Competitive Setting [J]. Journal of Supply Chain Management, 2017, 53 (3): 3 –18.

[599] Mirahmadi, N. , Saberi, E. , Teimoury, E. Determination of the Optimal Number of Suppliers Considering the Risk: Emersun Company as a Case Study [J]. Advanced Materials Research, 2012: 433 –440, 5873 –5880.

[600] Mishkin, S. Chinese Companies Move into Supply Chain for Apple Components [J]. Financial Times, 2013.

［601］Mizgier, K. J. Global Sensitivity Analysis and Aggregation of Risk in Multi-product Supply Chain Networks ［J］. International Journal of Production Research, 2016, 55 (1): 130 – 144.

［602］Mol, A. P. J. Transparency and Value Chain Sustainability ［J］. Journal of Cleaner Production, 2015, 107: 154 – 161.

［603］Mongeon, P. , Paul-Hus, A. The Journal Coverage of Web of Science and Scopus: A Comparative Analysis ［J］. Scientometrics, 2016, 106 (1): 213 – 228.

［604］Morin, S. , Gagné, C. , Gravel, M. Ant Colony Optimization with a Specialized Pheromone Trail for the Car-Sequencing Problem ［J］. European Journal of Operational Research, 2009, 197 (3): 1185 – 1191.

［605］Moritz, B. B. , Hill, A. V. , Donohue, K. L. Individual Differences in the Newsvendor Problem: Behavior and Cognitive Reflection ［J］. Journal of Operations Management, 2013, 31 (1 – 2): 72 – 85.

［606］Morris, M. , C. Staritz, J. Barnes. Value Chain Dynamics, Local Embeddedness, and Upgrading in the Clothing Sectors of Lesotho and Swaziland ［J］. International Journal of Technological Learning, Innovation and Development, 2011, 4 (1 – 3): 96 – 119.

［607］Morrison, A. , C. Pietrobelli, R. Rabellotti. Global Value Chains and Technological Capabilities: A Framework to Study Learning and Innovation in Developing Countries ［J］. Oxford Development Studies, 2008, 36 (1): 39 – 58.

［608］Mudambi, R. Offshoring: Economic Geography and the Multinational Firm ［J］. Journal of International Business Studies, 2007, 38 (1): 206 – 210.

［609］Nambisan, S. , Zahra, A. , Luo, Y. Global Platforms and Ecosystems: Implications for International Business Theories ［J］. Journal of International Business Studies, 2019, 50 (9): 1464 – 1486.

［610］Namdar, J. , X. Li, R. Sawhney, N. Pradhan. Supply Chain Resilience for Single and Multiple Sourcing in the Presence of Disruption Risks ［J］. International Journal of Production Research, 2018, 56 (6): 2339 – 2360.

［611］Narasimhan, R. , Talluri, S. Perspectives on Risk Management in Supply Chains ［J］. Journal of Operations Management, 2009, 27 (2): 114 –118.

［612］Narasimhan, R. , Narayanan, S. , Srinivasan, R. An Investigation of Justice in Supply Chain Relationships and Their Performance Impact ［J］. Journal of Operations Management, 2013, 31 (5): 236 –247.

［613］Narula, R. Enforcing Higher Labor Standards within Developing Country Value Chains: Consequences for MNEs and Informal Actors in a Dual Economy ［J］. Journal of International Business Studies, 2019, 50 (9): 1622 –1635.

［614］Neiger, D. , Rotaru, K. , Churilov, L. Supply Chain Risk Identification with Value-Focused Process Engineering ［J］. Journal of Operations Management, 2009, 27 (2): 154 –168.

［615］Neilson, J. , Pritchard, B. , Fold, N. , Dwiartama, A. Lead Firms in the Cocoa-Chocolate Global Production Network: An Assessment of the Deductive Capabilities of GPN 2.0 ［J］. Economic Geography, 2018, 94 (4): 400 –424.

［616］Nejad, A. E. , Niroomand, I. , Kuzgunkaya, O. Responsive Contingency Planning in Supply Risk Management by Considering Congestion Effects ［J］. Omega, 2014, 48: 19 –35.

［617］Nelson, R. R. , S. G. Winter. In Search of Useful Theory of Innovation ［J］. Research Policy, 1977, 6 (1): 36 –76.

［618］New, S. J. Modern Slavery and the Supply Chain: The Limits of Corporate Social Responsibility? ［J］. Supply Chain Management: An International Journal, 2015, 20 (6): 697 –707.

［619］Olavarrieta, S. Resource-based Theory and Strategic Logistics Research ［J］. International Journal of Physical Distribution & Logistics Management, 1997, 27 (9/10): 559 –587.

［620］Olcott, G. , N. Oliver. Social Capital, Sensemaking, and Recovery: Japanese Companies and the 2011 Earthquake ［J］. California Management Review, 2014, 56 (2): 5 –22.

［621］Osman, H. , K. Demirli. A Bilinear Goal Programming Model and a

Modified Benders Decomposition Algorithm for Supply Chain Reconfiguration and Supplier Selection [J]. International Journal of Production Economics, 2010, 124 (1): 97 – 105.

[622] Osman, I. H. Metastrategy Simulated Annealing and Tabu Search Algorithms for the Vehicle Routing Problem [J]. Annals of Operations Research, 1993, 41 (4): 421 – 451.

[623] Pack, H. , L. E. Westphal. Industrial Strategy and Technological Change [J]. Journal of Development Economics, 1986, 22 (1): 87 – 128.

[624] Pagell, M. , Z. Wu. Building a More Complete Theory of Sustainable Supply Chain Management Using Case Studies of 10 Exemplars [J]. Journal of Supply Chain Management, 2009, 45: 37 – 56.

[625] Pal, B. , Sana, S. S. , Kripasindhu, K. A Multi-echelon Supply Chain Model for Reworkable Items in Multiple-markets with Supply Disruption [J]. Economic Modelling, 2012, 29: 1891 – 1898.

[626] Palmatier, R. W. , M. B. Houston, J. Hulland. Review Articles: Purpose, Process, and Structure [J]. Journal of the Academy of Marketing Science, 2018, 46: 1 – 5.

[627] Pang, B. , Bai, S. An Integrated Fuzzy Synthetic Evaluation Approach for Supplier Selection Based on Analytic Network Process [J]. Journal of Intelligent Manufacturing, 2013, 24: 163 – 174.

[628] Pathak, S. D. , Day, J. M. , Nair, A. , Sawaya, W. J. , Kristal, M. M. Complexity and Adaptivity in Supply Networks: Building Supply Network Theory Using a Complex Adaptive Systems Perspective [J]. Decision Sciences, 2007, 38 (4): 547 – 580.

[629] Paulhus, D. L. , Williams, K. M. The Dark Triad of Personality: Narcissism, Machiavellianism, and Psychopathy [J]. Journal of Research in Personality, 2002, 36 (6): 556 – 563.

[630] Pavlínek, P. Global Production Networks, Foreign Direct Investment, and Supplier Linkages in the Integrated Peripheries of the Automotive Industry [J].

Economic Geography, 2018, 94 (2): 141 – 165.

［631］Pearson, C. M. , Clair, J. A. Reframing Crisis Management ［J］. Academy of Management Review, 1998, 23 (1): 59 – 76.

［632］Pedersen, M. B. , Crainic, T. G. , Madsen, O. B. G. Models and Tabu Search Metaheuristics for Service Network Design with Asset-balance Requirements ［J］. Transportation Science, 2009, 43 (2): 158 – 177.

［633］Peidro, D. , Mula, J. , Jiménez, M. , Botella, M. D. M. A Fuzzy Linear Programming Based Approach for Tactical Supply Chain Planning in an Uncertainty Environment ［J］. European Journal of Operational Research, 2010, 205: 65 – 80.

［634］Petersen, K. , R. Feldt, S. Mujtaba, M. Mattsson. Systematic Mapping Studies in Software Engineering ［J］. In Ease, 2008, 8: 68 – 77.

［635］Petersen, K. , S. Vakkalanka, L. Kuzniarz. Guidelines for Conducting Systematic Mapping Studies in Software Engineering: An Update ［J］. Information and Software Technology, 2015, 64: 1 – 18.

［636］Petersen, K. J. , R. B. Handfield, G. L. Ragatz. Supplier Integration into New Product Development: Coordinating Product, Process and Supply Chain Design ［J］. Journal of Operations Management, 2005, 23: 371 – 388.

［637］Petropoulos, F. , Kourentzes, N. , Nikolopoulos, K. , Siemsen, E. Judgmental Selection of Forecasting Models ［J］. Journal of Operations Management, 2018, 60: 34 – 46.

［638］Pettit, T. J. , J. Fiksel, K. L. Croxton. Ensuring Supply Chain Resilience: Development of a Conceptual Framework ［J］. Journal of Business Logistics, 2010, 31 (1): 1 – 21.

［639］Pettit, T. J. , K. L. Croxton, J. Fiksel. Ensuring Supply Chain Resilience: Development and Implementation of an Assessment Tool ［J］. Journal of Business Logistics, 2013, 34 (1): 46 – 76.

［640］Pickles, J. , A. Smith, M. Buček et al. Upgrading, Changing Competitive Pressures, and Diverse Practices in the East and Central European Apparel

Industry [J]. Environment and Planning A, 2006, 38 (12): 2305 – 2324.

[641] Pietrobelli, C., C. Staritz. Upgrading, Interactive Learning, and Innovation Systems in Value Chain Interventions [J]. The European Journal of Development Research, 2018, 30 (3): 557 – 574.

[642] Pietrobelli, C., Rabellotti, R. Global Value Chains Meet Innovation Systems: Are There Learning Opportunities for Developing Countries [J]. World Development, 2011, 39: 1261 – 1269.

[643] Pilbeam, C., G. Alvarez, H. Wilson. The Governance of Supply Networks: A Systematic Literature Review [J]. Supply Chain Management: An International Journal, 2012, 17: 358 – 376.

[644] Pilkington, A., Meredith, J. The Evolution of the Intellectual Structure of Operations Management—1980 – 2006: A Citation/Co-citation Analysis [J]. Journal of Operations Management, 2009, 27 (3): 185 – 202.

[645] Pinto, R., Mettler, T., Taisch, M. Managing Supplier Delivery Reliability Risk under Limited Information: Foundations for a Human-in-the-Loop DSS [J]. Decision Support Systems, 2013, 54: 1076 – 1084.

[646] Pipkin, S., Fuentes, A. Spurred to Upgrade: A Review of Triggers and Consequences of Industrial Upgrading in the Global Value Chain [J]. World Development, 2017, 98: 536 – 554.

[647] Podsakoff, P. M., MacKenzie, S. B., Lee, J. Y., Podsakoff, N. P. Common Method Biases in Behavioral Research: A Critical Review of the Literature and Recommended Remedies [J]. Journal of Applied Psychology, 2003, 88 (5): 879 – 903.

[648] Polyviou, M., Rungtusanatham, M. J., Reczek, R. W., Knemeyer, A. M. Supplier Non-retention Post Disruption: What Role Does Anger Play? [J]. Journal of Operations Management, 2018, 61 (1): 1 – 14.

[649] Ponomarov, S. Y., M. C. Holcomb. Understanding the Concept of Supply Chain Resilience [J]. The International Journal of Logistics Management, 2009, 20 (1): 124 – 143.

［650］Ponte, S., J. Ewert. Which Way Is "Up" in Upgrading? Trajectories of Change in the Value Chain for South African Wine ［J］. World Development, 2009, 37 (10): 1637 – 1650.

［651］Ponte, S., T. Sturgeon. Explaining Governance in Global Value Chains: A Modular Theory-building Effort ［J］. Review of International Political Economy, 2014, 21 (1): 195 – 223.

［652］Ponte, S. The "Latte Revolution"? Regulation, Markets and Consumption in the Global Coffee Chain ［J］. World Development, 2002, 30 (7): 1099 – 1122.

［653］Ponte, S. The Marine Stewardship Council (MSC) and the Making of a Market for "Sustainable Fish" ［J］. Journal of Agrarian Change, 2012, 12: 300 – 315.

［654］Ponte, S. Business, Power and Sustainability in a World of Global Value Chains ［M］. London: Zed Books, 2019.

［655］Ponte, S., I. Kelling, K. S. Jespersen, F. Kruijssen. The Blue Revolution in Asia: Upgrading and Governance in Aquaculture Value Chains ［J］. World Development, 2014, 64: 52 – 64.

［656］Porteous, A. H., Rammohan, S. V., Lee, H. L. Carrots or Sticks? Improving Social and Environmental Compliance at Suppliers through Incentives and Penalties ［J］. Production and Operations Management, 2015, 24 (9): 1402 – 1413.

［657］Porter, M. E., M. R. Kramer. The Big Idea: Creating Shared Value ［J］. Harvard Business Review, 2011, 89: 2 – 17.

［658］Pournader, M., Kach, A., Talluri, S. A Review of the Existing and Emerging Topics in the Supply Chain Risk Management Literature ［J］. Decision Sciences, 2020, 51 (4): 867 – 919.

［659］Pournader, M., Shi, Y., Seuring, S., Koh, S. C. L. Blockchain Applications in Supply Chains, Transport and Logistics: A Systematic Review of the Literature ［J］. International Journal of Production Research, 2020, 58: 2063 – 2081.

［660］Prater, E. , M. Biehl, M. A. Smith. International Supply Chain Agility—Tradeoffs between Flexibility and Uncertainty ［J］. International Journal of Operations & Production Management, 2001, 21: 823 – 839.

［661］Preacher, K. J. , Hayes, A. F. Asymptotic and Resampling Strategies for Assessing and Comparing Indirect Effects in Multiple Mediator Models ［J］. Behavior Research Methods, 2008, 40 (3): 879 – 891.

［662］Preacher, K. , Hayes, A. F. SPSS and SAS Procedures for Estimating in Direct Effects in Simple Mediation Models ［J］. Behavior Research Methods, Instruments & Computers, 2004, 36 (4): 717 – 731.

［663］Preacher, K. , Zyphur, M. , Zhang, Z. A General Multilevel SEM Framework for Assessing Multilevel Mediation ［J］. Psychological Methods, 2010, 15 (3): 209 – 233.

［664］Priem, R. L. , Butler, J. E. Is the Resource-based "View" a Useful Perspective for Strategic Management Research?［J］. Academy of Management Review, 2001, 26 (1): 22 – 40.

［665］Pulles, N. J. , Veldman, J. , Schiele, H. , Sierksma, H. Pressure or Pamper? The Effects of Power and Trust Dimensions on Supplier Resource Allocation ［J］. Journal of Supply Chain Management, 2014, 50 (3): 16 – 36.

［666］Qi, L. A Continuous-review Inventory Model with Random Disruptions at the Primary Supplier ［J］. European Journal of Operational Research, 2013, 225: 59 – 74.

［667］Quarshie, A. M. , A. Salmi, R. Leuschner. Sustainability and Corporate Social Responsibility in Supply Chains: The State of Research in Supply Chain Management and Business Ethics Journals ［J］. Journal of Purchasing and Supply Management, 2016, 22: 82 – 97.

［668］Ramaswami, S. N. , R. K. Srivastava, M. Bhargava. Market-based Capabilities and Financial Performance of Firms: Insights Into Marketing's Contribution to Firm Value ［J］. Journal of the Academy of Marketing Science, 2009, 37 (2): 97 – 116.

[669] Rao, S. , Goldsby, T. J. Supply Chain Risks: A Review and Typology [J]. International Journal of Logistics Management, 2009, 20 (1): 97 –123.

[670] Ravindran, A. V. , Bilsel, R. U. , Wadhwa, V. V. , Yang, T. Risk Adjusted Multicriteria Supplier Selection Models with Applications [J]. International Journal of Production Research, 2010, 48 (2): 405 –424.

[671] Ray, P. , Jenamani, M. Sourcing Decision under Disruption Risk with Supply and Demand Uncertainty: A Newsvendor Approach [J]. Annals Operation Research, 2016, 237 (1 –2): 237 –262.

[672] Rehnberg, M. , Ponte, S. From Smiling to Smirking? 3D Printing, Upgrading and the Restructuring of Global Value Chains [J]. Global Networks, 2018, 18 (1): 57 –80.

[673] Reimann, F. , Kosmol, T. , Kaufmann, L. Responses to Supplier-induced Disruptions: A Fuzzy-set Analysis [J]. Journal of Supply Chain Management, 2017, 53 (4): 37 –66.

[674] Reuter, C. , Foerstl, K. , Hartmann, E. , Blome, C. Sustainable Global Supplier Management: The Role of Dynamic Capabilities in Achieving Competitive Advantage [J]. Journal of Supply Chain Management, 2010, 46 (2): 45 –63.

[675] Riisgaard, L. Towards More Stringent Sustainability Standards? Trends in the Cut Flower Industry [J]. Review of African Political Economy, 2011, 38: 435 –453.

[676] Robert Koopman, Zhi Wang, Shang Jin Wei. Tracing Value-added and Double Counting in Gross Exports [J]. American Economic Review, 2014, 104 (2): 459 –494.

[677] Rossmann, B. , Canzaniello, A. , von der Gracht, H. , Hartmann, E. The Future and Social Impact of Big Data Analytics in Supply Chain Management: Results from a Delphi Study [J]. Technological Forecasting and Social Change, 2018, 130: 135 –149.

[678] Rugman, A. M. , D'Cruz, J. The Theory of the Flagship Firm [J].

European Management Journal, 1997, 15 (4): 403 –412.

[679] Rugman, A. M. , Verbeke, A. A Perspective on Regional and Global Strategies of Multinational Enterprises [J]. Journal of International Business Studies, 2004, 35 (1): 3 – 19.

[680] Ruiz-Torres, A. J. , Mahmoodi, F. A Supplier Allocation Model Considering Delivery Failure, Maintenance and Supplier Cycle Costs [J]. International Journal of Production Economics, 2006, 103: 755 – 766.

[681] Ruiz-Torres, A. J. , Mahmoodi, F. The Optimal Number of Suppliers Considering the Costs of Individual Supplier Failures [J]. Omega, 2007, 35: 104 – 115.

[682] Ruiz-Torres, A. J. , Mahmoodi, F. , Zeng, A. Z. Supplier Selection Model with Contingency Planning for Supplier Failures [J]. Computers & Industrial Engineering, 2013, 66: 374 – 382.

[683] Saenz, M. J. , E. Revilla. Creating More Resilient Supply Chains [J]. MIT Sloan Management Review, 2014, 55 (4): 22 – 24.

[684] Sako, M. , Zylberberg, Z. Supplier Strategy in Global Value Chains: Shaping Governance and Profiting from Upgrading [J]. Socio-economic Review, 2019, 17 (3): 687 – 707.

[685] Sanayei, A. , Mousavi, S. F. , Yazdankhah, A. Group Decision Making Process for Supplier Selection with VIKOR under Fuzzy Environment [J]. Expert Systems with Applications, 2010, 37: 24 – 30.

[686] Sarkar, A. , Mohapatra, P. K. J. Determining the Optimal Size of Supply Base with the Consideration of Risks of Supply Disruptions [J]. International Journal of Production Economics, 2009, 119: 122 – 135.

[687] Sawik, T. Single vs. Multiple Objective Supplier Selection in a Make to Order Environment [J]. Omega, 2010, 38: 203 – 212.

[688] Sawik, T. Selection of Supply Portfolio under Disruption Risks [J]. Omega, 2011, 39: 194 – 208.

[689] Sawik, T. Integrated Selection of Suppliers and Scheduling of Customer

Orders in the Presence of Supply Chain Disruption Risks [J]. International Journal of Production Research, 2013, 51: 23 – 24.

[690] Sawik, T. Joint Supplier Selection and Scheduling of Customer Orders under Disruption Risks: Single vs. Dual Sourcing [J]. Omega, 2014, 43: 83 – 95.

[691] Sayın, F., Karaesmen, F., Özekici, S. Newsvendor Model with Random Supply and Financial Hedging: Utility-based Approach [J]. International Journal of Production Economics, 2014, 154: 178 – 189.

[692] Scheele, L. M., Thonemann, U. W., Slikker, M. Designing Incentive Systems for Truthful Forecast Information Sharing within a Firm [J]. Management Science, 2018, 64 (8): 3690 – 3713.

[693] Schmidt, S. L., Brauer, M. Strategic Governance: How to Assess Board Effectiveness in Guiding Strategy Execution [J]. Corporate Governance: An International Review, 2006, 14 (1): 13 – 22.

[694] Schmitt, A. J., Singh, M. A Quantitative Analysis of Disruption Risk in a Multi-echelon Supply Chain [J]. International Journal of Production Economics, 2012, 139: 22 – 32.

[695] Schmitt, A. J., Snyder, L. V. Infinite-horizon Models for Inventory Control under Yield Uncertainty and Disruptions [J]. Computers & Operations Research, 2012, 39: 850 – 862.

[696] Schmitt, A. J. Strategies for Customer Service Level Protection under Multi-echelon Supply Chain Disruption Risk [J]. Transportation Research Part B, 2011, 45: 1266 – 1283.

[697] Schmitt, A. J., Snyder, L. V., Shen, Z. J. M. Inventory Systems with Stochastic Demand and Supply: Properties and Approximations [J]. European Journal of Operational Research, 2010, 206: 313 – 328.

[698] Schmitt, A. J., Singh M. Quantifying Supply Chain Disruption Risk Using Monte Carlo and Discrete-event Simulation [A]. Proceedings of the winter simulation conference, 2009: 1237 – 1248.

[699] Schmitz, H. (ed.). Local Enterprises in the Global Economy: Issues

of Governance and Upgrading ［M］. MA, USA: Edward Elgar Publishing, 2004.

［700］ Schmitz, H. , Nadvi, K. Industrial Clusters in Developing Countries-Clustering and Industrialization: Introduction ［J］. World Development, 1999, 27 (9): 1503 – 1514.

［701］ Schmitz, H. Learning and Earning in Global Garment and Footwear Chains ［J］. European Journal of Development Research, 2006, 18: 546 – 571.

［702］ Scholten, K. , S. Schilder. The Role of Collaboration in Supply Chain Resilience ［J］. Supply Chain Management: An International Journal, 2015, 20 (4): 471 – 484.

［703］ Scholten, K. , P. S. Scott, and B. Fynes. Mitigation Processes-Antecedents for Building Supply Chain Resilience ［J］. Supply Chain Management: An International Journal, 2014, 19 (2): 211 – 228.

［704］ Scholten, K. , P. S. Scott, B. Fynes. Building Routines for Non-Routine Events: Supply Chain Resilience Learning Mechanisms and Their Antecedents ［J］. Supply Chain Management: An International Journal, 2019, 24 (3): 430 – 442.

［705］ Schütte, N. , Blickle, G. , Frieder, R. E. , Wihler, A. , Schnitzler, F. , Heupel, J. , Zettler, I. The Role of Interpersonal Influence in Counterbalancing Psychopathic Personality Trait Facets at Work ［J］. Journal of Management, 2016, 44 (4): 1338 – 1368.

［706］ Schwartz, S. H. A Theory of Cultural Value Orientations: Explication and Applications ［J］. Comparative Sociology, 2006, 5 (2): 137 – 182.

［707］ Schweitzer, M. E. , Cachon, G. P. Decision Bias in the Newsvendor Problem with a Known Demand Distribution: Experimental Evidence ［J］. Management Science, 2000, 46 (3): 404 – 420.

［708］ Sen, A. , Yaman, H. , Güler, K. , Körpeǒglu, E. Multi-period Supplier Selection under Price Uncertainty ［J］. Journal of the Operational Research Society, 2014, 65: 1636 – 1648.

［709］ Seppälä, T. , Kenney, M. , Ali-Yrkkö, J. Global Supply Chains and Transfer Pricing: Insights from a Case Study ［J］. Supply Chain Management: An

International Journal, 2014, 19 (4): 445 – 454.

[710] Serel, D. A. Capacity Reservation under Supply Uncertainty [J]. Computers & Operations Research, 2007, 34: 1192 – 1220.

[711] Serel, D. A. Inventory and Pricing Decisions in a Single-period Problem Involving Risky Supply [J]. International Journal of Production Economics, 2008, 116: 115 – 128.

[712] Shanteau, J. Psychological Characteristics and Strategies of Expert Decision Makers [J]. Acta Psychologica, 1988, 68 (1): 203 – 215.

[713] Sharma, S. K. , S. A. George. Modelling Resilience of Truckload Transportation Industry [J]. Benchmarking: An International Journal, 2018, 25 (7): 2531 – 2545.

[714] Sharma, S. , Balan, S. An Integrative Supplier Selection Model Using Taguchi Loss Function. TOPSIS and Multi Criteria Goal Programming [J]. Journal of Intelligent Manufacturing, 2013, 24: 1123 – 1130.

[715] Sheldon, T. , I. Chalmers. The UK Cochrane Centre and the NHS Centre for Reviews and Dissemination: Respective Roles Within the Information Systems Strategy of the NHS R&D Programme, Coordination and Principles Underlying Collaboration [J]. Health Economics, 1994, 3 (3): 201 – 203.

[716] Shina, H. , Benton, W. C. , Jun, M. Quantifying Suppliers' Product Quality and Delivery Performance: A Sourcing Policy Decision Model [J]. Computers & Operations Research, 2009, 36: 2462 – 2471.

[717] Shipilov, A. , Godart, F. C. , Clement, J. Which Boundaries? How Mobility Networks across Countries and Status Groups Affect the Creative Performance of Organizations [J]. Strategic Management Journal, 2017, 38 (6): 1232 – 1252.

[718] Siemsen, E. The Usefulness of Behavioral Laboratory Experiments in Supply Chain Management Research [J]. Journal of Supply Chain Management, 2011, 47 (3): 17 – 18.

[719] Silbermayr, L. , Minner, S. A Multiple Sourcing Inventory Model

under Disruption Risk ［J］. International Journal of Production Economics, 2014, 149: 37 – 46.

［720］ Simon, H. A. Theories of Bounded Rationality ［J］. Decision and Organization, 1972, 1 (1): 161 – 176.

［721］ Simon, H. A. Making Management Decisions: The Role of Intuition and Emotion ［J］. Academy of Management Perspectives, 1987, 1 (1): 57 – 64.

［722］ Simon, H. Administrative Behavior (2nd ed.) ［M］. New York: Macmillan, 1961.

［723］ Simpson, D. , Power, D. , Samson, D. Greening the Automotive Supply Chain: A Relationship Perspective ［J］. International Journal of Operations & Production Management, 2007, 27 (1): 28 – 48.

［724］ Singh, S. , S. Ghosh, J. Jayaram, M. K. Tiwari. Enhancing Supply Chain Resilience Using Ontology-based Decision Support System ［J］. International Journal of Computer Integrated Manufacturing, 2019, 32 (7): 642 – 657.

［725］ Sinkovics, N. , Choksy, U. S. , Sinkovics, R. R. , Mudambi, R. Knowledge Connectivity in an Adverse Context: Global Value Chains and Pakistani Offshore Service Providers ［J］. Management International Review, 2019, 59 (1): 131 – 170.

［726］ Sirmon, D. G. , M. A. Hitt, R. D. Ireland. Managing Firm Resources in Dynamic Environments to Create Value: Looking Inside the Black Box ［J］. Academy of Management Review, 2007, 32 (1): 273 – 292.

［727］ Sitkin, S. B. , Weingart, L. R. Determinants of Risky Decision-making Behavior: A Test of the Mediating Role of Risk Perceptions and Propensity ［J］. Academy of Management Journal, 1995, 38 (6): 1573 – 1592.

［728］ Skilton, P. F. , Robinson, J. L. Traceability and Normal Accident Theory: How Does Supply Network Complexity Influence the Traceability of Adverse Events?［J］. Journal of Supply Chain Management, 2009, 45 (3): 40 – 53.

［729］ Skilton, P. F. Value Creation, Value Capture, and Supply Chain Structure: Understanding Resource-based Advantage in a Project-based Industry

［J］. Journal of Supply Chain Management, 2014, 50 (3): 74 – 93.

［730］Slovic, P. Perception of Risk ［J］. Science, 1987, 236 (4799): 280 – 285.

［731］Small, H. Co-citation in the Scientific Literature: A New Measure of the Relationship between Two Documents ［J］. Journal of the American Society for Information Science, 1973, 24 (4): 265 – 269.

［732］Smith, D. J. Power-by-the-hour: The Role of Technology in Reshaping Business Strategy at Rolls-Royce ［J］. Technology Analysis and Strategic Management, 2013, 25: 987 – 1007.

［733］Snyder, L. V. , Z. Atan, P. Peng, Y. Rong, A. J. Schmitt, and B. Sinsoysal. OR/MS Models for Supply Chain Disruptions: A Review ［J］. Iie Transactions, 2016, 48 (2): 89 – 109.

［734］Sodhi, M. S. , Son, B. G. , Tang, C. S. Researchers' Perspectives on Supply Chain Risk Management ［J］. Production and Operations Management, 2012, 21 (1): 1 – 13.

［735］Song, D. P. , Dong, J. X. , Xu, J. Integrated Inventory Management and Supplier Base Reduction in a Supply Chain with Multiple Uncertainties ［J］. European Journal of Operational Research, 2014, 232 (3): 522 – 536.

［736］Soni, U. , V. Jain, S. Kumar. Measuring Supply Chain Resilience Using a Deterministic Modeling Approach ［J］. Computers & Industrial Engineering, 2014, 74: 11 – 25.

［737］Spina, G. , F. Caniato, D. Luzzini, S. Ronchi. Past, Present and Future Trends of Purchasing and Supply Management: An Extensive Literature Review ［J］. Industrial Marketing Management, 2013, 42 (8): 1202 – 1212.

［738］Spina, G. , R. Verganti, G. Zotteri. A Model of Co-design Relationships: Definitions and Contingencies ［J］. International Journal of Technology Management, 2002, 23: 304 – 321.

［739］Staritz, C. , Gereffi, G. , Cattaneo, O. Shifting End Markets and Upgrading Prospects in Global Value Chains ［J］. International Journal of Technological Learning, Innovation and Development, 2011, 4 (1): 2.

[740] Steffen, W. , P. J. Crutzen, J. R. McNeill. The Anthropocene: Are Humans Now Overwhelming the Great Forces of Nature?[J]. AMBIO: A Journal of the Human Environment, 2007, 36: 614 – 621.

[741] Stewart, F. Technology and Underdevelopment [J]. Development Policy Review, 1977, A10 (1): 92 – 105.

[742] Stewart, G. T. , Kolluru, R. , Smith, M. Leveraging Public-Private Partnerships to Improve Community Resilience in Times of Disaster [J]. International Journal of Physical Distribution & Logistics Management, 2009, 39 (5): 343 – 364.

[743] Stiglitz, J. E. Learning to Learn, Localized Learning and Technological Progress [J]. Economic Policy and Technological Performance, 1987: 125 – 153.

[744] Stone, J. , S. Rahimifard. Resilience in Agri-food Supply Chains: A Critical Analysis of the Literature and Synthesis of a Novel Framework [J]. Supply Chain Management: An International Journal, 2018, 23 (3): 207 – 238.

[745] Strack, F. , Deutsch, R. Reflective and Impulsive Determinants of Social Behavior [J]. Personality and Social Psychology Review, 2004, 8 (3): 220 – 247.

[746] Strange, R. , Humphrey, J. What Lies between Market and Hierarchy? Insights from Internalization Theory and Global Value Chain Theory [J]. Journal of International Business Studies, 2019, 50 (8): 1401 – 1413.

[747] Strange, R. , Newton, J. Stephen Hymer and the Externalization of Production [J]. International Business Review, 2006, 15 (2): 180 – 193.

[748] Stuart, I. , McCutcheon, D. , Handfield, R. , McLachlin, R. , Samson, D. Effective Case Research in Operations Management: A Process Perspective [J]. Journal of Operations Management, 2002, 20 (5): 419 – 433.

[749] Sturgeon, T. , Van Biesebroeck, J. , Gereffi, G. Value Chains, Networks and Clusters: Reframing the Global Automotive Industry [J]. Journal of Economic Geography, 2008, 8 (3): 297 – 321.

[750] Sturgeon, T. J. , M. Kawakami. Global Value Chains in the Electronics Industry: Characteristics, Crisis, and Upgrading Opportunities for Firms from Developing Countries [J]. International Journal of Technological Learning, Innovation and Development, 2011, 4 (1/2/3): 120 – 147.

[751] Sturgeon, T. J. How Do We Define Value Chains and Production Networks?[J]. IDS Bulletin, 2001, 32 (3): 9 – 18.

[752] Sturgeon, T. J. From Commodity Chains to Value Chains: Interdisciplinary Theory Building in an Age of Globalization [M] //J. Bair (ed.), Frontiers of Commodity Chain Research. Stanford, CA: Stanford University Press, 2009.

[753] Su, X. Bounded Rationality in Newsvendor Models [J]. Manufacturing & Service Operations Management, 2008, 10 (4): 566 – 589.

[754] Sun, G. , Liu, Y. , Lan, Y. Fuzzy Two-stage Material Procurement Planning Problem [J]. Journal of Intelligent Manufacturing, 2011, 22: 319 – 331.

[755] Sun, Y. , S. Grimes. China's Increasing Participation in ICT's Global Value Chain: A Firm Level Analysis [J]. Telecommunications Policy, 2016, 40: 210 – 224.

[756] Swanson, D. R. , Smith, R. J. A Path to a Public-Private Partnership: Commercial Logistics Concepts Applied to Disaster Response [J]. Journal of Business Logistics, 2013, 34 (4): 335 – 346.

[757] Świerczek, A. The Impact of Supply Chain Integration on the "Snowball Effect" in the Transmission of Disruptions: An Empirical Evaluation of the Model [J]. International Journal of Production Economics, 2014, 157: 89 – 104.

[758] Szász, L. , K. Demeter, H. Boer, Y. Cheng. Servitization of Manufacturing: The Effect of Economic Context [J]. Journal of Manufacturing Technology Management, 2017, 28: 1011 – 1034.

[759] Tabrizi, B. H. , Razmi, J. Introducing a Mixed-integer Nonlinear Fuzzy Model for Risk Management in Designing Supply Chain Networks [J]. Journal of Manufacturing Systems, 2013, 32, 295 – 307.

[760] Tai-Yue Wang, T. Y. , Yang, Y. H. A Fuzzy Model for Supplier

Selection in Quantity Discount Environments [J]. Expert Systems with Applications, 2009, 36: 12179 – 12187.

[761] Talluri, S., Narasimhan, R., Chung, W. Manufacturer Cooperation in Supplier Development under Risk [J]. European Journal of Operational Research, 2010, 207: 165 – 173.

[762] Tan, C. L., M. Tracey. Collaborative New Product Development Environments: Implications for Supply Chain Management [J]. Journal of Supply Chain Management, 2007, 43: 2 – 15.

[763] Tang, C. S., Tomlin, B. The Power of Flexibility for Mitigating Supply Chain Risks [J]. International Journal of Production Economics, 2008, 116 (1): 12 – 27.

[764] Tang, C. H. A Scenario Decomposition-genetic Algorithm Method for Solving Stochastic Air Cargo Container Loading Problems [J]. Transportation Research Part E: Logistics and Transportation Review, 2011, 47 (4): 520 – 531.

[765] Tang, O., Musa, S. N. Identifying Risk Issues and Research Advancements in Supply Chain Risk Management [J]. International Journal of Production Economics, 2011, 133 (1): 25 – 34.

[766] Tapiero, C. S., Kogan, K. Risk and Quality Control in a Supply Chain: Competitive and Collaborative Approaches [J]. Journal of the Operational Research Society, 2007, 58: 1440 – 1448.

[767] Taplin, I. M., Winterton, J., Winterton, R. Understanding Labour Turnover in a Labour-intensive Industry: Evidence from the British Clothing Industry [J]. Journal of Management Studies, 2003, 40 (4): 1021 – 1046.

[768] Taskin, S., Lodree, E. L, Jr. Inventory Decisions for Emergency Supplies Based on Hurricane Count Predictions [J]. International Journal of Production Economics, 2010, 126: 66 – 75.

[769] Taylor, P. J., Derudder, B., Faulconbridge, J., Hoyler, M., Ni, P. Advanced Producer Service Firms as Strategic Networks, Global Cities as Strategic Places [J]. Economic Geography, 2014, 90 (3): 267 – 291.

［770］Tazelaar, F. , Snijders, C. Operational Risk Assessments by Supply Chain Professionals: Process and Performance ［J］. Journal of Operations Management, 2013, 31 (1 –2): 37 –51.

［771］Tehrani, M. B. , Xu, S. H. , Kumara, S. , Li, H. A Single-period Analysis of a Two-Echelon Inventory System with Dependent Supply Uncertainty ［J］. Transportation Research Part B, 2011, 45: 1128 –1151.

［772］Terpend, R. , Ashenbaum, B. The Intersection of Power, Trust and Supplier Network Size: Implications for Supplier Performance ［J］. Journal of Supply Chain Management, 2012, 48 (3): 52 –77.

［773］Tewari, M. Successful Adjustment in Indian Industry: The Case of Ludhiana's Woolen Knitwear Cluster ［J］. World Development, 1999, 27 (9): 1651 –71.

［774］Thaler, R. H. , Tversky, A. , Kahneman, D. , Schwartz, A. The Effect of Myopia and Loss Aversion on Risk Taking: An Experimental Test ［J］. The Quarterly Journal of Economics, 1997, 112 (2): 647 –661.

［775］Timmer, Marcel P. , Bart Los, Robert Stehrer, Gaaitzen J. de Vries. Fragmentation, Incomes and Jobs: An Analysis of European Competitiveness ［J］. Economic Policy, 2013, 28 (76): 613 –661.

［776］Ting, S. L. , Y. K. Tse, G. T. S. Ho et al. Mining Logistics Data to Assure the Quality in a Sustainable Food Supply Chain: A Case in the Red Wine Industry ［J］. International Journal of Production Economics, 2014, 152: 200 –209.

［777］Tokatli, N. Toward a Better Understanding of the Apparel Industry: A Critique of the Upgrading Literature ［J］. Journal of Economic Geography, 2013, 13 (6): 993 –1011.

［778］Tomlin, B. On the Value of Mitigation and Contingency Strategies for Managing Supply Chain Disruption Risks ［J］. Management Science, 2006, 52 (5): 639 –657.

［779］Tomlin, B. Impact of Supply Learning When Suppliers Are Unreliable

[J]. Manufacturing & Service Operations Management, 2009, 11 (2): 192 –209.

[780] Touboulic, A., Chicksand, D., Walker, H. Managing Imbalanced Supply Chain Relationships for Sustainability: A Power Perspective [J]. Decision Sciences, 2014, 45 (4): 577 –619.

[781] Tranfield, D., D. Denyer, P. Smart. Towards a Methodology for Developing Evidence-informed Management Knowledge by Means of Systematic Review [J]. British Journal of Management, 2003, 14 (3): 207 –222.

[782] Treiblmaier, H. The Impact of the Blockchain on the Supply Chain: A Theory-based Research Framework and a Call for Action [J]. Supply Chain Management: An International Journal, 2018, 23 (6): 545 –559.

[783] Trkman, P., K. McCormack. Supply Chain Risk in Turbulent Environments—A Conceptual Model for Managing Supply Chain Network Risk [J]. International Journal of Production Economics, 2009, 119 (2): 247 –258.

[784] Trope, Y., Liberman, N. Construal-level Theory of Psychological Distance [J]. Psychological Review, 2010, 117 (2): 440 –463.

[785] Tsang, E. W. K., Zahra, S. A. Organizational Unlearning [J]. Human Relations, 2008, 61 (10): 1435 –1462.

[786] Tsang, E. W. K. Behavioral Assumptions and Theory Development: The Case of Transaction Cost Economics [J]. Strategic Management Journal, 2006, 27 (11): 999 –1011.

[787] Tse, Y. K., Tan, K. H. Managing Product Quality Risk and Visibility in Multi-layer Supply Chain [J]. International Journal of Production Economics, 2012, 139: 49 –57.

[788] Tukamuhabwa, B. R., M. Stevenson, J. Busby, M. Zorzini. Supply Chain Resilience: Definition, Review and Theoretical Foundations for Further Study [J]. International Journal of Production Research, 2015, 53 (18): 5592 –5623.

[789] Turcic, D., Kouvelis, P., Bolandifar, E. Hedging Commodity Procurement in a Bilateral Supply Chain [J]. Manufacturing & Service Operations Management, 2015, 17 (2): 221 –235.

［790］Turkina, E., Van Assche, A. Global Connectedness and Local Inno-vation in Industrial Clusters ［J］. Journal of International Business Studies, 2018, 49（6）: 706 –728.

［791］Tversky, A., Kahneman, D. Extensional versus Intuitive Reasoning: The Conjunction Fallacy in Probability Judgment ［J］. Psychological Review, 1983, 90（4）: 293 –315.

［792］UNCTAD. Digital Economy Report ［R］. 2019.

［793］Uppari, B. S., Hasija, S. Modeling Newsvendor Behavior: A Prospect Theory Approach ［J］. Manufacturing & Service Operations Management, 2018, 21（3）: 481 –500.

［794］Urciuoli, L., S. Mohanty, J. Hintsa, E. GerineBoekesteijn. The Resilience of Energy Supply Chains: A Multiple Case Study Approach on Oil and Gas Supply Chains to Europe ［J］. Supply Chain Management: An International Journal, 2014, 19（1）: 46 –63.

［795］Ustun, O., Demirtas, E. A. An Integrated Multi-objective Decision-making Process Formulti-period Lot-sizing with Supplier Selection ［J］. Omega, 2008, 36: 509 –521.

［796］Van der Vegt, G. S., Essens, P., Wahlström, M., George, G. Managing Risk and Resilience ［J］. Academy of Management Journal, 2015, 58（4）: 971 –980.

［797］Van Hoek, R. I. Postponement and the Reconfiguration Challenge for Food Supply Chains ［J］. Supply Chain Management: An International Journal, 1999, 4（1）: 18 –34.

［798］Vanchan, V., Mulhall, R., Bryson, J. Repatriation or Reshoring of Manufacturing to the US and UK: Dynamics and Global Production Networks or from Here to There and Back Again ［J］. Growth and Change, 2018, 49（1）: 97 –121.

［799］Verbeke, A., Kenworthy, T. P. Multidivisional vs Metanational Gov-ernance of the Multinational Enterprise ［J］. Journal of International Business

Studies, 2008, 39 (6): 940 – 956.

[800] Verbeke, A. International Business Strategy [M]. Cambridge: Cambridge University Press, 2013.

[801] Verbeke, A., Coeurderoy, R., Matt, T. The Future of International Business Research on Corporate Globalization That Never Was··· [J]. Journal of International Business Studies, 2018, 49 (9): 1102 – 1112.

[802] Villena, V. H., Gioia, D. A. On the Riskiness of Lower-tier Suppliers: Managing Sustainability in Supply Networks [J]. Journal of Operations Management, 2018, 64: 65 – 87.

[803] Villena, V. H. The Missing Link? The Strategic Role of Procurement in Building Sustainable Supply Networks [J]. Production and Operations Management, 2019, 28 (5): 1149 – 1172.

[804] Vinodh, S., Ramiya, R. A., Gautham, S. G. Application of Fuzzy Analytic Network Process for Supplier Selection in a Manufacturing Organization [J]. Expert Systems with Applications, 2011, 38: 272 – 280.

[805] Von Haartman, R., L. Bengtsson. The Impact of Global Purchasing and Supplier Integration on Product Innovation [J]. International Journal of Operations & Production Management, 2015, 35: 1295 – 1311.

[806] Wagner, S. M., Coley, L. S., Lindemann, E. Effects of Suppliers' Reputation on the Future of Buyer-Supplier Relationships: The Mediating Roles of Outcome Fairness and Trust [J]. Journal of Supply Chain Management, 2011, 47 (2): 29 – 48.

[807] Wang, H. F., Chen, Y. Y. A Genetic Algorithm for the Simultaneous Delivery and Pickup Problems with Time Window [J]. Computers & Industrial Engineering, 2012, 62 (1): 84 – 95.

[808] Wang, J., Wei, Y., Liu, X., Wang, C., Lin, H. Simultaneous Impact of the Presence of Foreign MNEs on Indigenous Firms' Exports and Domestic Sales [J]. Management International Review, 2014, 54 (2): 195 – 223.

[809] Wang, Q. A Periodic-review Inventory Control Policy for a Two Level

Supply Chain with Multiple Retailers and Stochastic Demand [J]. European Journal of Operational Research, 2013, 230: 53 – 62.

[810] Waters, D. Global Logistics New Directions in Supply Chain Management [M]. London and Philadelphia: Kogan Page, 2007.

[811] Weber, C. A., Current, Jr, Benton, W. C. Vendor Selection Criteria and Methods [J]. European Journal of Operational Research, 1991, 50: 2 – 18.

[812] WEF. The Global Risks Report 2020 (15th ed.) [R]. Cologny, Geneva: World, 2020.

[813] Wieland, A., C. M. Wallenburg. Dealing with Supply Chain Risks: Linking Risk Management Practices and Strategies to Performance [J]. International Journal of Physical Distribution & Logistics Management, 2012, 42 (10): 887 –905.

[814] Wieland, A., C. M. Wallenburg. The Influence of Relational Competencies on Supply Chain Resilience: A Relational View [J]. International Journal of Physical Distribution & Logistics Management, 2013, 43 (4): 300 – 320.

[815] Wiengarten, F., P. Humphreys, C. Gimenez, R. McIvor. Risk, Risk Management Practices, and the Success of Supply Chain Integration [J]. International Journal of Production Economics, 2016, 171: 361 – 370.

[816] Wilhelm, W., X. Han, C. Lee. Computational Comparison of Two Formulations for Dynamic Supply Chain Reconfiguration with Capacity Expansion and Contraction [J]. Computers & Operations Research, 2013, 40 (10): 2340 –2356.

[817] Williams, T. A., Gruber, D. A., Sutcliffe, K. M., Shepherd, D. A., Zhao, E. Y. Organizational Response to Adversity: Fusing Crisis Management and Resilience Research Streams [J]. Academy of Management Annuals, 2017, 11 (2): 733 – 769.

[818] Williamson, O. E. The Modern Corporation: Origins, Evolution, Attributes [J]. Journal of Economic Literature, 1981, 19 (4): 1537 – 1568.

[819] World Bank. Measuring and Analyzing the Impact of GVCs on Economic Development: Global Value Chain Development Report [M]. Washington, DC: World Bank, 2017.

［820］Wu, D. D. , Zhang, Y. , Wu, D. , Olson, D. L. Fuzzy Multi-objective Programming for Supplier Selection and Risk Modeling: A Possibility Approach ［J］. European Journal of Operational Research, 2010, 200: 774 – 787.

［821］Wu, D. , Olson, D. L. Supply Chain Risk, Simulation, and Vendor Selection ［J］. International Journal of Production Economics, 2008, 114: 646 – 655.

［822］Wu, D. , Wu, D. D. W. , Zhang, Y. , Olson, D. L. Supply Chain Outsourcing Risk Using an Integrated Stochastic-fuzzy Optimization Approach ［J］. Information Sciences, 2013, 235: 242 – 258.

［823］Wu, T. , Blackhurst, J. , Chidambaram, V. A Model for Inbound Supply Risk Analysis ［J］. Computers in Industry, 2006, 57: 350 – 365.

［824］Wu, X. , Gereffi, G. Amazon and Alibaba: Internet Governance Business Models, and Internationalization Strategies ［J］. In International Business in the Information and Digital Age: Progress in International Business Research, 2019, 13: 327 – 356.

［825］Xanthopoulos, A. , Vlachos, D. , Iakovou, E. Optimal Newsvendor Policies for Dual-sourcing Supply Chains: A Disruption Risk Management Framework ［J］. Computers & Operations Research, 2012, 39: 350 – 357.

［826］Xiang, W. , Song, F. , Ye, F. Order Allocation for Multiple Supply Demand Networks within a Cluster ［J］. Journal of Intelligent Manufacturing, 2014, 25: 1367 – 1376.

［827］Xiao, C. , Wilhelm, M. , van der Vaart, T. , van Donk, D. P. Inside the Buying Firm: Exploring Responses to Paradoxical Tensions in Sustainable Supply Chain Management ［J］. Journal of Supply Chain Management, 2019, 55 (1): 3 – 20.

［828］Xiao, T. , Yang, D. Price and Service Competition of Supply Chains with Risk-averse Retailers under Demand Uncertainty ［J］. International Journal of Production Economics, 2008, 114: 187 – 200.

［829］Xiao, T. , Jin, J. , Chen, G. , Shi, J. , Xie, M. Ordering, Whole

Sale Pricing and Lead-time Decisions in a Three-stage Supply Chain under Demand Uncertainty [J]. Computers & Industrial Engineering, 2010, 59: 840 –852.

[830] Xiao, Z. , Chen, W. , Li, L. An Integrated FCM and Fuzzy Soft Set for Supplier Selection Problem Based on Risk Evaluation [J]. Applied Mathematical Modelling, 2012, 36: 1444 – 1454.

[831] Xu, X. , Chen, X. , Jia, F. , Brown, S. , Gong, Y. , Xu, Y. Supply Chain Finance: A Systematic Literature Review and Bibliometric Analysis [J]. International Journal of Production Economics, 2018, 204: 160 – 173.

[832] Yamin, M. A Commentary on Peter Buckley's Writings on the Global Factory [J]. Management International Review, 2011, 51 (2): 285 –293.

[833] Yan, Nishi. A Supply Chain Planning Model with Supplier Selection under Uncertain Demands and Asymmetric Information [J]. Procedia CIRP, 2014, 17: 639 –644.

[834] Yan, E. , Ding, Y. Scholarly Network Similarities: How Bibliographic Coupling Networks, Citation Networks, Cocitation Networks, Topical Networks, Coauthorship Networks, and Coword Networks Relate to Each Other [J]. Journal of the American Society for Information Science and Technology, 2012, 63 (7): 1313 – 1326.

[835] Yang, D. Y. R. , Y. C. Chen. The ODM Model and Co-evolution in the Global Notebook PC Industry: Evidence from Taiwan [J]. Advances in Applied Sociology, 2013, 3 (1): 69 –78.

[836] Yang, S. , Yang, J. , Abdel-Malek, L. Sourcing with Random Yields and Stochastic Demand: A Newsvendor Approach [J]. Computers & Operations Research, 2007, 34: 3682 – 3690.

[837] Yang, Y. , X. Xu. Post-disaster Grain Supply Chain Resilience with Government aid [J]. Transportation Research Part E: Logistics and Transportation Review, 2015, 76: 139 – 159.

[838] Yang, Z. , Aydın, G. , Babich, V. , Beil, D. R. Using a Dual-sourcing Option in the Presence of Asymmetric Information about Supplier Reliabili-

ty: Competition vs. Diversification [J]. Manufacturing & Service Operations Management, 2012, 14 (2): 202 – 217.

[839] Yeung, H. W. C. , Coe, N. M. Toward a Dynamic Theory of Global Production Networks [J]. Economic Geography, 2015, 91 (1): 29 – 58.

[840] Yeung, H. W. C. Regional Development and the Competitive Dynamics of Global Production Networks [J]. Regional Studies, 2009, 43 (3): 325 – 351.

[841] Yeung, H. W. C. Strategic Coupling: East Asian Industrial Transformation in the New Global Economy [M]. Ithaca, NY: Cornell University Press, 2016.

[842] Yeung, H. W. C. The New Oxford Handbook of Economic Geography [M]. Oxford: Oxford University Press, 2018.

[843] Yu, B. , Yang, Z. Z. , Yao, B. An Improved Ant Colony Optimization for Vehicle Routing Problem [J]. European Journal of Operational Research, 2009, 196 (1): 171 – 176.

[844] Yu, H. , Zeng, A. Z. , Zhao, L. Single or Dual Sourcing: Decision-making in the Presence of Supply Chain Disruption Risks [J]. Omega, 2009, 37: 788 – 800.

[845] Zaheer, A. , Venkatraman, N. Relational Governance as an Interorganizational Strategy: An Empirical Test of the Role of Trust in Economic Exchange [J]. Strategic Management Journal, 1995, 16 (5): 373 – 392.

[846] Zegordi, S. H. , Davarzani, H. Developing a Supply Chain Disruption Analysis Model: Application of Colored Petri-nets [J]. Expert Systems with Applications, 2012, 39: 2102 – 2111.

[847] Zhang, D. Y. , Cao, X. , Wang, L. , Zeng, Z. Mitigating the Risk of Information Leakage in a Two-level Supply Chain through Optimal Supplier Selection [J]. Journal Intelligent Manufacturing, 2012, 23: 1351 – 1364.

[848] Zhang, J. L. , Zhang, M. Y. Supplier Selection and Purchase Problem with Fixed Cost and Constrained Order Quantities under Stochastic Demand [J]. International Journal of Production Economics, 2011, 129: 1 – 7.

[849] Zhang, J. L. , Chen, J. Supplier Selection and Procurement Decisions

with Uncertain Demand, Fixed Selection Costs and Quantity Discounts [J]. Computers & Operations Research, 2013, 40: 2703 – 2710.

[850] Zhang, Y., Gregory, M. Managing Global Network Operations along the Engineering Value Chain [J]. International Journal of Operations & Production Management, 2011, 31 (7): 736 – 764.

[851] Zhang, Y., Siemsen, E. A Meta-analysis of Newsvendor Experiments: Revisiting the Pull-to-center Asymmetry [J]. Production and Operations Management, 2019, 28 (1): 140 – 156.

[852] Zhao, X., Huo, B., Flynn, B. B., Yeung, J. H. Y. The Impact of Power and Relationship Commitment on the Integration between Manufacturers and Customers in a Supply Chain [J]. Journal of Operations Management, 2008, 26 (3): 368 – 388.

[853] Zhu, J., Fu, S. Ordering Policies for a Dual Sourcing Supply Chain with Disruption Risks [J]. Journal of Industrial Engineering and Management, 2013, 6 (1): 380 – 399.

[854] Zhu, J., W. Liu. A Tale of Two Databases: The Use of Web of Science and Scopus in Academic Papers [J]. Scientometrics, 2020, 123: 321 – 335.

[855] Zhu, Q., J. Sarkis, K. Lai. Examining the Effects of Green Supply Chain Management Practices and Their Mediations on Performance Improvements [J]. International Journal of Production Research, 2012, 50: 1377 – 1394.

[856] Zouggari, A., Benyoucef, L. Simulation Based Fuzzy TOPSIS Approach for Group Multi-criteria Supplier Selection Problem [J]. Engineering Applications of Artificial Intelligence, 2012, 25: 507 – 519.

[857] Zsidisin, G. A., Melnyk, S. A., Ragatz, G. L. An Institutional Theory Perspective of Business Continuity Planning for Purchasing and Supply Management [J]. International Journal of Production Research, 2005, 43 (16): 3401 – 3420.

后　记

　　本书论述分析了全球价值链、供应链动态和治理研究动态，并结合中国实际，分析了中国产业部门的价值链与供应链研究动态，运用模型分析得出结论：中国制造业整体以及大部分细分行业的产业链竞争力很强且不断提升，但部分行业尤其是高技术制造业的产业链竞争力还有待提高，中国制造业GVC收入主要基于国内大循环产生，外部冲击的影响有限。产业链供应链的稳定性能够基本保持，并且竞争力正在稳步提升，但必须警惕美国政策变动产生的波动，其对中国的影响较大。我国应该加强基础技术和关键核心技术的研发投入，积极开拓内需市场以提高产业链供应链的稳定性和协同性，提高中国制造业的竞争力。

　　本书得以完成，要感谢许多在价值链、供应链领域深耕研究的前辈，站在巨人的肩膀上，使我们看得更远，一本书的完成需要许多人的默默奉献，闪耀的是集体的智慧，其中铭刻着许多艰辛的付出，凝结着许多辛勤的劳动和汗水。本书在策划和写作过程中，得到了许多同行的关怀与帮助，以及许多老师的大力支持，在此向他们致以诚挚的谢意。最后，感谢经济科学出版社，使本书得以出版。

姚美琴

2022 年 8 月